Gellért Béky

Die Welt des Tao

Verlag Karl Alber Freiburg/München

Literaturangaben im Text
nach folgendem Beispiel: (*2.85*, 53)
Die kursive Zahl (*2.85*)
verweist auf den Titel im Literaturverzeichnis.
Die Zahl dahinter (53) ist die Seitenzahl.

Satz und Druck: Presse-Druck Augsburg
ISBN 3-495-47257-6

老子

Lao Tzu

道德經

Tao Te Ching

人法地
地法天
天法道
道法自然

„Des Menschen Richtmaß ist die Erde,
der Erde Richtmaß ist der Himmel,
des Himmels Richtmaß ist Tao,
Taos Richtmaß ist sein Selbst.“ *Tao-te-ching Kap. 25*

Vorwort

Der Ferne Osten ist voll von Überraschungen. Oft werden diese Überraschungen zu Rätseln und Paradoxen, die man vergeblich zu entziffern sucht.
Während der mehr als fünfzehn Jahre, die ich in Japan lebe, habe ich oft genug diese Welt von Rätseln aus der Nähe erfahren können. Gleich am Anfang machte ich mit dem chinesischen Zen Bekanntschaft. Ich bewunderte die schlichten und doch so eindrucksvollen Zengemälde, die scheinbar nichts sagen und dennoch so viel Ungesagtes ausdrücken. Ähnlich ist es auch mit den chinesischen Schriftzügen: je länger man sie betrachtet, desto mehr wird man von ihnen gefesselt. Oder nehmen wir das japanische Kurzgedicht, das Haiku: lauter spielerische Schnappschüsse ungeahnter Schönheit und Tiefe, wo Irdisches und Ewigkeit ineinander verschwimmen. Viele von diesen Kurzgedichten atmen den Geist des Zen. Auch das Neujahr gehört in diese Welt hinein. Man muß einmal eine echte Neujahrsfeier erlebt haben, damit man die unaussprechliche Harmonie des Himmels und der Erde richtig erfährt.
Der Orientale befindet sich ständig auf dem Weg, oder besser gesagt auf der Suche nach dem richtigen Weg. Der „Weg" ist überhaupt ein Synonym für die richtige Haltung. Er kann auch das Ziel, ja die Vollendung dieser Haltung bedeuten. So spricht man z. B. vom Weg der Blumen, des Tees, des Bogenschießens, des Ritters, der Kalligraphie, der Tugend. Nun ist der Weg eines der Urworte chinesischer Kultur. Das wußte ich schon.

Aber erst Lao-tzu hat mir den „Weg“ zu all diesen verschiedenen „Wegen“ fernöstlichen Denkens gezeigt. Ich habe nach und nach „den“ Weg: das Tao entdeckt. Und das Tao hat mir den Schlüssel zu manchen Rätseln und Paradoxen in die Hand gegeben. Jetzt weiß ich es schon: man braucht nicht unbedingt aus der Tür zu gehen, um all diese Rätsel zu kennen; es ist gar nicht notwendig, aus dem Fenster zu schauen, um den Weg des Himmels zu sehen (vgl. Tao-te-ching Kap. 47). Hat man nämlich das Tao gefunden, so hat man das „einzige Etwas“ entdeckt, das hinter manchen Paradoxen aufleuchtet und durch viele Erscheinungsformen fernöstlicher Kultur durchschimmert.

Zu diesem seltsamen Etwas, zum Tao, das selber der Weg ist, möchte dieses Buch ein Wegweiser sein.

Kobe, Februar 1972 *Gellért Béky*

Inhalt

A. Lao-tzu und das Tao-te-ching

1. Die Historizität des Lao-tzu

a. „Es ist wohl mehr als zweifelhaft, daß es der wissenschaftlichen Forschung je gelingen werde, den Schleier zu lüften, der seine Gestalt vor unseren Blicken verbirgt" (*6.11*, 139). Lao-tzu ist eine rätselhafte Persönlichkeit; ebenso rätselhaft ist sein Werk (*7.11*, 202). Wir kennen den Autor des kleinen Buches nicht, und es ist unwahrscheinlich, daß wir es je herausbekommen können, wer das Tao-te-ching geschrieben hat (*4.95*, 99). „Nichts von all dem, was man über ihn berichtet, ist historisch sicher" (*6.82*, 143). Needham sieht in ihm „one of the most shadowy figures in Chinese history" (*6.18*, 36).

Selbst der große französische Sinologe, H. Maspéro, scheint sich nie ganz entschieden zu haben, was das Problem des Lao-tzu betrifft. Er sagt zwar ausdrücklich, Lao-tzu habe höchstwahrscheinlich in den letzten Jahren des Mo-tzu gelebt (gegen Ende des 4., Anfang des 3. Jh.), läßt aber wiederholt seinen Zweifel an der Existenz Lao-tzus deutlich spüren, wenn er zum Beispiel sagt: Lao-tzu „n'est qu'un nom ... n'a probablement jamais existé (*7.18*, 402 und *6.16*, 229).

In bestimmten Kreisen, vor allem in Europa und Amerika, ist es geradezu Mode gewesen, die Existenz des Lao-tzu, die Verfasserschaft und die Einheit des Buches anzuzweifeln. Auch in unseren Tagen fehlt es nicht an Skeptikern. Erdberg-Consten z. B. behauptet kategorisch: „Heute wird die Existenz des königlichen Archivars Lao-tzu in Frage gestellt oder als Legende abgetan. Das Buch ist wohl um 300 vor Christus entstanden, sein Autor ist unbekannt“ (*7.6*, 93).

Es gibt nicht viele europäische Gelehrte, die sich ohne Vorbehalt zu Legges Überzeugung bekennen würden, der seinen Glauben an Lao-tzu mit diesen Worten aussprach: „My confidence has been never shaken for a moment in the Tao The King as a genuine relic of Lao-tzu, one of the most original minds of the Chinese race“ (*2.10 I*, XIV)[1].

b. Es wurden die spitzfindigsten Hypothesen aufgestellt, um Klarheit über Lao-tzu zu schaffen, ohne daß die Sinologen sich durch diese gelehrten Erklärungen hätten überzeugen lassen (vgl. *5.25*, *5.3* und *5.61*).

Die Frage nach dem historischen Lao-tzu ist außerordentlich schwierig. Schon zu Ssu Ma-ch'iens Zeiten, gegen das Ende des ersten Jahrhunderts vor Christus, wußte man praktisch nichts über ihn. Bis zum 3. Jahrhundert vor Christus wird er nie als Gründer irgendeiner taoistischen Schule erwähnt. Für die Schriftsteller der damaligen Zeit ist er schlechthin ein Philosoph unter den vielen anderen. Auch Konfuzius schweigt über Lao-tzu. Die ersten Zitate aus dem Tao-te-ching (die aber nicht unter seinem Namen angeführt sind) stammen erst aus dem 4.–3. Jahrhundert vor Christus (Chuang-tzu, Lieh-tzu).

Das Lao-tzu-Problem wird durch die unzähligen Legenden, die um seine Person, seine Geburt, sein Wirken kreisen, noch mehr erschwert. In dem interessanten Band

[1] Legges unerschütterliche Überzeugung beruht auf seinem Glauben an die Geschichtlichkeit des Berichts bei Ssu-Ma-ch'ien über Lao-tzu und an die Echtheit der Zitate aus dem Tao-te-ching bei Chuang-tzu, Lieh-tzu, Han-Fei-tzu. Beide Annahmen aber sind umstritten.

von Doré sind sämtliche Legenden der Reihe nach wiedergegeben. Es gibt viele Erzählungen, in welchen von den zahlreichen Erscheinungsformen des Lao-tzu berichtet wird. Manche von diesen „Erscheinungen" reichen sogar weit in die prähistorische Zeit zurück; wieder andere wissen manches über seine wunderbaren Erscheinungen nach seinem Tod zu erzählen (*5.24*).
Selbst der Name „Lao-tzu" gehört zu den ungelösten Problemen der Lao-tzu-Forschung. Bei den Chinesen war es schon früh Brauch, mehrere Namen anzunehmen: Familienname, Eigenname, Vorname, „Übername" usw. Der Familienname wird bei Lao-tzu mit Li angegeben. Der Eigenname soll Er oder Eul gewesen sein, was „Ohr" bedeutet. Sein Vorname heißt Pe'yang oder auch Tan. Auf Seite 13 bei Doré finden wir weitere 8 Namen und 8 Vornamen des Weisen. Doré bemerkt aber zu seiner Liste, daß es Leute gibt, die von 72 Namen und 36 Vornamen Lao-tzus wissen wollen (*5.24*)[2].

2. *Lao-tzus Persönlichkeit*

a. Selbst wenn seine Existenz feststünde, so bliebe noch immer die Frage nach seiner Persönlichkeit. Die einen sehen in ihm den Mystiker und meinen damit den Weisen und den Heiligen. Andere bedauern, daß er trotz seiner glücklichen Anlage zu einem (wenn auch primitiv-rudimentären) dialektischen Materialismus doch noch ein „Mystiker und Idealist" geblieben ist. Was dann natürlich als Schwäche gedeutet wird (*6.13*, 8 f.; *3.10*, 49, 60).
Für die einen ist er der Philosoph der Sanftmut und der

[2] Da der Name Lao-tzus in der Texterklärung sowieso keine Rolle spielt und weil anderseits der Name „Lao-tzu" allgemein gebraucht wird, wird auch in dieser Schrift dieser Name verwendet.

Demut, der außerhalb des Christentums diese Tugenden verkündet hat (*8.11,* 93). Für die anderen gilt er als der größte Egoist der Philosophenwelt, dessen „Demut" leider nur ein getarnter Egoismus, eine „Pose", und dessen System „brutal" sei, ohne jegliche Spur von Moral (*6.82,* 151, 148, 154).
Für die einen ist er der Entdecker Gottes für China; für die anderen war er der erste Philosoph unter den Chinesen, der Gott geleugnet hat (*6.78,* 211). Dadurch, daß er den Gott der „Klassiker" ignorierte, hat er den alten Theismus ruiniert (*6.82,* 146; *0.9 I,* 6).
Nach anderen war er ein „Anarchist", seine Philosophie ist „naturalistisch, antisozial" (*6.4,* 70). Er ist der Vertreter eines „absoluten Negativismus" (*7.11 I,* 206), seine Lehre ist „amoralisch", jenseits von Gut und Böse. Er wird mit einem „destruktiven Nihilismus" in Zusammenhang gebracht; er wird ein Revolutionär in der Religion genannt, weil er die Idee Gottes durch sein Tao ersetzen wollte (Hu Shih, Religion and Philosophy in China, 36–39) und weil er gegen die bestehende Ordnung seine Stimme erhoben hat. Also ein echter Revolutionär, dessen historisches Gegenstück in Europa Jean-Jacques Rousseau ist (*7.19,* 54).
Im alten China haben die Taoisten (die mit Lao-tzu und mit dem Tao-te-ching oft nur den Namen und einige Zitate aus dem Buch gemeinsam haben) aus ihm einen Übermenschen, ja einen Gott gemacht. Andere dagegen, vor allem Konfuzianer, konnten ihre Abneigung und Geringschätzung ihm gegenüber nur schwer verbergen. Es geschieht zwar selten, daß sie ihn direkt angreifen oder bekämpfen. Sie ignorieren ihn einfach. Er wird von ihnen mit höflichem Stillschweigen übergangen.

b. Wie man aus den bereits angeführten Zeugnissen sehen kann, steht eine sehr umstrittene Persönlichkeit vor uns. Lao-tzu ist herausfordernd, wie alle echten Genies der Weltgeschichte. Man muß vor ihm Farbe bekennen. Er zwingt den Leser, mitzudenken, Stellung zu nehmen.

Hier liegt vielleicht die Erklärung der merkwürdigen Tatsache, warum so viele Leser in ihm einen Verfechter ihrer eigenen Ideale entdeckt zu haben glauben. Die Materialisten feiern in ihm den chinesischen Vorläufer des Materialismus (Hou Wai-lu, China, eine Großmacht. Sowjet Enzyklopädie, 286 f.). Für Pazifisten ist er der Prophet des Friedens. Theosophen, Freidenker, Humanisten: alle suchen und finden auch bei ihm, was sie zu finden erhoffen. Schon im alten China war die Lage ähnlich. Mit Ausnahme des I-ching war das kleine Büchlein ‚Lao-tzu' (wie man es zuerst nannte) das am häufigsten von Vertretern aller Richtungen und Schulen kommentierte. Manche von den besten Kommentaren sind von Konfuzianern und Buddhisten verfaßt worden. Die Tatsache, daß es von Taoisten, Konfuzianern und Buddhisten eifrig gelesen und mit großer Hingabe erklärt wurde, ist zugleich das schönste Zeugnis für den Wert des Buches und seines Verfassers. Das Tao-te-ching war fast das einzige Werk, das in der berühmten Bücherverbrennung (es handelte sich hauptsächlich um taoistische Bücher) offiziell ausgenommen war und so vor dem Untergang gerettet wurde[3].

„Keinem anderen ist es gelungen, eine ganze Philosophie in so wenig Worten auszudrücken und das Denken einer Nation so zu beeinflussen" (*8.6*, 118). Bei ihm stehen wir einem Denksystem gegenüber, „das unversehens die ‚Richtigkeit' unserer Gedanken und Ideen in Frage stellt" (119). „In seinem Glauben an die Macht der Liebe und

[3] Kublai-khan ließ nämlich im Jahre 1281 alle taoistischen Bücher öffentlich verbrennen. Nur mit dem Tao-te-ching machte er eine Ausnahme.

Demut erhob er sich zeitweise in ungeheure Höhen". „Lao-tse und Jesus sind Brüder im Geiste" (259). Lin Yutang meint, wäre Lao-tzu zu der Konferenz von Versailles eingeladen worden, hätte es nie einen Hitler gegeben (*8.5*, 107).

Das ungewöhnliche Interesse, mit welchem heute das Tag-te-ching in der ganzen zivilisierten Welt gelesen und immer wieder übersetzt wird, deutet auf eine wachsende Popularität und Aktualität hin. Weder die Unsicherheit um Lao-tzus Person und sein Werk noch die am Text selbst eifrig betriebene Kritik, ja nicht einmal die erheblichen Schwierigkeiten der Interpretation vermögen dieses Interesse zu hemmen. Im Gegenteil, seine Ausstrahlungskraft scheint immer mehr zuzunehmen. Giles vergleicht treffend das kleine Büchlein Lao-tzus mit einem „white dwarf" – „Zwergsterne" werden diejenigen genannt, die winzig, aber ungeheuer schwer sind wegen der enormen Dichte und des großen Druckes – „a white dwarf of philosophical literature, so weighty is it, so compact and so suggestive of a mind radiating at a white heat" (im Vorwort zu Ch'u Ta-kaos Tao-te-ching-Übersetzung, 6).

3. Lao-tzus Werk

Schöne, geistreiche Worte jedoch können das Problem nicht beseitigen, das wie eine unbehagliche, schwarze Wolke über dem Tao-te-ching schwebt. Es ist schon ungeheuer viel über Verfasserschaft, Zeit, Umstände, Inhalt, Aufbau des Tao-te-ching geschrieben worden. In jeder Hinsicht sind abendländische Sinologen im allgemeinen viel kritischer und skeptischer eingestellt als ihre chinesischen Kollegen. Es fehlen natürlich auch in China nicht die Gelehrten, die nach dem Beispiel der Europäer an allem zu zweifeln beginnen.

Nicht als ob es in China nie Kritiker gegeben hätte. Die chinesische Literatur- und Philosophiegeschichte liefert uns genügend Beweise dafür, daß auch die Chinesen nicht selten scharfe, kritische Augen für ihre eigenen Leistungen hatten. So wurde zum Beispiel schon vor vielen Jahrhunderten die Authentizität und das traditionelle hohe Alter der Klassiker (darunter auch das I-ching) angezweifelt. Auch das Tao-te-ching blieb von der Kritik nicht verschont. Es war ein chinesischer Gelehrter, der als erster die Verfasserschaft und das hohe Alter des Werkes in Zweifel gezogen hat (Wang Shung, 1745–1794). Im allgemeinen aber sind die Chinesen an diesen Fragen bei weitem nicht so interessiert wie es zur Zeit im Westen der Fall ist. Wenn sie es trotzdem tun, ahmen sie oft die Europäer nach (vgl. *5.61*).

a. Ähnlich wie bei der Frage nach dem Autor, gehen auch hier bei seinem Werk die Ansichten und Meinungen der Gelehrten auseinander. Den einen erscheint das Tao-te-ching als ein Konglomerat aus unzusammenhängenden Sprüchen, die nicht nur von verschiedenen Autoren stammen, sondern den Niederschlag loser Gedanken aus sehr verschiedenen Zeiten bilden sollen. J. Grill behauptet sogar, in dem Tao-te-ching ein Werk aus „unverdauten Lesefrüchten“ aus Chuang-tzu, Lieh-tzu usw. entdeckt zu haben, „besser eine Fälschung“ (*4.39*, 38). Es sei ein dunkles, schwieriges Buch, voll von schwer zu verstehenden Sprüchen, vieldeutig, sinnlos, aus welchem jeder alles mögliche herausholen könne, was er eben brauche.
Anderen erscheint es im Gegenteil als das einfachste, klarste, sinnvollste Buch, das je geschrieben worden ist. Sie pflichten denen nicht bei, die von einem unmöglichen Aufbau, dem Fehlen jeder Ordnung und jedes Zusammenhangs im Tao-te-ching reden. Für sie ist das Büch-

lein so einheitlich, so homogen wie es nur sein kann. So zum Beispiel Backofen. Wenn man seinen schematischen Tabellen glaubt, ist das Buch sowohl dem symmetrischen Aufbau als auch dem inneren Zusammenhang der Gedanken nach ein Meisterstück chinesischer Philosophie und Zahlenmystik. Der Inhalt wird mit einem Mal kristallklar.

Jaspers bekennt sich (in seinem Buch, Die Großen Philosophen) zu denen, die an der Einheit des Tao-te-ching festhalten: Das Tao-te-ching sei innerlich von so überzeugendem Zusammenhang, schreibt er, daß man – trotz möglicher Interpolationen und Entstellungen des Textes – nicht zweifeln könne, daß es von einer Persönlichkeit höchsten Ranges geschaffen wurde (899).

b. Für viele ist das Tao-te-ching hauptsächlich eine Streitschrift, gerichtet gegen die Konfuzianer und Legalisten (Walcy). Lao-tzu soll so meinen wieder andere zu wissen – es für den städtischen Gelehrten, der der Stadt müde wurde und nach der unverdorbenen, unraffinierten Atmosphäre jungfräulicher Natur verlangte, geschrieben haben. Er bediente sich der Intuition und der Gefühle, „um dem Wohl des Individuums – nicht der Gesellschaft! – zu dienen“. Er schrieb für den weltmüden Individualisten (*7.19*, 55).

Chan Wing-tsit gibt sich mit dieser Zielsetzung nicht zufrieden. Nach ihm hat Lao-tzu vielmehr den weisen König, den Herrscher, vor Augen und nicht den Einsiedler, den Weisen, der die Welt nicht im Stiche läßt, sondern sie mit einer gewissen Gelassenheit regiert, ohne sich zu sehr einmischen zu wollen (*6.1*, 137).

Nach Hughes ist das Tao-te-ching „ein Textbuch über des Menschen Freiheit ... ein kanonisches Buch über das Tao“. Es scheint sehr wahrscheinlich zu sein, daß dieses Buch als Initiationsbuch gedient hat. Man gab es den

taoistischen Novizen; das Buch ist voll von „cryptic" Andeutungen. Es war die Aufgabe des Meisters, des schon Eingeweihten, das Buch dem noch Uneingeweihten zu erklären (*6.14*, 144).
Nach anderen soll das Büchlein das Werk eines Quietisten sein, der die Philosophie des Nicht-Tuns, des Nicht-Handelns predigt. Der Verfasser selbst soll ein Kulturfeind gewesen sein, der die Menschen mied und dazu noch den Krieg bekämpfte. Andere stempeln ihn zum „größten Abenteurer", seine Lehre als eine „äußerst reaktionäre Theorie" (so z. B. Fan Wen-lan in seinem „Kurzen Abriß der Geschichte Chinas", und *3.10*, 37).

c. Auch hinsichtlich der Herkunft der Grundideen des Tao-te-ching gibt es große Meinungsverschiedenheiten, vor allem unter den nichtchinesischen Autoren. Lao-tzu soll ein eingewanderter Inder gewesen sein, der seine Lehre in China unter chinesischem Gewande verbreitete, „ein Abkömmling von Indern und seine Philosophie ein chinesischer Brahmanismus" (Douglas). Selbst Wieger denkt noch an eine „adaptation chinoise de la doctrine indienne contemporaine des Upanishad" (*6.82*, 143). Das Wort „Tao" soll nach seiner Meinung eine Transkription des indischen Wortes „tat", und das „te" (Tugend, Wirkung) eine Übersetzung des indischen „toat" sein (Controversiae, 89). Auch Zacharias möchte ihn mit Indien in Verbindung bringen. Er erklärt als ein „Fait accompli": Die einzige Quelle der chinesischen Philosophie (und überhaupt aller Philosophie) sei eine Art indische „Protophilosophie". Die legendenhafte Figur Lao-tzus sei ihre typische Verkörperung (*6.90*, 156). Er soll nach seinem geheimnisvollen Verschwinden „gegen Westen" nach Indien gegangen sein, wo er selbst Buddha unter seinen Schülern gehabt habe. Oder noch einfacher: Buddha sei bloß eine neue Manifestation,

Verkörperung, Menschwerdung des Lao-tzu. Nach anderen soll er ein fremdrassiger „Schamane“ gewesen sein, der die Verehrung eines Tiergottes in China zu verbreiten versuchte. Oder man läßt ihn aus Tibet nach China kommen, um die Chinesen in seine Geheimlehre einzuweihen. Auch wurde behauptet, er sei ein japanischer Philosoph gewesen.
Bröming und Kremsmayer suchen in einer alten sumerisch-babylonischen Geheimlehre den Ursprung mancher Hauptgedanken des Tao-te-ching. Man denkt sogar an die Juden, denen Lao-tzu seinen philosophisch-theologischen „Tiefgang“ zu verdanken hätte.

Wie wir sehen, die Phantasie nimmt ihren freien Lauf, sobald es um die Person oder um das kleine Büchlein geht, das seinen Namen trägt. Es fehlt noch immer eine umfassende, streng kritische Untersuchung des Lebens und des Werkes Lao-tzus.

4. Einige Besonderheiten der Lao-tzu-Frage

Die Frage nach Lao-tzu und nach seinem Werk wird oft durch subjektive Vorurteile, durch unbewiesene Hypothesen und durch eine tendenziöse, gesteuerte Interpretation des Tao-te-ching verdunkelt und erschwert. Ich werde nur einige solche Punkte aus den vielen hervorheben:
– Die Begegnung Lao-tzus mit Konfuzius und die Gegenüberstellung der beiden;
– der berühmte (legendäre) Paßübergang, sein Verschwinden nach dem Westen und die 5000 Worte des Tao-te-ching;
– seine angeblich zivilisationsfeindliche Haltung;
– seine (unbewiesene) Abstammung aus dem Süden und die Überbetonung des „südlichen“ Elementes.

a. Was nun die Begegnung der beiden Weisen des Altertums betrifft, so besitzen wir merkwürdigerweise über dieses Ereignis keinen einzigen objektiven Bericht. Das ist auffallend, wenn man bedenkt, wie peinlich genau die chinesischen Angaben zu sein pflegen. Über die Begegnung des Konfuzius mit Lao-tzu stehen uns ausschließlich legendenhafte oder polemisch zugespitzte Erzählungen zur Verfügung. Konfuzius selbst schweigt über diese Begegnung. Im Tao-te-ching findet sich nicht die geringste Andeutung dieses Vorfalles. Alle Berichte darüber stammen aus einer Zeit, wo die Überprüfung, die Vergewisserung der Ereignisse praktisch unmöglich ist. Freilich berufen sich alle Erzähler auf Tatsachen, auf die Tradition. Doch tastet man im Dunkel herum; schon Chuang-tzu weiß um mehrere Begegnungen der zwei Weisen. Bei dem Bericht des Ssu Ma-ch'ien fällt nicht so sehr die Wiederholung einer Überlieferung auf, sondern die Tatsache, daß er nur eine Begegnung erwähnt. Es ist auch rätselhaft, warum gerade er, der Konfuzianer, diese weder für Konfuzius noch für seine Nachfolger schmeichelhafte „Tradition" aufgezeichnet hat, ohne das geringste daran zu ändern, ohne jeden Kommentar. Rein psychologisch betrachtet ist es kaum anzunehmen – auf Grund dessen, was wir einerseits über das Leben und den Charakter des Konfuzius und anderseits aus dem Text Tao-te-ching wissen –, daß Lao-tzu einer solchen groben Unhöflichkeit fähig gewesen wäre, wie es uns in diesen Begegnungen geschildert wird[4]. Alle diese Bedenken, wenn man sie vereinigt, entkräften leicht die Argumente, die für eine eventuelle Begegnung in Frage kommen könnten. Sollte die Begegnung trotz-

[4] Lao-tzu soll dem Konfuzius anmaßende Manieren und Hochmut vorgeworfen haben und ihn außerdem aufgefordert haben, seine „weisen Mienen" abzulegen, um wirklich ein anständiger Mensch werden zu können (*2.12*, XXVI/5).

dem stattgefunden haben, dann waren sowohl die „Atmosphäre“ als auch der Inhalt des Gespräches sicher verschieden von dem, was uns bekannt ist. Die Vermutung liegt nahe, daß zuerst eben diese „Atmosphäre“ und der polemische Inhalt des Gespräches (die strenge, ja grobe Zurechtweisung des Konfuzius) existierten. Die Begegnung ist nur der literarische Rahmen. Oder mit anderen Worten: Wir haben es wahrscheinlich eher mit zwei Schulen als mit einer Auseinandersetzung zwischen Lao-tzu und Konfuzius zu tun. Da die Spitze der ganzen Erzählung gegen Konfuzius gerichtet ist, ist es nicht schwer zu erraten, wie diese Geschichte in der heutigen Form entstanden ist.

b. Ähnlich ist es mit der zweiten überlieferten Geschichte, nämlich dem (unbegründeten) Paßübergang, der dem schönen Gedicht von B. Brecht zum Thema dient. Dieser Zwischenfall aber muß sicher auf eine spätere Tradition zurückgehen. Die 5000 Worte des Tao-te-ching können erst dann sprichwörtlich geworden sein, als das Tao-te-ching schon weit und breit bekannt war und gelesen wurde. Übrigens gibt es keinen Text mit genau 5000 Worten, wie es in der Legende heißt. Wir besitzen Ausgaben mit 5320, 5722, 5630, 5610, 5683 usw. Worten, d. h. die meisten Ausgaben gehen weit über die Zahl 5000 hinaus. Die Legende hat insofern mit den uns überlieferten Texten zu tun, als sie die Ursache vielfacher Abkürzungen des Urtextes war. Man hat öfters den Versuch gemacht, die Zahl der Zeichen womöglich auf 5000 zu reduzieren. Die Textkritik konnte bis auf den heutigen Tag gerade wegen dieser Versuche den ursprünglichen Text nicht wiederherstellen.
Der Paßübergang selbst, bei dem Lao-tzu unseren Blicken für immer entschwindet, hat mehr eine poetische als eine geschichtliche Wahrheit. Eigentlich ist diese Erzählung

so reizend, daß man sie unbedingt beibehalten muß. Ich persönlich bin der Ansicht, daß wir nicht mehr über die Geschichtlichkeit dieser Begebenheit wissen oder je erfahren können, als in dem schon erwähnten Gedicht von B. Brecht oder in der reizenden Erzählung von P. Claudel (Der Aufbruch des Lao-tse) bereits ausgesprochen wurde. Ob sie Geschichte ist oder nicht, wissen wir nicht. Sie gehört aber bestimmt zur literarischen Geschichte des Lao-tzu.

c. Ob Lao-tzu ein Feind der Kultur und der menschlichen Gesellschaft war? Man soll zuerst das Tao-te-ching in seinem Zusammenhang lesen, seinen Grundgedanken treu folgen und vor allem das Hauptanliegen des Buches, nämlich das Tao und seine Kraft, seine Wirkung, seinen Geist konkret (wie es uns im Buche geschildert und veranschaulicht wird), ehrlich zu verstehen suchen und dann diese Frage noch einmal stellen.
Einzelne, aus dem Zusammenhang herausgegriffene Sätze geben uns noch kein Recht, aus Lao-tzu einen zivilisationsfeindlichen Menschen zu machen. Wenn er sich manchmal gegen das „Wissen“ ausläßt, wenn er sich für manche Einrichtungen der damaligen Gesellschaft nicht begeistert zeigt, braucht das noch keineswegs ein Beweis seiner Feindseligkeit zu sein. Dieses Problem hängt auf das engste mit dem „wu-wei“ und mit dem Wesen des Tao zusammen. Im Laufe dieser Arbeit werden wir die nötigen Perspektiven bekommen und so besser imstande sein, über seine Haltung zu der menschlichen Gesellschaft zu urteilen.
Hier sei nur die Deutung von Dr. Hu Shi kurz erwähnt: Nach eindeutiger Überlieferung war Lao-tzu Archivar, also ein Mann der Bildung, wie Konfuzius auch. Beide waren „ju“, d. h. Literati, Gelehrte, die die Fackel der Zivilisation (an der den Chinesen so viel gelegen ist)

hochhielten. Lao-tzu soll ein orthodoxer „ju“ der Milden gewesen sein, die an der Kultur der unterworfenen Yin-Bevölkerung festhielten. Diese Kultur zeichnete sich durch Nicht-Widerstand, durch Milde aus. Konfuzius dagegen, obwohl er selbst ein Nachkomme der Yin war, gehörte dem neuen Typ der „ju“ der Starken an, die die Ersetzung der degenerierten Yinkultur durch die neue, voranschreitende Kultur der Chou befürworteten. Chan Wing-tsit, der mit dieser Hypothese einverstanden zu sein scheint, bemerkt dazu: Wir haben also in Lao-tzu eher einen Lehrer und Prediger des einfachen, bescheidenen Lebens zu suchen als einen Weltfremden, der sich vom Leben (und von der Öffentlichkeit) distanziert (*6.28*, 35).

Dieses Bild von Lao-tzu paßt sicher eher zu dem Gesamteindruck, den man sich im allgemeinen von ihm macht. Er war für viele ein Symbol der Milde und Einfachheit, der Bescheidenheit, so sehr, daß manche Gelehrte gerade hierin das Charakteristikum des Lao-tzu und damit des Tao-te-chin erblicken: die Einfachheit ist der Schlüssel zum Tao-te-ching (*6.30*, 409).

Und um bei der historischen Wahrheit zu bleiben: Frühtaoismus ist dem Konfuzianismus sicher näher gestanden, als es im allgemeinen vermutet wird. Wenigstens seine Ethik war mit der konfuzianischen Ethik bestimmt mehr verwandt als mit der buddhistischen (vgl. *6.28*, 35). Sogar in der Frage des „wu-wei“ standen, wenigstens am Anfang, die zwei Richtungen ziemlich auf demselben Boden. Die angebliche Opposition oder eine radikal entgegengesetzte Haltung kann aus den klassischen Schriften der beiden Schulen nicht begründet werden (*6.53*, 48).

d. Es wird sehr häufig auf eine südliche Abstammung des Lao-tzu hingewiesen. Manche betrachten diese Abstammungstheorie als eine ausgemachte Tatsache und ziehen daraus allerlei psychologische und metaphysische Schlußfolgerungen. Ohne weiteres wird Lao-tzu als ein Mann aus dem Süden dem Manne des Nordens, Konfuzius, gegenübergestellt und beide gegeneinander ausgespielt. Diese „Hypothese“ hat schon zu manchen Mißverständnissen des Textes Anlaß gegeben. Mit Recht weist Maspéro darauf hin, daß diese südliche Abstammung gar nicht bewiesen ist, weil im Tao-te-ching jegliche historische oder geographische Angabe, ja selbst die leiseste Anspielung fehlt (*7.18*, 404).

Ähnlich verhält es sich auch mit der möglichst düsteren Schilderung der Zeitumstände und der sozialen Verhältnisse. Beide werden so dargestellt, als ob man sehr genaue Informationen über alles besäße. Man vergißt dabei allzu schnell, daß nicht einmal das Jahrhundert mit Sicherheit feststeht, in welchem Lao-tzu gelebt hat und in welchem das Tao-te-ching abgefaßt wurde.

So bleibt nur der Text übrig, wie er auf uns gekommen ist. In unserer Untersuchung werden wir uns hauptsächlich auf den Text selber stützen. Dieser hat aber auch seine Schwierigkeiten, freilich von einer anderen Art. Moderne Sinologen schlagen daher einen neuen Weg ein, um das Problem des Tao-te-ching zu lösen. Dieser Weg führt durch und über den Text. Man hofft, auf diese Weise das Rätsel um den Verfasser und um das Buch aufklären zu können.

5. Drei Lösungsversuche

a. Der allgemein hochgeschätzte holländische Sinologe Duyvendak hat versucht, mit Hilfe der neueren chinesischen Textausgaben den ursprünglichen Text des Tao-te-ching zu rekonstruieren. Er ist der Meinung, das Werk gehöre (wenigstens seinen Ideen nach) in das geistige Klima um das Jahr 300 v. Chr. Es kann nicht früher als 300 entstanden sein. Obwohl es manche archaisch klingende Teile enthält, muß die Abfassung von späterem Datum sein. Der Autor (der nach Duyvendak nicht unbedingt mit Lao-tzu identisch sein muß) hätte diese alten Sätze in seinen Text eingebaut. Sie können auch eine vollkommen andere Bedeutung in ihrem ursprünglichen Rahmen gehabt haben, als sie jetzt in dem Text haben. Es war ein kühnes Unternehmen: Duyvendak war sich dessen bewußt. Vor ihm hat nur Ch'u Ta-kao in seiner englischen Übersetzung eine ähnliche Methode angewendet (1937). Die anderen Übersetzer hielten sich meistens streng an den Text, den sie vor sich hatten. Nur hie und da wurden unklare Stellen mit den Varianten verglichen und eventuell korrigiert.

Duyvendak läßt Worte weg, fügt andere hinzu, er modifiziert den Text, gruppiert viele Worte anders. Im ganzen nimmt er in etwa 27 Kapiteln solche Änderungen vor.

Diese zweifellos bahnbrechende Arbeit wurde von den Sinologen ziemlich günstig beurteilt; man zählt seine (französische) Übersetzung zu den besten in europäischen Sprachen. Leider gibt es auffallend viele Fehler (mehr als 60) in dem so rekonstruierten chinesischen Text; dadurch wird die Brauchbarkeit der chinesisch-französischen Ausgabe sehr vermindert. Derk Bodde gibt in seiner Besprechung der französischen (und englischen) Übersetzung von Duyvendak die volle Liste der von ihm bereits korrigierten Stellen (*5.3*, 216). Im Prinzip bleibt aber die wertvolle Arbeit Duyvendaks auf der Ebene der Textkritik und der Philologie.

b. Es war der weltberühmte schwedische Gelehrte B. Karlgen, der auf die Idee kam, aus dem poetischen Charakter des Tao-te-ching seine Einheit und sein hohes Alter zu beweisen. Bekanntlich ist ein großer Teil (nach Karlgen dreiviertel des Buches) in Versform abgefaßt. Hughes nennt es „Poesie in ihrem vollen Sinne, dazu eine mystische Poesie, trotz seines gesunden Menschenverstandes“ (*5.60*, 144). Der Japaner Takeuchi zieht aus der poetischen Form des Tao-te-ching den Schluß, daß es eine Zeitlang mündlich überliefert worden sei, was ebenfalls auf ein früheres Datum seiner Entstehung hinweisen würde (vgl. *6.17*, 45).

Für Karlgen stammt das Tao-te-ching der poetischen Form nach sicher aus der Chou-Periode (sie dauerte bis zur Mitte des 3. Jahrhunderts v. Chr.). Es besaß schon in der Ch'in-Zeit und während des Früh-Han (3.–1. Jahrhundert v. Chr.) eine solch große Autorität, daß die taoistischen Autoren sich oft darauf berufen mußten[5]. Bei späteren Schriftstellern gefundene Lao-tzu-Zitate (Lieh-tzu, Chuang-tzu, Yin wen-tzu, Lü-shi, Ch'un ch'in, Chan kuo-ts'e, Han Fei-tzu, Huai nan-tzu) passen ausgezeichnet in den heutigen Text hinein. Sie ergänzen sich gegenseitig. Karlgen beweist auf Grund von 21 Beispielen, daß diese scheinbar losen Zitate (im ganzen findet man in ihnen 1767 Worte; der vollständige Text der Wang-Pi-Redaktion hat 5247 Worte) auch ursprünglich zu dem Text gehörten. Man kann sich deshalb nicht gut vorstellen, daß jemand so geschickt gewesen ist, mit denselben Regeln, im selben Stil und mit denselben Reimen einen zweimal so langen Text zu konstruieren. Ein solcher hätte dann ein genialer Stilist und zugleich ein gewandter Linguist sein müssen. „The stanzas form a whole, logically and esthetically, in a way that excludes

[5] Karlgen, ähnlich wie Duyvendak, kümmert sich nicht viel um Lao-tzu; nach ihm war es ein Taoist, nicht Lao-tzu, der in kurzen Aphorismen dachte. Seine Schüler hätten diese Aphorismen später gesammelt. (Vgl. *5.66*, 25.)

every possibility of a later filling out of parts of the verses“ (30). – Es ist jedenfalls merkwürdig, daß diese einfache und doch überzeugende Beweisführung des großen Sinologen keinen großen Einfluß auf die spätere Lao-tzu-Forschung ausgeübt hat. (Karlgen ist ein Linguist; seine starke Seite ist die philologische Genauigkeit und nicht die Philosophie.)
Mehrere Sinologen argumentieren ähnlich wie Karlgen: Es sei höchst unwahrscheinlich, daß das tiefsinnigste, eigenartigste und schwierigste Erzeugnis der gesamten chinesischen Literatur eine Fälschung ist (*6.11*, 144). A. Forke hält die Kompilatortheorie für „eine reine Fiktion“. „Das Tao-te-ching ist das bedeutendste Werk der alten chinesischen Philosophie. Sein Verfasser muß eine sehr originelle Persönlichkeit von großer Genialität gewesen sein“ (*5.44*, 43).

c. Eine der gründlichsten kritischen Bearbeitungen des Tao-te-ching stammt von dem Japaner Eichi Kimura. Ausschließlich aus chinesischen Texten und mit einer superben Textkritik (die oft an die Methode der protestantischen Bibelkritik der deutschen Schule erinnert) hat er in dreißig Jahren den ganzen Text bis in die kleinsten Einzelheiten hinein untersucht, um den Originaltext zu rekonstruieren. Das Buch umfaßt 633 Seiten und scheint zur Zeit die beste kritische Abhandlung der Tao-te-ching-Frage zu sein.
Nach Kimura ist das Tao-te-ching aus einem dreifachen Material zusammengesetzt: (a) aus alten Sprüchen und Sprichwörtern; (b) aus Texten, die mit „Der Heilige“ (sagt) beginnen, und (c) aus Perikopen, welche mit „Ich“ eingeleitet sind. Diese letzte Gruppe soll nach Kimura von einem ganz bestimmten Denker stammen. Diese drei Schichten wurden dann in der frühen Han-Periode (3.–1. Jahrhundert v. Chr.) zu einem Buch verarbeitet.

Nach der Textanalyse bringt er den rekonstruierten chinesischen Text mit dessen äußerst eingehender wissenschaftlicher Erklärung und gibt zugleich die japanische Übersetzung (274–524). Erst dann beginnt er – am Ende des Buches – auf Grund der Ergebnisse seiner Textkritik, die Hauptideen des Tao-te-ching zu erarbeiten. Es ist jedoch bedauerlich, daß er die europäische Laotzu-Forschung völlig übergeht und (nach Hurvitz) mit seinen chinesischen Quellen ziemlich eigenwillig umzugehen scheint. Man findet eine ausführliche und übersichtliche Besprechung dieses Buches in Monumenta Serica, 1961, mit der vollständigen englischen Übersetzung des rekonstruierten Textes Kimuras (331–367).

6. Das Problem der Übersetzung des Wortes „Tao"

a. Jede Kulturepoche besitzt mehrere Worte, die so eng mit dem Geist der ihr eigenen Sprache zusammengewachsen sind, daß es praktisch unmöglich ist, sie in einer fremden Sprache befriedigend wiederzugeben. Die Sprache ist ja (nur) der Ausdruck, die Widerspiegelung der tiefsten Regungen in der Seele des Volkes. Je ursprünglicher eine Kultur ist, desto schwieriger muß die Übersetzung solcher Worte sein. Am besten läßt man sie unübersetzt.

Viele solche „Urworte" verschiedener Völker sind schon international geworden, wie z. B. nirvana, yoga, zen, um nur einige bekannte Beispiele zu erwähnen. Da in Europa im letzten Jahrtausend der geistig-soziale Hintergrund bei den meisten Völkern in wesentlichen Punkten ziemlich ähnlich war und weil die meisten europäischen Sprachen auch untereinander irgendwie verwandt sind, gibt es bei uns nur wenige Ausdrücke, die man schwer oder kaum in eine andere europäische Sprache übersetzen könnte.

Die Zahl der unübersetzbaren Worte mehrt sich, sobald man die gemeinsame Basis der abendländischen Kultur und der christlichen Religion verläßt und sich mit den Kulturen und Religionen Ostasiens beschäftigt. Selbst in Japan, im zivilisiertesten Lande Asiens, gibt es viele solcher unübersetzbaren Worte, für die in europäischen Sprachen kein Äquivalent vorhanden ist (z. B. Mono no aware, sabi, etc.).

Der Grund dieser merkwürdigen Erscheinung liegt darin, daß diese Worte mit ganz bestimmten Erlebnissen und Assoziationen auf das innigste verbunden sind. Gerade diese Grunderlebnisse fehlen bei einem anderen Volk, weshalb sie durch etwaige rationale Erklärungen oder durch einen Hinweis auf „ähnliche" Fälle nicht deutlich gemacht werden können. Sie sind im Laufe der Jahrhunderte und Jahrtausende so sehr mit dem Denken und Empfinden des betreffenden Volkes zusammengewachsen, daß sie nunmehr ein organisches Ganzes mit der Volksseele bilden. Am leichtesten sind wohl noch die technischen Ausdrücke, die praktischen Termini, zu übersetzen. Am schwersten sind diejenigen Worte übertragbar, denen eine lange, echte religiöse Erfahrung, ein intuitiv-mystisches Erlebnis oder ein künstlerisches Erahnen zugrunde liegt.

So fehlen zum Beispiel in dem Wortschatz der chinesischen und der japanischen Sprache die Begriffe Person und Sünde, folglich auch der Begriff eines persönlichen Gottes. Diese so charakteristisch abendländischen Begriffe sind aus einer mehr als zweitausendjährigen Erfahrung und Reflexion hervorgegangen, einer Erfahrung, die es im Osten (wenigstens in vergleichbarer Tiefe) nicht gegeben hat.

Auch das chinesische Wort Tao gehört in die Kategorie schwer übersetzbarer Worte der Geistesgeschichte. Immer wieder versuchte man es zu übersetzen, doch vergeb-

lich. Man könnte ein recht buntes Bild aus den Namen zusammenstellen, die man schon in europäischen Sprachen dem Tao gegeben hatte: ratio, Vernunft, Sinn, Methode, Gesetz, Weg, Gott, Weltgrund, Wort, der rechte Weg, Gottheit, raison, nature, Principe, Leben usw.
Man kann leicht für jede der genannten Übersetzungen irgendeinen Grund angeben. Robertson hat recht, wenn er sagt, daß alle diese Übersetzungen letzten Endes dasselbe, d. h. „the ultimate reality" suggerieren. Darum ist „Gott" eine ebenso gute Übersetzung des Tao wie irgendein anderes Wort (*5.97*, 198). Das eine ist gleichberechtigt wie das andere. Oder besser gesagt, ebenso ungenügend wie das andere.

b. Das Problem der Übersetzung des Tao ist nicht neu. Schon die Buddhisten kannten die zahlreichen Schwierigkeiten, die mit diesem Problem verbunden sind. Auf die Bitte des Königs von Kamarupa (Assam) ließ um das Jahr 750 der damalige Kaiser Wen das Tao-te-ching aus dem Chinesischen ins Sanskrit übersetzen. Eine aus Taoisten und Buddhisten bestehende Kommission von etwa 30 Gelehrten wurde zusammengestellt. Man diskutierte tagelang; der Text wurde Satz für Satz analysiert und durchgesprochen. Ein hochangesehener Gelehrter erklärte die Schwierigkeiten der Übersetzung, er übersetzte die dunkelsten Stellen. Es wurden Übersetzungsproben gemacht.
So ging es lange hin und her, ohne daß man zu einem befriedigenden Resultat gekommen wäre. Den Taoisten erschien es unmöglich, daß man ein solches Wort wie Tao mit dem völlig verschiedenen System des Buddhismus erfassen könnte. Man solle sich hüten – das sei die erste Regel –, sich buddhistischer Begriffe in der Erklärung von Lao-tzu zu bedienen. Andere aber meinten, die Terminologie möge verschieden sein, die Absich-

ten seien trotzdem die gleichen in beiden Systemen. Es wurde zugegeben, daß es tatsächlich bis dahin oft Brauch war, den Taoismus durch buddhistische Ausdrücke zu erklären, doch geschah ein solches Vorgehen aus Unwissenheit, weil man die buddhistischen Bücher noch nicht genügend kannte und sich durch rein äußere Ähnlichkeiten verleiten ließ. Die zwei Richtungen könne man schwer miteinander in Einklang bringen.

Die große Frage war natürlich das Tao. Sollte man es mit „bodhi“ (p’on-t i: Erleuchtung, Erwachen) oder mit „marga“ (mo-k’ie, der Weg) wiedergeben? Zum Schluß wurde das Wort „marga“ gewählt (vgl. *5.91*, 351–430). Ein anderes Beispiel: bei dem chinesischen Wort „wu-wei“ diskutierte man über die Möglichkeit, es mit „nirvana“ zu übersetzen. Man fühlte aber sehr deutlich die Diskrepanz zwischen den beiden Ausdrücken (vgl. Zenker, Histoire de la Philosophie chinoise, 322 f.).

c. Schon während der Han-Dynastie versuchten die Buddhisten, ihre Lehre in taoistische Terminologie zu kleiden, um besser verstanden zu werden. Später wiederholte sich der Prozeß, als der Zenbuddhismus auf die Bühne trat. Die taoistische Terminologie ist dem Zen infolge des Assimilationsprozesses gar nicht so fremd; das „wu-wei“ wurde adoptiert, und zwar im Sinne von „satori“ (japanisch: Erleuchtung, vgl. *6.42*, 19). Ausdrücke wie „das Tao erlangen“ – „nicht erlangen“, „das große Tao“, kommen auch in zenbuddhistischen Büchern häufig vor (47).

Dieses kuriose Zwischenspiel der gegenseitigen Beeinflussung braucht nicht eigens bewiesen zu werden. Es ist eine bekannte historische Tatsache, es wird unter anderem auch in dem gut dokumentierten Buche von Dumoulin, Östliche Meditation und christliche Mystik, zur Genüge dargestellt. Dort kann man nachlesen, wie verwandt manche zenbuddhistischen Termini mit taoistischer Terminologie sind; so z. B. das Unfaßliche – anupalabhya – ist ein Synonym der Leere = sûnyatâ. Beide bezeichnen das Absolute (*6.41*, 100). Das Gestaltlose aber ist Tao (107). Das Absolute = Buddha-Natur = Nicht-Buddha-Natur = Über-Nicht-Buddha-Natur gilt als das Nicht-Ich des Zen. All das gleicht „aufs Haar dem Wege (Tao) des chinesischen Taoismus“ (201). Denn „die Ineinanderschmelzung von Buddhistischem und Chinesischem gelang nirgendwo vollkommener als in der auf chinesischem Boden entstandenen originellen Meditationsschule des Zen“ (chinesisch: Ch'an, vgl. 154). Das Tao stand also hoch im Ansehen. Chinesische Buddhisten haben sogar, nach Nakamura, vorgezogen, statt des indischen Wortes „dharma“ das Tao zu gebrauchen, da das letztere eine konkretere Bestimmung („connotation“) hat als das Wort dharma (*6.68*, 255 f.).

Wie wir aus den oben zitierten Beispielen ersehen können, ist die Übersetzung des Tao-te-ching und seiner Ideen bereits vor mehr als tausend Jahren viel eingehender, viel gründlicher versucht worden, als es bis jetzt in Europa der Fall war. Trotzdem mußte der Versuch zum Teil mißlingen. Sowohl der Buddhismus als auch der Taoismus haben viele Elemente des anderen Systems in sich aufgenommen und in das eigene System eingebaut. Im wesentlichen aber blieben sie verschieden. Taoismus ist kein Buddhismus, und Buddhismus ist kein Taoismus. Nur im Zenbuddhismus fand eine seltsame Verschmelzung statt. Was dabei herauskam, hat direkt mit Lao-tzu nicht viel zu tun.

d. Alle diese Beispiele zeigen uns deutlich, wie schwer es ist, das Wort Tao zu übersetzen oder wenigstens einen einigermaßen adäquaten Begriff dafür zu finden. Bis jetzt ist es noch niemandem gelungen. Es gibt einfach kein entsprechendes Wort für Tao. Schon das Zeichen „Tao" läßt dies sehr deutlich erkennen: man schreibt das Zeichen „Weg", aber der Inhalt des historischen Tao ist mindestens so weit vom Weg entfernt, wie in dem klassischen Ausdruck „Himmel" der Inhalt vom Zeichen entfernt ist. Auch dort bedeutet das Zeichen „Himmel" zuerst den blauen Himmel, doch wurde es später in China im Sinne von „Gott", „Vorsehung", „Schicksal" gebraucht. Im Falle des Tao ist die Entfernung noch größer.

Behauptungen wie „Tao sei nichts anderes, als was wir Abendländer Gott nennen" (*4.7*, 29), klingen nicht sehr überzeugend. Sehr richtig sagt Legge: Tao „is not a name of Lao-tzu's subject, but a descriptive designation of it" (*6.65*, 214 Fußnote). Selbst die folgende Aussage, „Tao, Geist, Gott, Idee, boddhi, vâx, logos, causa sui ... Alle diese Worte sind doch nur Symbole für ein und dasselbe Erlebnis, das unfaßbar bleibt, das jeder nach seinem Gott benennt" (Federmann), soll nicht ohne weiteres für bare Münze gehalten werden. Eben das ist ja die große Frage, ob es wirklich um ein und dasselbe Erlebnis geht oder nicht. Die Japaner sprechen das Tao als „michi" aus, nur in zusammengesetzten Wörtern heißt es „dó", beziehungsweise „tó". Die Bedeutung bleibt unverändert. Die Japaner haben freilich den Vorteil, daß sie dieselbe chinesische Schrift gebrauchen und so vermitteln sich ihnen viel reichere und tiefere Assoziationen mit dem Wort Tao vom Schriftbild her. Anderseits bedeutet die japanische Umschreibung des Tao (obwohl das Schriftzeichen genau dasselbe ist) schon eine Verarmung des Inhaltes, denn das Wort wird meistens im ethisch-moralischen (oft auch im ästhetischen) Sinne gebraucht (sadó, kadó, bushidó, shodó, shintó). Nakamura erklärt sogar sehr entschieden, es hätte in Japan nie einen richtigen Taobegriff gegeben. Das Tao der

Schintoisten sei eine Neubildung; der Taoismus von Lao-tzu sei den Japanern immer fremd geblieben (*6.68*, 415).
Man spürt also deutlich, welche Probleme mit der Wiedergabe des Tao in einer anderen Sprache (selbst im Japanischen) verbunden sind. Und so werde ich selbstverständlich das Tao nicht zu „übersetzen" versuchen, sondern ich tue mein Bestes, die Texte selbst sprechen zu lassen, damit der Begriff des Tao aus dem Kontext, aus dem Gebrauch des Wortes, aus den äußeren und inneren Zusammenhängen einigermaßen aufleuchte.

7. Ergebnisse

Manchen Historikern ist es schon aufgefallen, daß um die Jahrtausendmitte vor Christus eine tiefgehende Umwandlung des Geistes in der Geschichte stattgefunden hat. Die Jahrhunderte um diese Zeitwende herum sind Zeugen einer Eruption des Geistes; eine neue Sicht der Welt und der Geschichte macht sich bemerkbar von Ostasien bis zum Mittelmeerraum im Denken, in der Religion und im sozialen Leben. Diese weltumfassende Umwälzung ist durch die Erscheinung genialer, begnadeter Menschen (Buddha, Konfuzius, Zarathustra, die großen griechischen Philosophen, die Propheten Israels) gekennzeichnet. Männer, die das Schicksal und das Gesicht ihres Volkes, das Denken ganzer Kontinente auf Jahrhunderte, ja auf Jahrtausende bestimmt und geprägt haben (vgl. Dawson, Enquiries, 125–127; Progress and Religion, 99 f.). Lao-tzu gehört in diese „Achsenzeit" hinein.

a. Das Wenige, was wir über ihn wissen (das, was sich aus den Legenden, aus der Kunst und aus der Geschichte mit Sicherheit herausschälen läßt), ist äußerst dürftig. Obwohl gegenwärtig weder sein Name mit eindeutiger Sicherheit noch die Natur seiner Beziehung zum Tao-te-ching mit überzeugender Klarheit dargelegt werden können, müssen wir aus schwerwiegenden äußeren und inneren Gründen annehmen:

(1) daß er sicher eine historische Persönlichkeit ist. Wir können aber nur die unterste und die oberste Grenze seines Lebens bestimmen: da Konfuzius (gest. 479 v. Chr.) ihn kein einziges Mal erwähnt, kann er nicht vor ihm oder mit ihm gleichzeitig gelebt haben. Und weil das Tao-te-ching schon bei Han Fei-tzu (gest. 233 v. Chr.) kommentiert wird, muß der Verfasser vor ihm gelebt haben[6]. Autoren und ihre Bücher pflegen erst kommentiert zu werden, wenn sie schon eine gewisse Publizität haben. Auf Grund einer sorgfältigen Analyse einiger Ausdrücke und charakteristischer Grundideen bei Konfuzius, Mo-tzu, Chuang-tzu, Han Fei-tzu kommt Óhama zum Ergebnis, daß Lao-tzu nach Konfuzius und Mo-tzu anzusetzen ist. Auf der anderen Seite aber muß das Buch schon vor Han Fei-tzu, sogar vor Hsün-tzu (298–238?) existiert haben, wenigstens der Kern des Werkes (vgl. *3.7*, 295–328)[7].

(2) Auch ist unleugbar, daß wir es beim Verfasser des Tao-te-ching mit einem Denker von ungewöhnlichem Ausmaß und seltener Tiefe zu tun haben. Auch das Ergebnis dieser Untersuchung soll ein Argument dafür sein.

[6] Fung Yu-lan meint, Lao-tzu habe um 300, „or somewhat earlier" gelebt (*6.6*, XXII).

[7] Nagasawa ist radikaler und ungeduldiger als Óhama hinsichtlich der Lao-tzu-Frage. Er erklärt beinahe dogmatisch: „Der Verfasser Lao-tzu ist entweder ein Mann der alten Zeit, dessen sich die Legende bemächtigte und den sie mit Lao-tzu in Verbindung brachte, oder aber er hat überhaupt nicht existiert." (*6.17*, 46) Mir scheint eine solche Lösung bloß eine „Notlösung" zu sein, besser eine Ausflucht.

(3) Wir sind berechtigt zu sagen, daß das Werk – zuerst einfach als das „Lao-tzu" bezeichnet, später aber unter dem wohlklingenden Titel „Tao te-ching" bekannt (vielleicht im 6. Jh. n. Chr.) –, in seiner uns überlieferten Form ein ganz eigenartiges Buch ist, das ohne direkten Einfluß eines außergewöhnlichen Denkers nicht zu erklären ist. Selbstverständlich braucht man unter „direktem" Einfluß keine persönlich-schriftliche Abfassung zu verstehen. Weder Buddha noch Sokrates oder Pythagoras, noch Christus haben eine Zeile hinterlassen, trotzdem dürfen wir in dem auf uns gekommenen Gedankengut ihren persönlichen Geist und ihr Lebenswerk erblikken. Mindestens eine solche „Verfasserschaft" ist auch im Falle des Tao-te-ching ganz sicher.

b. Daß das Tao-te-ching, trotz der möglichen Interpolation ursprünglich nicht dazugehöriger Elemente (Sprichwörter, alte „Hymnen", vielleicht sogar auf die Mythologie zurückgehende Erinnerungen), eine einheitliche und originelle Schöpfung ist, wird auch durch die äußere und innere Eigenart des Buches voll bestätigt.
Jeder, der nur einigermaßen mit den chinesischen Klassikern vertraut ist, weiß, wie realistisch, wie konkret, wie lebensnah diese Bücher sind. Selbst in den abstraktesten Schriften tritt uns eine Welt voll Farben, Tönen, Kleidern, Geschmack entgegen; das ganze Alltagsleben entfaltet sich vor unseren Augen mit all seinen Freuden und Leiden. Liebe, Gefühlsleben, Musik, Schönheit, Wein spielen dort eine nicht geringe Rolle. Wir lernen aus diesen Schriften des chinesischen Altertums die hochentwickelten Höflichkeitsformen, die komplizierten Zeremonien kennen. Die ganze Natur leuchtet vor uns auf in ihrer Schönheit und Realität: Sonnenschein, Mondlicht, die Sterne, die Winde, Regen, Blitz, Schnee, Blumen, Vögel, Flüsse, Bäume. Ganz zu schweigen von den

Eigennamen, von Personen, die mit Namen genannt werden (aus der Vorzeit ebensogut wie aus geschichtlichen Zeiten oder aus der Zeit des Verfassers).

Das Tao-te-ching ist vielleicht die einzige Ausnahme der gesamten chinesischen Literatur, wo keine Eigennamen, weder von Personen noch von Orten, vorkommen. Kein Fluß, keine Stadt, kein Berg, kein Fürst, überhaupt keine Person wird mit Namen erwähnt. Niemand und nichts wird mit Namen genannt. Musik, Feste, schöne Prunkkleider, Zeremonien, Krieg werden nur bei denen angedeutet, die das Tao nicht haben, ihm nicht folgen, es verschmähen. Sie gelten für den Verfasser nicht, sie besitzen in sich keinen eigenen Wert, sie sind etwas, was den vollen Besitz des Tao hindert.

Die Natur ist unsichtbar, sie schweigt im Tao-te-ching. Das Werk des schaffenden Menschen geht im „wu-wei“ unter. Abgesehen von ein bis zwei kaum bemerkbaren, rein äußeren Anspielungen (so z. B. Kap. 29 und 54) spielt die Religion der damaligen Zeit (die Volksreligionen, konfuzianische Ethik) scheinbar keine Rolle. Es fehlt jegliche Spur von taoistischen Gebräuchen, von Aberglaube oder Magie. Man sucht bei Lao-tzu vergebens nach dem konventionellen „Jargon“ seiner Zeit; oder wenn er trotzdem vorkommt, wird er ziemlich kritisch gehandhabt (wie z. B. das „Te“ der Konfuzianer, „Himmel und Erde“, der „Himmelssohn“, Kap. 4, 38, 62).

Ein solches Werk als ein Konglomerat aus verschiedenen Zeiten und von verschiedenen Autoren zu erklären, hieße überhaupt jede Originalität in der Welt der Literatur und des Denkens insgesamt übergehen zu wollen. Das Tao-te-ching ist und bleibt ein Kleinod des chinesischen Geistes und mithin eine Perle der Weltliteratur.

c. Es gibt eine Unmenge von Kommentaren zum Tao-te-ching. Chan spricht von 350 chinesischen Kommentaren, die uns erhalten geblieben sind. Ebenso viele sind verlorengegangen (*6.1*, 137). In der großen chinesischen Bibliographie über Lao-tzu, die im Jahre 1965 in Formosa erschien, sind die ersten 300 Seiten ausschließlich mit chinesischen Werken (Textausgaben, Kommentaren, Abhandlungen) gefüllt, die bis 1963 erschienen sind. Der japanische Teil umfaßt „nur" 90 Seiten und enthält ca. 280 Titel (von 1550 bis 1962). Was die europäischen Sprachen betrifft, verweisen wir auf die Bibliographie am Schluß des Buches.

Die chinesischen (und auch die japanischen) Kommentatoren interessieren sich mehr für die ethisch-mystischen Aspekte des Tao-te-ching. So haben schon Wang Pi und noch früher Han Fei-tzu ihre längsten, ausführlichsten Kommentare über das 38. Kapitel geschrieben (es geht darin um das „Te", Tugend). Die Gelehrten der Han-Zeit sahen in Lao-tzu vor allem den Verkünder der Wunschlosigkeit, den Philosophen des „wu-wei", der Ruhe und der Leere. Dementsprechend wurde er unter diesen Aspekten mit anderen Philosophen verglichen.

Die ältesten Fundstellen der ersten Lao-tzu-Zitate und zugleich die ältesten Kommentare zu dem ganzen Buch oder zu einzelnen Kapiteln des Tao-te-ching findet man bei Chuang-tzu, Lie-tzu, Han Fei-tzu, Huai Nan-tzu, Wang-Pi und Ho Shang-kung. Die zwei letzteren haben die ersten „vollständigen" Kommentare zu Lao-tzu geschrieben.

In europäischen Sprachen gibt es nur wenige brauchbare Erklärungen des Tao-te-ching. In deutscher Sprache haben wir eigentlich nur die sehr wertvollen Kommentare von V. v. Strauss. Auch Julien hat seine Übersetzung reichlich mit erklärenden Fußnoten versehen; seine Stärke sind die vielen chinesischen Kommentare, die er immer wieder zitiert. Ähnlich ist die Übersetzung von Legge. Aber eigentliche, wirkliche Kommentare „à la chinoise" haben wir noch kaum. Viele von den bekannten Übersetzungen (wie z. B. die Übersetzung von Duyvendak) beschränken sich hauptsächlich auf rein technisch-philologische Bemerkungen zum Text. Statt echter Kommentare aber gibt es desto mehr subjektive Glossen, Nachempfindungen, Nachdichtungen, die uns weder dem Autor noch seinem Buch näher bringen können. Das Tao-te-chin gehört schon seit langem zum klassischen Rednerrepertoire, womit die merkwürdigsten Ansichten verkündigt werden. Alle diese Redner tragen den Mantel des chinesischen Weisen ...[8]

8. Zur Methode

a. Bemerkung zur Transkription der chinesischen Ausdrücke. Leider gibt es noch immer kein international anerkanntes und befolgtes System der Transkription chinesischer Wörter. Jeder Gelehrte schreibt entweder nach dem „spelling" der eigenen Sprache oder nach seinem eigenen System. So ergeben sich erhebliche Unterschiede zwischen den verschiedenen Transkriptionen in den Übersetzungen, je nachdem der Übersetzer ein Franzose, ein Deutscher oder ein Engländer ist.

Der Name Lao-tzu wird auf die verschiedenste Weise geschrieben: Lao-tse, Laudse, Lau-dsi, Lau-tsze, Lao-

[8] Neuerdings mehren sich die Lao-tzu-Übersetzungen, die von englisch- oder französischsprechenden Chinesen stammen. In englischer Sprache gibt es schon eine ganze Reihe guter Übertragungen des Tao-te-ching, wie zum Beispiel die Übersetzungen von J. Wu, Ch'u Ta-kao, Chan Wing-tsit, Lin Yutang. Das ist sicher ein erfreuliches Zeichen. So kann man hoffen, daß die Zeit sich nähert, wo wir in einer objektiv-wissenschaftlichen Zusammenarbeit mit den Chinesen dieses Meisterwerk altchinesischen Gedankengutes immer mehr zur allgemeinen Bereicherung des menschlichen Geistes erschließen können.

tseu, Laotsu, Laotzu, Lao Dzö, Lau Tze, Lao Tzy, Lao-dz. Auch schreibt man das Tao-te-ching sehr verschieden: Tao te ching, Tao teh ching, Tau The Tsjing, Daw Der-Jing, Tao tö king, Tau te ching, Dau Dö Djing.

Die Japaner sind die Konsequentesten (weil sie es am leichtesten haben). Sie sprechen die chinesischen Zeichen – sie sind ja die gleichen wie im Japanischen – einfach auf Japanisch aus, und so gibt es keine Varianten der Aussprache oder der Transkription. Die Diskrepanz fällt am meisten in den deutschsprachigen Veröffentlichungen auf, wofür man ein anschauliches Beispiel in der deutschen Übersetzung der Sowjet-Enzyklopädie findet (*7.2*). In einem kurzen Text kommen die folgenden Varianten des Lao und des Tao vor: Lau ds, Dau dö djing, Lao-tse; das „tau" und „Taoismus" (286–87). Zur Rechtfertigung sei gesagt, daß die Enzyklopädie von einem „Übersetzerkollektiv" ins Deutsche übertragen wurde.

Wir werden in dieser Arbeit der englischen Transkription folgen. In der englischen Sprache scheint sich in den letzten Jahren eine fast einheitliche Transkription durchzusetzen. Dieses System wird auch in den neuen Standardwerken über Chinesische Philosophie verwendet, wie z. B. in der berühmten Philosophiegeschichte von Fung Yu-lan oder in dem „Source Book" von Chan Wing-tsit. Dieses Transkriptionssystem hat unter anderem einen großen Vorteil: es umfaßt das Gesamtgebiet der chinesischen Philosophie. Weil die erwähnten Standardwerke, die häufig von den europäischen Sinologen zitiert werden, sich der neuen englischen Transkription bedienen, empfiehlt sich ihre Benutzung.

b. Als Grundlage dieser Arbeit dient der chinesische Text der Wang-Pi-Ausgabe. Der Text ist in der englischen Übersetzung von Dr. John C. H. Wu zu finden. Außerdem stehen uns noch einige andere chinesische Texte zur Verfügung, die in den neuesten japanischen Ausgaben abgedruckt sind (Óhama, Kannó, Hara). In Europa und Amerika gibt es nur einzelne Ausgaben, die den chinesischen Text parallel mit der entsprechenden Übersetzung bringen: Carus (englisch), Julien, Duyvendak (französisch) und neuerdings die russische Ausgabe der Yang Ching-Shun-Übersetzung, die auch ins Deutsche übersetzt und zusammen mit dem chinesischen Text herausgegeben wurde (*3.10*).

Wenn das Tao-te-ching in dieser Arbeit wörtlich zitiert wird, folgen wir der Übersetzung von V. v. Strauss, und wenn auf den chinesischen Text verwiesen wird, ist damit der chinesische Text der Wu-Ausgabe gemeint.

Da das Tao – obwohl es mehr als siebzigmal im Tao-te-ching vorkommt – nirgends definiert wird, müssen wir seinen Inhalt teils aus dem Gebrauch des Wortes bei den Klassikern, teils aus dem Kontext näher bestimmen. Darum ist es unerläßlich, auch die Hilfsbegriffe und die Metaphern des Tao im Tao-te-ching systematisch zu untersuchen. Gerade diese Untersuchung bildet die Hauptaufgabe dieser Arbeit.

9. Das Tao in den klassischen Schriften

a. In den ältesten Schriften kommt das Wort „Tao" verhältnismäßig selten vor. Im Buch der Lieder (Shi-ching), das sicher eines der ältesten Bücher der gesamten chinesischen Literatur ist, wird das Tao ungefähr zwanzigmal verwendet. In den meisten Fällen bedeutet es einfach den Weg, die Straße, den Pfad oder die Reise. Es gibt zwei Stellen, wo es „erzählen" heißt (Lied 46/1), und nur einmal hat es die Bedeutung von „Natur", „Kurs" der Dinge (Lied 245/5, vgl. *2.1*).

b. Das Buch der Geschichte (Shu-ching) enthält etwa zwanzigmal das Wort „Tao". In etwa sechzehn Fällen ist mit ihm der Weg der Pflicht und der Vollkommenheit gemeint oder auch der Weg des Himmels. Dreimal bezeichnet es den Flußlauf, und – nach Zenker – nur einmal ist ein anderer Sinn mit ihm verbunden. Im III. Yue ming II heißt es: Das Tao wird in einer Person aufgespeichert. Dies wäre nach Zenker der älteste und ursprünglichste Sinn des Wortes Tao, d. h. eine feine Substanz, himmlischer Lebensstoff, der im Körper aufgehäuft und aufgestapelt werden kann und Quelle aller Kraftwirkung ist. Auch bei Lao-tzu soll das Wort in diesem Sinn gebraucht sein (Kap. 35): Wenn das Tao aus dem Munde herausgeht, ist es spurlos und ohne Geschmack (*6.91*, 8)[9].

c. In den „Vier Büchern" der Konfuzianer (Ssu Shu) überwiegt der ethische Aspekt des Tao. Außerhalb der Bedeutung des „Weges" finden wir noch die folgenden Bedeutungen in diesen vier Schriften: Mittel, ein Ziel zu erreichen; dem Weg folgen; der Weg der Tugend, Grundsätze der Weisheit; die rechte Intention; Lehre, Prinzip, Regel; Sinn der Existenz oder irgendeines Dinges; Tätigkeit, Einfluß; sagen, erklären; lenken, führen. So heißt es im Chung-Yung (Die rechte Mitte): Die Beobachtung des Naturgesetzes, das ist das Tao (1,27). „Die echte Vollkommenheit ist das Werk (Tao) des Himmels; sie (die Vollkommenheit) in sich aufleuchten lassen, ist die Aufgabe (Tao) des Menschen" (20, 51). „Die Aktivität (Tao) des Himmels und der Erde bildet

[9] Diese Sinndeutung ist gewiß nicht unbegründet, doch im Kontext kann der Ausdruck bestimmt auch anders erklärt werden. Der Sinn, den Zenker dem Tao gibt, hat schon eine deutlich taoistische Note. Am besten läßt man den Taoismus bei der Erklärung des Tao-te-ching außer acht.

eins, drum ist ihre schöpferische Tätigkeit unermeßlich" (26, 55; vgl. *2.5*).
Die klassische Stelle, die so viel zitiert wird, befindet sich in den Gesprächen des Konfuzius und lautet: „Chao wen Tao – si szu ko i", d. h. „Hat man morgens das Tao erkannt, kann man abends ruhig sterben"; mit anderen Worten, das Leben ist vollendet; man hat nicht umsonst gelebt (*2.7*, IV, 8). In diesem schönen Text ist das Tao der Inbegriff des Sinns des Lebens und der Existenz schlechthin. Das Ideal, wofür es sich lohnt, geboren zu werden und zu sterben.
Meng-tzu (Mencius) gebraucht das Tao im Sinne des Weges, der Norm und der Lehre. Es bedeutet bei ihm oft den Sinn des Lebens, Ordnung, Grundsatz, Weisheit, Sinn der Natur. Es kann aber auch „Art, Eigenschaft" bedeuten. Die Anpassung, das Sich-Fügen eines Weibes, das ist ihr Tao (Mong Dsi, III, b. 2, Übersetzung von R.Wilhelm; vgl. noch das Stichwort „Weg" im Index).

d. Wie wir sehen, kann das Tao alle möglichen Bedeutungen haben, dem Logos der Griechen ähnlich. Mit der Zeit aber hat die moralische Verwendung des Wortes die Oberhand bekommen. Es geschah vor allem unter dem Einfluß des Konfuzianismus.
Es gibt ein Tao des Himmels und ein Tao des Menschen. Die Konfuzianer sprechen meistens und mit Vorliebe von dem zweiten. Der Konfuzianismus ist eigentlich nichts anderes als die Lehre vom Tao des Menschen. Den Höhepunkt dessen bildet der oben zitierte berühmte Spruch des Konfizius.
Es ist zwar nicht ausgeschlossen, daß das Tao bereits vor Lao-tzu bei manchen Denkern einen metaphyischen Klang hatte (so wie z. B. im Yin-fu-ching, vgl. *6.5*, 246 f.) – es genügt das Tao-te-chin zu lesen wo Lao-tzu selbst sich wiederholt auf die „Alten" beruft, die das

Tao noch besser kannten und auch befolgten (15, 65) –, doch kann man trotzdem sagen: Lao-tzu sei der erste gewesen, der das Wort im metaphysischen Sinne gebraucht habe. – Die Behauptung des Shih Chih (Buch der Geschichte), das Tao-te-ching hätte ursprünglich „Worte des Huang-ti und Lao-tzu“ geheißen; oder der Umstand, daß die Zitate aus dem Tao-te-ching bei Lieh-tzu als die Worte des Lao-tan beziehungsweise des Huang-ti angeführt sind, sind noch keine Argumente gegen die Priorität der metaphysischen Sinngebung des Tao durch Lao-tzu. – Übrigens, was die „Vorgänger“ Lao-tzus angeht, erwähnt selbst Fung Yu-lan nur Yang Chu, von dessen Taobegriff wir so gut wie nichts wissen. Fung Yu-lan zitiert ihn vor allem wegen seiner Selbstschutztheorie (Egoismus, Hedonismus) und seiner Auffassung hinsichtlich des wu-wei. Auch dieser, ähnlich wie Lao-tzu, soll die Überzeugung gehabt haben, daß das Schwache das Starke überwindet (*6.6,* 134, 143, 172).

e. Im I-ching tritt das Wort „Tao“ ziemlich selten auf, kaum fünfmal. Es handelt sich in diesen Fällen immer um den sittlichen Weg, niemals um den materiellen. Desto häufiger begegnen wir ihm in den sogenannten „Flügeln“ des I-ching. Es geht in diesen Kommentaren um das Tao des Himmels, der Erde und des Menschen (198, 222, 269 in der Übersetzung von R. Wilhelm). Das Tao wird manchmal mit den Veränderungen verknüpft (238, 269, 267).

Hier, in den Flügeln, finden wir die ersten Ansätze (außerhalb des Tao-te-ching) zur Spekulation über das Tao, unter anderem den berühmten Satz: „Was einmal das Dunkle (yin) und einmal das Lichte (yang) hervortreten läßt, das ist das Tao“ (Da Dschuan, V/1, 225)[10].

[10] R. Wilhelm übersetzt in seinen Büchern das Tao fast immer mit „*Sinn*“. Ich lasse das Wort unübersetzt im Text stehen, um Mißverständnisse zu vermeiden.

„Als Fortsetzender ist es gut. Als Vollender ist es das Wesen." „Es offenbart sich als Gütigkeit, aber es verbirgt seine Wirkungen." „Als Erzeuger alles Erzeugens heißt es die Wandlung." „Als Vollender der Urbilder heißt es das Schöpferische, als Nachbildendes heißt es das Empfangende." (Da Dschuan, V/2, 4, 6, V/7, 226 f.).

„Dasjenige an ihm, was durch das Lichte und Dunkle (yang-yin) nicht ermessen werden kann, heißt der Geist" (V/9, 228). Wilhelm erblickt in diesem Ausdruck (es heißt der Geist) „das Göttliche, Unerforschliche". Legge übersetzt diesen merkwürdigen Satz wie folgt: „That which is unfathomable . . . is what we call (the presence of a) spiritual (operation)" (Appendix, III, 32, 357). Er bemerkt dazu, daß der Kommentator ganz deutlich gespürt haben müsse, „that all which appeared in the Yi (Buch der Wandlungen, I-ching), did not account for all that took place in the world of fact". Es muß etwas „unfathomable", etwas Unberechenbares da sein, und gerade in diesem Nichtberechenbaren dürfen wir mit dem Kommentator die Anwesenheit und die Wirkung Gottes erblicken „an immanent spirit, and yet not to be confounded with the matter which he moulds and changes" (*6.65*, 43).

„Was oberhalb der Form ist, heißt das Tao, was innerhalb der Form ist, heißt das Ding" (Da Dschuan, XII/4, 246). Nämlich: das Tao ist oberhalb der Welt, der Räumlichkeit, aber es wirkt durch die Bilder und die Ideen auf die Sichtbarkeit (vgl. Wilhelms Kommentar, S. 246). Wer das Tao kennt, kennt auch das Wirken der Götter, kann selbst die Götter unterstützen (IX/9, 10, 238).

Man könnte das Zitieren noch fortsetzten. Die bereits angeführten Stellen lassen uns unwillkürlich an das Tao von Lao-tzu denken. Es wurde schon von Fachleuten wiederholt darauf hingewiesen, daß es eine enge Verwandtschaft zwischen den beiden Büchern gibt. Freilich muß man vorsichtig sein mit solchen Behauptungen. Viel hängt auch davon ab, welches von diesen zwei Werken wir als das erste, das frühere, betrachten. Hat der Verfasser des Tao-te-ching aus dem I-ching geschöpft oder umgekehrt, hat sich der unbekannte Kommentator der Flügel von den Ideen des Tao-te-ching beeinflussen lassen?[11] Auch im Tao-te-ching wird das Tao mit dem yin-yang in Verbindung gebracht (Kap. 42); auch dort spielt das Tao die Rolle des „Unberechenbaren“ in der Welt der Erscheinungen; auch Lao-tzu spricht von Form und Ding gerade dort, wo das innere „Wesen“ des Tao geschildert wird (14, 21). Auch sein Tao ist gut, es ist der Erzeuger aller Dinge und zugleich das Empfangende, das geheimnisvolle, zarte Weibliche.

Eines ist sicher, mit dem Tao-te-ching und mit den „Flügeln“ des I-ching sind wir mitten in der Metaphysik des Tao. Während aber im I-ching die vielversprechenden Spekulationen über das Tao plözlich abbrechen – einem begonnenen, doch auf halbem Weg wieder aufgegebenen Kunstwerk ähnlich –, wird im Tao-te-ching das alldurchdringende, allbelebende, überall anwesende Tao konsequent mit allen Erscheinungen und Zuständen in Zusammenhang gesehen.

Trotz ihrer dunklen Tiefe sind die Kommentare des I-ching doch nur ein „Appendix“, wie sie in manchen Ausgaben heißen. Eine Ergänzung des Buches, wo es hauptsächlich um das Geheimnis der Veränderungen geht, während im Tao-te-ching das Tao das Hauptthema „par excellence“ ist. Hier liegt der wesentliche Unterschied zwischen diesen zwei ältesten Büchern der chinesischen Philosophie.

[11] Fung Yu-lan hält das zweite für wahrscheinlicher. Vgl. *6.6 I*, 385.

f. Aus dem Ganzen der bisherigen Diskussion kommt man zur vorläufigen Annahme: Im Tao-te-ching haben wir eine so originale, so neue und kühne Konzeption des Tao vor uns, daß man berechtigt ist zu sagen: Sein Verfasser muß eine neue, tiefe metaphysische Einsicht gehabt haben, die seine „Vorgänger“ sicher nicht besaßen. Er hat dem Tao einen neuen Inhalt gegeben, der in dem allgemein-philosophischen Bewußtsein ganz bestimmt nicht vorhanden war und über welchen Inhalt hinauszukommen seitdem in China niemandem gelungen ist. Die späteren taoistischen Spekulationen über das Tao sind oft nichts anderes als mehr oder weniger angebrachte (oder mißlungene) Fußnoten zu dem Taobegriff des Tao-te-ching.

B. Die Bestimmung des Begriffes „Tao“ im Tao-te-ching

„Die Fünftausend Worte des Tao-te-ching: sind die nicht eine erhabene und feine Philosophie?“ (Aus „Die Reisen von Ming liao-tse“ bei Lin Yutang, The importance of Living, S. 347).

J. Shih glaubt den Schlüssel zu Lao-tzu in den Ausdrükken „chang, wu, yu“, d. h. im Beständigen, im Nichtsein, im Sein suchen zu müssen. In diesen Begriffen sei das Wesen seiner Lehre enthalten (*6.76*, 124). Auch der Ausdruck „T'ai-i“, die große Einfalt, gehöre dazu.
Für Chan ist das 16. Kapitel die wichtigste Stelle des ganzen Buches (*6.28*, 37). H. Welch hält das 39. Kapitel für das wichtigste, weil man darin die deutlichste Definition des Tao als des „Ordners des Universums“ findet (*5.115*, 58).
Lin Yutang betont immer wieder den Gedanken der „Wiederkehr“. Demgemäß wäre das 40. Kapitel „die knappste Zusammenfassung der Lehre des Laotse“ (*4.60*, 142). Auch Fung Yu-lan sieht in der Wiederkehr die „Grundidee“ von Lao-tzu. Hat man diesen Hauptgedanken des Buches richtig verstanden, wird man die anderen Schwierigkeiten leicht überwinden (*6.8*, 63).
Der Verfasser des Werkes „Frühling und Herbst“ dagegen hebt die Idee der „Weichheit“ als das Wichtigste bei Lao-tzu hervor. Nach ihm soll Lao-tzu „die Weichheit hochgehalten“ haben (XVII, 7). Nach D. C. Lau

ist dieser Gedanke der authentischste Gedanke des Weisen, nämlich „valuing the soft, abiding by the soft“ (*5.70*, 349).

Die Tradition hat jedoch einen einfacheren Weg eingeschlagen, als sie – viele Jahrhunderte nach der Entstehung des Buches – dem Werk Lao-tzus den Namen „Tao-te-ching“ gegeben hat, d. h. „Das Buch vom Tao und von seinem Te“. Damit hat sie schon das Wesentliche an ihm ausgesprochen. Das Hauptthema ist ohne Zweifel das Tao. Alles dreht sich um das Tao. Das Te wird erst verständlich und deutlich, wenn man das Tao begriffen hat, es ist ja sein „Geist“. Ch'ang, wu, yu, t'ai-i, fan (das Beständige, Nichtsein, Sein, die große Einfalt, Rückkehr) sind Eigenschaften und Teilaspekte des Tao. Das Tao selber ist der Schlüssel zum Tao-te-ching.

I. Teil
Das Tao in sich betrachtet

1. Tao das „unseiende Sein" (Wu-wu)

a. „Von den großen Herrschern wußten die Untertanen kaum, daß sie da waren" (c. 17)[1]. Der ideale Herrscher ist jener, von dessen Existenz man kaum weiß. Nicht als ob er sich um seine Untertanen nicht kümmerte, sondern weil er so vornehm, so selbstlos ist in allem, was er tut und unternimmt (und er tut vieles, ja alles für das Volk), daß bei einem oberflächlichen Zusehen nichts davon zu merken ist.
So auch das Tao. Es erzeugt alles, was da lebt und existiert; es nährt alle Wesen, gestaltet sie, vollendet sie (c. 51), und es betrachtet sich doch nicht als ihr Herr (c. 34). Das Tao liebt es, verborgen zu bleiben. Meistens ist es durch seine Abwesenheit anwesend. Jaspers hat es mit dem Spürsinn des Philosophen erfaßt, als er über das Tao des Lao-tzu die folgenden Worte niederschrieb: „Das Zeichen seiner Anwesenheit in der Welt ist: Es ist als Nicht-Sein da" (*5.62*, 903).
Das „alldurchdringende Nicht-Sein" des Tao wird im Tao-te-ching wiederholt und in immer neuen Bildern beschrieben. Es ist so unauffällig, so unansehnlich, so winzig, ja wie ein Nichts auf der Erde, „aus der Art geschlagen" (c. 67; bei Wu heißt es: „Seems queer, like nothing on earth"; Chan übersetzt es mit „Does not seem resemble [the ordinary]"). Hört ein Mann der Straße vom Tao, verlacht er es laut. Denn das lichte Tao

[1] c. = Kapitel im Tao-te-ching.

„ist voll Nacht“ (c. 67), es ist „verborgen, namenlos“ (c. 67). Und doch ist es das „große Tao“ (c. 25, 34, 53). Aber seine paradoxe Vollkommenheit sieht wie Unvollkommenheit aus; seine Fülle ist wie die Leere (c. 45); es ist so klein in seiner Einfalt (c. 32)! Es gleicht dem Wasser: es verbleibt in den niedrigsten Stellen und Plätzen, die man gewöhnlich verabscheut und vermeidet (c. 8), und dennoch ist es allen Wesen nützlich.

Tao ist leer (c. 4), gestaltlos, unhörbar, bildlos (c. 14), unfaßlich, unbegreiflich, unergründlich, dunkel (c. 21). Verlangt man danach, ist es immer „wenig“, mager (c. 14); „Schaut man danach, ist es nicht genug zu sehen; horcht man danach, ist es nicht genug zu hören“ (c. 35, 14). Es ist wie „ungesalzen, es hat nicht Geschmack“ (c. 35).

So und ähnlich schildert Lao-tzu das Tao. Tao ist, als ob es kein Tao wäre, aber eben deswegen ist es das Tao schlechthin. „Sein Oberes ist nicht klar, sein Unteres ist nicht dunkel“ (c. 14). Überhaupt gibt es keine Unterschiede in ihm. Unsere Kategorien versagen vor ihm. Menschliche Namen vermögen es nicht zu erfassen. „Je und je ist es unnennbar.“ Es ist einfach unfaßlich und „wendet sich zurück ins Nicht-Wesen“ (c. 14) – „Nicht-Wesen“, wörtlich ein „Nichtding“, wu-wu; Kimura umschreibt es als „etwas, was gar nichts ist, der Urzustand der Dinge (*3.6*, 324). – „Ihm begegnend, sieht man nicht sein Haupt, ihm nachfolgend, sieht man nicht seine Rückseite“ (c. 14).

Dennoch ist es „Wesen“ (wu), doch unfaßlich, unbegreiflich. In diesem Wesen sind die „Bilder“ (hsiang), „in ihm sind die Wesen . . . in ihm ist der Geist. Sein Geist (ching) ist höchst wahr, in ihm ist Treue“ (c. 21).

„Bild – Wesen – Geist“: andere übersetzten es mit „images – êtres – essences fécondes“ (Kaltenmark); „Gestalten – Dinge – Samen“ (Yang); „des types – des êtres en puissance – une essence qui est réalité“ (Wieger); „form – essence – evidences“ (Chan). Sumitomo bezieht all diese Worte auf das Tao: unfaßlich, unbegreiflich ist *sein* Bild, sein Wesen; unergründlich dunkel *sein* Geist (*4.87*, 31).

Was mit diesen rätselhaften Ausdrücken gemeint ist, wird in ebenso schleierhaften Paradoxen angedeutet: „Das heißt des Gestaltlosen Gestalt, des Bildlosen Bild“ (c. 14). Wörtlich: das Bild des Dinglosen und des Wesenlosen.

Strauss deutet in seinem Kommentar (246–248) an, daß diese Wesen die „Urbilder“ und die „Urgestalten“ der vielgestaltigen Welt sind. Dementsprechend ist das Tao schlechthin der Ursprung aller Dinge. In ihm sind potentiell alle Wesen enthalten; in ihm, dem Urquell aller Existenz und allen Lebens. Geist wäre dann „das Auserlesene, Reinste, Feinste in den Dingen“, das all unsere Sinnesorgane, all unser Erkenntnisvermögen übersteigt. Lao-tzu nennt es „Wesen“ (Etwas), aber ein wesenloses, gestaltloses, bildloses Wesen: „shape without shape, form without object“ (*6.1*, 146). Forke meint, daß das Tao all die Elemente, aus denen später das All entsteht (Form, Kraft, Stoff), in latentem, noch nicht seiendem Zustand schon in sich trägt, so „wie im Samenkorn schon der ganze Baum enthalten ist“ (*6.5 I*, 246). Wie die Gestalten, die Möglichkeiten, die Potenzen, die „Samen“ in dem Gestaltlosen, Wesenlosen enthalten sind, oder in welcher Beziehung das Tao zu der Welt der Gestalten, Formen und Bilder steht, wird im Text nirgends angedeutet.

Chan Wing-tsit betrachtet dieses Kapitel vom philosophischen Standpunkt aus als das wichtigste im ganzen Buch. Merkwürdigerweise sind die Kommentare zu dieser tiefsinnigen Stelle ziemlich wortkarg (oder sie übergehen dieses Kapitel stillschweigend). Wieger mit seiner

gewohnten (ironischen) Knappheit sagt bloß: „Ce chapitre élevé n'est pas obscure, et les commentateurs s'accordent" (34). (*3.8*, 34).
In Lieh-tzu finden wir eine beachtenswerte Stelle, gleich am Anfang des Buches: „Zum Vorgang des Gestaltens gehört etwas, wodurch das Gestalten zum Gestalten wird; zum Vorgang des Tönens, wodurch das Tönen Tönen wird; zum Vorgang der Farbenentstehung, wodurch die Farbe zur Farbe wird". Aber gerade das, wodurch das alles geschieht, ist noch nie ins Dasein getreten, nie hörbar, nie sichtbar geworden, man kann es nicht schmecken. „Das alles sind die Wirkungen des Nicht-Seienden" (wörtlich: Nicht-Wirkenden). (Vgl. *3.8*, Liehtseu, 1/D, 70).
Das Tao ist also ein „Wesen" (c. 21), das aber uns ständig ins „Nicht-Wesen" entschwindet, unseren Blicken entgleitet. Die Chinesen und die Japaner (die mit dieser paradoxen Denkweise schon länger vertraut sind als der durchschnittliche Europäer) denken instinktiv an die Leere und an das „Nichts", wenn sie das Wort „Nicht-Wesen" hören. Das Tao steht sozusagen zwischen Sein und Nichtsein in der Mitte oder wie der Japaner Hara schreibt: „Das Sein des Tao ist nicht seinsähnlich, es ist dem Nichtsein ähnlich" (*3.3*, 37. So auch Kannó, *3.5*, 134). Nach Kannó ist die Bezeichnung des Tao mit dem Wort „Etwas" nur ein praktisch-konkretes Verfahren, das unseiende Sein anzudeuten (aru ga gotoku, naki ga gotoku, vgl. *3.5*, 133 f.).

b. Tao, die Quelle aller Formen, ist leer, „und in seinem Wirken wird es nie gefüllt". Es ist „ein Abgrund", wie ein „Ahn" aller Dinge (c. 4). Ist die „Leere" des Tao bloß eine Brücke, die seine Wesenhaftigkeit mit seinem Nichtsein verbindet? Das Sein mit dem Nichtsein? Die Bezeichnung „Urahn, Urvater" ist jedenfalls ein wichti-

ger Hinweis auf die Richtung, wo wir weitersuchen müssen. – Im selben Kapitel wird noch eine zweite, ähnliche Andeutung gewagt: „Es zeigt sich als Vorgänger des Herrn.“ Auch dieser Hinweis ist sehr wichtig. Wir müssen darauf noch zurückkommen. Ohne jetzt auf den genauen Inhalt des „Ti“ (Herr) einzugehen, suchen wir nach weiteren Hinweisen auf das Wesen des Tao.
Das 25. Kapitel ist sicher eine der wichtigsten Stellen des Tao-te-ching zum Verständnis des Taobegriffes. Vorerst werden wir es nur insofern benützen, als es auf das schon Erarbeitete ein neues Licht wirft. Das Kapitel ist ja so reich an Inhalt und so tief, daß man es schwer mit einem einzigen Durchblick erschöpfend erforschen kann. Gleich am Anfang heißt es: „Es gibt ein Ding (Etwas), *unbegreiflich, vollkommen,* vor Himmel und Erde entstanden. So still, so gestaltlos . . . Man kann es ansehen als der Welt Mutter.“
Vergleichen wir miteinander einige namhafte Übersetzungen:

Duyvendak: „Il y avait quelque chose dans un état de *fusion* avant la formation du ciel et de la terre“ (*3.1*, 57). Wobei dann „hun“ mit ‚fusionné(s)‘ wiedergegeben ist.
Bei Julien heißt es: „Il est un être *confus*“ (*3.4*, 95).
Kaltenmark: „Il est un être *indifférencié* et parfait, né avant le Ciel et la Terre“ (*4.51*, 39).
Yang-Kahlenbach: „Es gibt etwas, das im *Chaos* entstanden ist.“ (*3.10*, 104). Auch bei Elorduy steht „un ser caótico“ (*3.2*, 155).
Ch'u Ta-kao: „inherent and natural“ *(4.17)*.
Fung Yu-lan: „There is a thing, *formless yet complete*“ (*6.6*, 177).
Chan Wing-tsit: „undifferenciated and yet complete“ (*4.14*, 152).

Am meisten fällt die Übersetzung von R. Wilhelm auf: „Sein und Nicht-Sein ist ungetrennt durcheinander, ehe Himmel und Erde entstehen“ (27). In den Erklärungen fügt er allerdings hinzu: „Der Anfang (dieses Kapitels) ist von uns auf Grund einer Konjektur wiedergegeben. Statt Seiendes Ding lesen wir Sein und Nicht-Sein (unter Heranziehung von Kap. 1).“ (Im Chinesischen lauten beide Ausdrücke ähnlich: „yu-*wu*“. „Wu“ kann sowohl ein „Ding“ als auch die Negation von etwas, also „Nicht“ bedeuten. In der Schrift werden zwei verschiedene Zeichen gebraucht.) Als Grund gibt er die folgende Erklärung an: „Der Sinn (Tao) kann unmöglich als ein ‚Ding‘ bezeichnet werden. Höchstens könnte man es so übersetzen: ‚Die existierenden Dinge waren ungetrennt durcheinander‘“ (*4.99*, 99 ad cap. 25).
Diese Bemerkung Wilhelms ist außerordentlich interessant, doch die Rechtfertigung hinkt. Erstens wird das Tao auch im Kap. 21 „Ding“ – Etwas – genannt (was Strauss immer mit „Wesen“ übersetzt). Dazu hat Wilhelm in seinem Kommentar nichts zu bemerken. Allerdings übersetzt er die betreffende Stelle im 21. Kapitel mit „Der Sinn (Tao) wirkt die Dinge“. Zweitens wird die vorgeschlagene Möglichkeit, „die existierenden Dinge“, schwer mit dem Satz: „Ehe Himmel und Erde entstehen“ zu vereinbaren sein. – Abgesehen von seiner Begründung, ist die merkwürdige Übersetzung des ersten Verses mit „Sein und Nicht-Sein ist ungetrennt durcheinander“ gar nicht so unannehmbar. Der Vorschlag, das „Ding“ (Etwas) mit „Nicht-Sein“ zu ersetzen – im Chinesischen lauten beide Worte ähnlich, „wu“ – ist eine sehr sinnvolle Idee. Wenigstens dem Sinne nach. Doch wird sie dem Text nicht ganz gerecht.
Wie aus den verschiedenen Übersetzungen zu ersehen ist, geht es hauptsächlich darum, wie man das chinesische Wort „hun“ richtig übersetzt. Materialistisch gesinnte

Denker sind allzu rasch geneigt, es mit „Chaos“ wiederzugeben, was sich dann den materialistischen Prinzipien gemäß ziemlich leicht weiter entwickeln läßt. Das heißt aber, eine Ideologie in den Text hineininterpretieren wollen. Es ist aber gar nicht notwendig, nach einer solchen Ideologie zu greifen. Aus dem Zusammenhang selbst erscheint es eigentlich nicht schwer, den Inhalt des „hun“ näher zu bestimmen.

Das Wort hun kommt noch zweimal im Tao-te-ching vor, im 14. und im 15. Kapitel. So heißt es im Kap. 14, daß die drei Eigenschaften des Tao (i – hsi – wei, gleich – wenig – fein, wie es bei Strauss heißt) nicht ausgeforscht werden können, „darum werden sie verbunden und sind eines“; oder wie Wu es übersetzt: „They fuse into one“. – Und im 15. Kapitel, wo von den Nachfolgern des Tao die Rede ist, heißt es: „Undurchsichtig waren sie wie getrübtes Wasser.“ Das Wort „hun“ hat also weder im ersten noch im zweiten Fall mit dem Chaos zu tun. Man könnte es noch am besten mit Óhama durch „tiefsinnig, für unsere Sinne unfaßbar, für unser Erkenntnisvermögen nur schwer begreiflich“ (fukakute toraenikui) übersetzen (*3.7,* 30 f.).

Das würde dann vollkommen mit dem übereinstimmen, was Lao-tzu im 14. Kapitel sagt: „Man schaut danach und sieht es nicht, man horcht danach und hört es nicht, man greift danach und faßt es nicht.“ Mit einem Wort, es ist für unsere Sinne unzugänglich. Um diese Eigenschaft des Tao anschaulich zu machen, gebraucht Lao-tzu das Wort „hun“. Dementsprechend ist das „Wesen“ „unbegreiflich, vollkommen“. Es ist zugleich des „Bildlosen Bild und des Gestaltlosen Gestalt“ (14). Denn sie sind identisch miteinander. Diese Erklärung ist auch mit Kapitel 25 vollkommen in Einklang. Dort wird das Tao „gestaltlos“ genannt, harrend in seiner stillen Ruhe und Einsamkeit.

c. Nun aber, was ist das für ein Wesen? Ein „Etwas"? Die bis jetzt zitierten Texte verbieten es, das Tao als ein „Etwas" wie die anderen Dinge zu betrachten. Es ist nicht von dieser Welt der gewöhnlichen Dinge. Es scheint einmalig zu sein. Zwar versucht Lao-tzu es zu beschreiben, aber es wendet sich immer wieder ins Nicht-Wesen zurück (14).

Wie ist dann sein „Name"? Lao-tzu nennt es „Tao" (das Wort kommt im Tao-te-ching 76mal vor), aber er betont, er bezeichne es nur mangels eines entsprechenden Wortes so (25). Er verwendet das ehrwürdigste, mit geheiligten Assoziationen durch eine lange Tradition am reichsten ausgestattete Wort, um sein „Etwas" zu benennen. Alle anderen Wörter scheinen ihm, dem Archivar, ungenügend zu sein. Die schon bekannten Ausdrücke erscheinen ihm arm, wenn es um diese Realität geht. Selbst Termini wie „Himmel" oder „Herr", „Ti", befriedigen ihn nicht. Daß er das Tao dem „Ti" vorzieht, kann man noch einigermaßen begreifen. Auch Konfuzius gebraucht das Wort „Ti" fast nie. Daß aber selbst der „Himmel" ihm für seinen Zweck ungenügend erschien, muß als sonderbar angesehen werden. Nicht als ob er den Himmel ignoriert oder geleugnet hätte; das tut er sicher nirgends. Er spricht öfters und durchaus in der üblichen, herkömmlichen Weise von ihm. Vor allem am Ende des Buches wird der Himmel mehrmals ehrfürchtig, ja fast im konfuzianischen Sinne gebraucht. Trotzdem spricht nichts dafür, daß der Himmel dem Tao ebenbürtig wäre. Wir werden dieses interessante Problem noch ausführlicher behandeln.

Lao-tzu nennt sein „Etwas" (wu) Tao, und er gibt ihm manche „Namen". Schon im 14. Kapitel hat es geheißen: „Sein Name ist i (gleich), hsi (wenig), wei (fein)." Das heißt, betrachtet man es noch so scharf, gibt es an ihm nichts zu unterscheiden; mit anderen Worten, nichts Unterscheidbares für die Augen. Hört man auf es, bleibt es still, ruhig, lautlos, wie weit entfernt. Wollte man es streichen, versagt man, da es äußerst klein ist. Diese drei „Namen“ haben also weder mit dem Namen Jahwes noch irgend etwas mit dem babylonischen Chaos gemein. Sie wollen nur das Geheimnis in immer wieder zurückkehrenden Bildern und Gleichnissen beschreiben, d. h. die Unfaßbarkeit des Tao, das sich, unseren Sinnesorganen und überhaupt jeglichem Wahrnehmungsvermögen entschwindend, in sein Nicht-Wesen zurückwendet.

Diese drei „Namen“ im 14. Kapitel waren der Anlaß für die früheren Sinologen, vor allem für manche Jesuiten, in den voneinander getrennten drei Zeichen den Namen „Jahwe“ zu entdecken. „Yi – hi – wei“ (heute schreibt man „I – hsi – wei“, so auch bei Elorduy) sollen dem Wort Jahwe entsprechen.

Schon Julien hat gezeigt, wie unhaltbar diese Theorie ist. Um mit Wieger zu sprechen, „pénible de constater“, daß so etwas überhaupt vorgekommen ist (*0.9 I,* 6). Schon der Gedanke, im Text voneinander getrennte Wörter ausschließlich dem Klange nach miteinander zu verbinden, macht die ganze Manipulation unglaubwürdig. Heutzutage denkt natürlich kein namhafter Sinologe mehr im Ernst daran, im Tao-te-ching den Namen Jahwes oder sogar die Trinitätslehre zu suchen.

Es gibt aber andere, die zwar triumphierend erklären, „daß die Ansicht früherer Jesuiten, in Lau-dzös Werk sei der Name Jehowa oder Jahwe enthalten, definitiv erledigt ist“, die aber zugleich in eine ebenso schlimme Schlinge der philologischen Phantasie fallen, indem sie sagen, in den genannten drei Zeichen stecke das babylonische Wort Tiâmat, Chaos. So will z. B. Kremsmayer gerade die wichtigsten Kapitel über das Tao (1, 4, 14, 21, 25) auf uralte, sumerisch-babylonische Quellen zurückführen. Er sieht in den vollkommen willkürlich miteinander in Verbindung gebrachten Wörtern i-hsi-wei (nach ihm „di – hi – mwei“) Tiâmat, das Urchaos oder das Urwasser. Dieses wäre dann nach seiner Auffassung zusammen mit dem „geheimnisvollen Urwesen, Urchaos oder Urgrund“ des 25. Kapitels ein deutlicher Beweis für den nichtchinesischen Ursprung dieser Kapitel. Selbst der Umstand, daß Lao-tzu seinen Namen nicht weiß, deute in diese Richtung (vgl. *4.58*, Vorwort und Einleitung).

Der „Name“ Tao ist schlechthin ein Notbehelf. „Bemüht, ihm einen Namen zu geben, nenne ich es Groß. Als Groß nenne ich es Fortgehen. Als Fortgehen nenne ich es Entfernt. Als Entfernt nenne ich es Zurückkehren“ (c. 25). Lao-tzu spricht von „Namen“. Selbstverständlich wollen alle diese „Namen“ auf die gleiche Weise verstanden werden, wie die drei „Namen“ des 14. Kapitels (i – hsi – wei). Als das überragend Große, ist das Tao für uns wie ein Fortgehen, Entschwinden in die (für uns) unerreichbare Ferne. Es ist entfernt. Doch eben dieses ständige „Sichentfernen“ ist seine Zurückkehr.

Rückkehr wohin? Bedeutet sein Zurückkehren soviel wie seine absolute Anwesenheit, auch in mir, in meinen Gedanken? Oder sollte man vielleicht dieses Zurückkehren (fan) in Zusammenhang mit anderen Parallelstellen lesen und verstehen? In diesem Fall würde das Zurückkehren soviel bedeuten wie die Rückkehr in sein „Nicht-Wesen“, zurück in seine für uns ununterscheidbare Stille. Das würde sicher besser in den Kontext der drei anderen Kapitel (14, 21, 25) passen. Wang-Pi spricht von der Stille und vom Stillschweigen des Nichtseins als von dem Urgrund aller Wesen (zitiert in (*6.8*, 99).

Die bereits aufgezählten Namen sind eigentlich gar keine Namen. Sie sind nichts anderes als bloße Versuche, die leere Fülle, das unseiende Sein des Tao näher anzudeuten. Tao ist nicht nur für unsere Wahrnehmung völlig unerreichbar, es ist auch durch Namen, die wir ihm geben, nicht zu erfassen. „Je und je ist es unnennbar und wendet sich zurück ins Nicht-Wesen“ (c. 14).

d. „Tao, kann es ausgesprochen werden, ist nicht das ewige Tao. Der Name, kann er genannt werden, ist nicht der ewige Name“ (c. 1). Duyvendak übersetzt diesen Vers wie folgt: „La voie vraiment Voie, est autre qu'une voie constante. Les termes vraiment Termes sont autres que des termes constants.“
Die erste Übersetzung (von Strauss) ist die übliche. Man findet sie in den meisten Übersetzungen, wenigstens dem Sinne nach. Die Übersetzung von Duyvendak dagegen ist ungewöhnlich. Er verbindet nämlich das „ch'ang“ (beständig, constant) mit Tao, dem Weg, aber so, daß durch diese Verbindung beide dem Sinne nach eine Degradierung erfahren: Das Tao (das genannt oder als das Tao bezeichnet werden kann) ist nicht wie die gewöhnlichen Taos, Wege; es ist nicht so wie die schon bestimmten, fest umschriebenen, zu Weg gestempelten Wege. Die Namen (im Plural), die wirklichen Namen, sind anderes, sind verschieden von den schon fixierten Namen.
Es dreht sich alles um die Übersetzung der Termini ch'ang – Tao – ming: beständig, Tao, Name. Das erste Kapitel ist eines der verwirrendsten Kapitel des Tao-te-ching. Das Problem wird durch die verschiedenen Interpunktionsmöglichkeiten noch erheblich erschwert. Der älteste Kommentator dieser Stelle, Han Fei-tzu, interpretiert das Wort „ch'ang“ im Sinne von „dauerlich, dauerhaft“ und verbindet es mit dem Tao. Er übersetzt also den Vers: „Das Tao, von dem man sprechen kann, ist nicht das bleibende, andauernde Tao“. In diesem Sinne legt auch Ōhama den Text aus[2].

[2] Siehe die Besprechung dieses schwierigen Problems bei Kalten-

Es gibt also viele Taos, von denen man reden kann, doch das Tao gehört nicht zu denen. In diesem Sinne wird die Übersetzung Wu's einleuchtend: „Tao can be talked about, but not the Eternal Tao. Names can be named, but not the Eternal Name." Strauss aber meint, es handle sich vielmehr um ein Wortspiel, in welchem dasselbe Schriftzeichen gebraucht wird, aber mit veränderter Betonung (169).

Im Folgenden wird die Übersetzung davon abhängen, wie wir die oben genannten Wörter miteinander verbinden. „Das Namenlose ist des Himmels und der Erde Urgrund. Das Namen-Habende ist aller Wesen Mutter." Duyvendak, seiner verschiedenen Interpunktion gemäß, übersetzt es folgendermaßen: „Le terme Non-Être indique le commencement du ciel et de la terre."

„Wu-ming" heißt das Namenlose, das keinen Namen hat. Aber „ming" kann ebensogut benennen, Namen geben heißen. Im letzteren Falle heißt es dann tatsächlich: „Wu ist der Name, den man dem Ursprung, dem Urgrund des Himmels und der Erde geben kann." Mit anderen Worten, der Ursprung des Alls liegt im „wu", im Nichtsein oder im „Unsichtbaren". Alle diese Übersetzungen sind grammatikalisch wohl möglich und einwandfrei. Schon während der Sungdynastie (960–1279) haben nichttaoistische Kommentatoren das „ming" (Name) von dem „wu" (Nichtsein, unsichtbar) getrennt und in dem hier angegebenen Sinne übersetzt, wie es auch Duyvendak getan hat (vgl. Kaltenmark *4.51,* 43). – Dasselbe gilt von den folgenden Versen dieses Kapitels (Begierde, begierdelos).

Wir können aus dem Kontext die Bedeutung der Aus-

mark, *4. 51,* 40 – 45. Zum Vergleich der Han Fei-tzu Texte: Hara, Róshi, 92–117, wo sämtliche von Han Fei-tzu kommentierten Texte aus dem Tao-te-ching im Original vorliegen.

drücke ch'ang, ming und Tao bestimmen. Doch sollte man dabei nicht vergessen, daß gerade in diesem Kapitel zum Teil mit einer anderen Terminologie operiert wird als in den Kapiteln 14, 25 und 21.

Das Tao wird auch im 32. und im 41. Kapitel als namenlos beschrieben. Im 32. Kapitel steht das Wort ch'ang bei dem Tao: „Tao, das Ewige, hat keinen Namen." Dieser Umstand dürfte die Vermutung bestätigen, daß das ch'ang auch im ersten Kapitel mit „ewig" übersetzt werden muß. Im selben Kapitel (32) wird noch die äußerste Einfalt und Unansehnlichkeit des Tao erwähnt. Aus Kapitel 41 können wir schließen, daß mit diesen Ausdrücken die Leere des Tao gemeint ist. Die Terminologie, die dabei verwendet wird, ist uns schon vertraut. In bezug auf das Tao behauptet Lao-tzu, daß das Lichte wie Nacht erscheint, der große Klang schwach erschallt, „ein großes Bildnis ohne Gestalt ... Tao ist verborgen, namenlos" (c. 41).

Wieder steht das Bild des sich „ins Nicht-Wesen" zurückkehrenden Tao vor uns. Dann heißt es aber: Eben dieses „namenlose" Tao ist des Himmels und der Erde Urgrund.

Wie soll man aber den nächsten Satz deuten: „Das Namen-Habende ist aller Wesen Mutter?" Gibt es denn einen Namen für das Tao? Wir haben schon einige von seinen „Namen" aufgezählt: Gleich, wenig, fein, groß, fortgehend, entfernt, zurückkehrend. Hat man wirklich ein Recht, an diese Namen zu denken? Gewiß kann man das tun, und zwar mit gutem Grund. Wir können aber das „wu" und das „yu" auch allein betrachten und das „ming" durch „nennen", „es wird ... genannt" ersetzen. In diesem Falle würde der Text lauten: „Das Tao, insofern es als das Nichtsein betrachtet wird, ist der Urgrund des Himmels und der Erde", oder: „Das Nichtsein (wu) wird der Urgrund des Himmels und der Erde genannt. Als das Seiende aber ist das Tao aller Wesen Mutter."

Schon im 25. Kapitel wurde es die Mutter aller Welt genannt. Allerdings nachdem es als das „Gestaltlose", das noch nicht „Unterscheidbare", vor dem Himmel und der Erde daseiende „Wesen" vorgestellt wurde. Man würde erwarten, daß es deshalb als namenloser Urgrund und nicht als Mutter bezeichnet wird. In diesem Punkt reimt es sich nicht ganz mit dem ersten Kapitel. Daher die Unsicherheit und die verschiedenen Interpunktionsweisen in der Übersetzung.

Es wäre freilich nicht unmöglich, diese scheinbare Diskrepanz auszugleichen. Das Begriffspaar „yu-wu" (Sein – Nichtsein), das auch mit „sichtbar – unsichtbar" oder einfach mit „ja – nein" wiedergegeben werden kann, ist ein Schlüsselbegriff der Gedankenwelt des Lao-tzu. Das beste Beispiel dafür findet sich im 40. Kapitel, wo der verblüffende Satz zu lesen ist: „Das Sein entsteht aus dem Nichtsein."

Yu bedeutet im Chinesischen sowohl „haben, besitzen" als auch „sein, to be". Das chinesische Zeichen *yu* wird aus dem Zeichen „Hand" und aus dem Zeichen „Mond" zusammengesetzt. Die Hand bedeckt zum Teil den Mond, der abnimmt. Das Bild suggeriert die Unbeständigkeit des Besitzes und des Seins überhaupt. Das Sein ist unvollkommen wie auch das Besitzen unsicher ist. Es steht offen auf das Aufhören, Nicht-mehr-besitzen, Nicht-mehr-sein hin. Es schließt die möglichen Veränderungen mit ein. Es ist ein Bild der Festigkeit und der Unbeständigkeit zugleich.

Wu, Nichtsein, nein, nicht. Das Zeichen ruft das Bild einer Gruppe von Menschen in Erinnerung, die einen Wald abroden. Es bleibt vom Wald nichts übrig. Alles ist verschwunden. Höchstens sind noch die Wurzeln da. Man braucht also nicht unbedingt an das Nichts etwa der

Scholastiker zu denken. In den Wurzeln stecken ganze neue Wälder „in potentia". „Das Sein entsteht aus dem Nichtsein" (c. 40).

Dieser Gedankengang will keine wissenschaftliche Erklärung sein, nicht einmal eine strenge Etymologie im wahren Sinne des Wortes. Nur ein Bild, ein Einfall, der zum Nachdenken anregt ...

Es wurde schon wiederholt darauf hingewiesen, daß, um es populär auszudrücken, das Sein meistens das Sichtbare, d. h. die tastbare, erfahrbare Welt bedeutet, während mit dem Nichtsein im allgemeinen nur die Negation des phänomenalen Seins gemeint ist. Dementsprechend ist das Tao nur insofern ein Seiendes, als es durch die erfahrbare Welt – Himmel und Erde, die zehntausend Wesen – sich offenbart. Vorher „existiert es nicht", ist es ein Nichtseiendes (für unsere Begriffe). Es ist ja nicht wie der Himmel und die Erde oder wie die zehntausend Wesen. Darum hat es auch keinen Namen, denn Namen entstehen erst, nachdem die phänomenale Welt entstanden ist (c. 32). Mit dem In-Erscheinung-Treten der Welt aber haftet auch dem Urgrund aller Wesen ein Name an: es wird Mutter aller dieser Wesen genannt. Als ihre Mutter heißt es das Seiende. Sobald wir aber versuchen, es in die Kategorien dieser Welt einzufangen, entschwindet es unseren Sinnen und wendet sich ins Nicht-Wesen zurück. – Diese Erklärung wird von vielen Sinologen als eine durchaus gangbare Auslegung der in Frage stehenden Ausdrücke angenommen.

Ôhama findet eine Gradation des Urgrundes bei Laotzu. Es gäbe nach ihm Stufen, Grade im „Urgrund-sein". Das Nichtsein oder das Namenlose wäre demgemäß die erste; das Sein, das Namen-Habende die zweite Stufe. In der ersten Stufe ist das Tao der Ursprung, der Urgrund des Himmels und der Erde; auf der zweiten Stufe aber die Mutter aller Wesen.

Nach dieser Hypothese würden Himmel und Erde den ersten Grad der undifferenzierten Welt, die zehntausend Wesen dagegen den zweiten Grad der (schon differenzierten) Welt bedeuten (*3.7*, 14–16). In der Tat machen die Chinesen häufig den Unterschied zwischen „Himmel-Erde“ und den „zehntausend Wesen“. Das erste ist mehr allgemein, undifferenziert, das zweite mehr konkret gemeint.

In den späteren kosmogonischen Spekulationen wird dieser Unterschied noch schärfer hervorgehoben und ausgearbeitet, indem man mit Hilfe des Yin-yang-Paares und der fünf Elemente weitere Stufen in das System eingebaut und weiterentwickelt hat.

Bei Lao-tzu finden wir kaum eine Spur von dieser ausgearbeiteten Gradation. Selbst die von Óhama vorgeschlagene stufenartige Interpretation darf nicht im allzu strikten Sinne verstanden werden, so etwa, daß man ihr eine zu große metaphysische Bedeutung zuschreiben würde. Sie ist aber sicher nützlich, ja bis zu einem bestimmten Grad sogar notwendig, um den Inhalt gewisser Begriffe deutlich zu umschreiben.

e. Wir wollen aber noch tiefer in das Verhältnis von Sein und Nichtsein vorstoßen. Nichtsein ist nicht das Gegenteil von Sein. Wenigstens nicht im Sinne von Entweder-Oder. Wie Wang-Pi sehr geistreich bemerkt hat: Aufhören zu sprechen ist Schweigen; doch ist das Schweigen keineswegs das Gegenteil vom Sprechen. Ähnlich ist das Schweigen des Nichtseins die Wurzel aller Wesen und aller Wandlungen im Universum (vgl. *6.8*, 98 f.). Oder wie Fung Yu-lan sagt: Von einem Objekt kann behauptet werden, daß es existiert. Das Tao aber ist kein „Objekt“, folglich ist es das „Nichtsein“. Weil es aber der Urgrund aller Wesen ist, kann das „Sein“ von ihm ausgesagt werden. „Nichtsein“ bezieht sich auf seine

Essenz, das „Sein“ hingegen auf seine „Wirkung“ (*6.6*, 178). – Sein und Nichtsein sind nur zwei Aspekte des Tao. Man soll sich dennoch hüten, das Nichtsein einfach mit dem „Nichts“ gleichzusetzen. Das ist auch die Meinung von Wang-Pi: „Auch wenn wir (vom Tao) sagen, es ist das Nichtsein, dürfen wir nicht vergessen, daß alle Wesen ihre Vollendung ihm verdanken. Und wenn wir behaupten, es ist das Sein, können wir seine Form doch nicht schauen (zitiert bei Fung Yu-lan, *6.6*, 179).

Dieses Nichtsein spielt eine große Rolle im Tao-te-ching. Das ganze 11. Kapitel ist nichts anderes als ein redendes Loblied auf das „wu“, das Nichtsein, die Leere. Die Nabe des Rades, wo die Speichen sich treffen; das Innere (Leere) des Gefäßes, Türe und Fenster des Hauses sind anschauliche Beispiele, Gleichnisse des Nichtseins, lauter Beweise, daß der Gebrauch all dieser Gegenstände (Rad, Gefäß, Haus) gerade im Vorhandensein des Nichtseins besteht. Das Sein bewirkt den Nutzen, das Nichtsein bewirkt den Gebrauch. Wie man sieht, bedeutet das Nichtsein keineswegs das Gegenteil des Seins. Sein und Nichtsein sind komplementär. Sie sind Korrelate.

Das könnte wohl der Grund sein, warum das Nichtsein, die Leere (als Synonym des Nichtseins) in der orientalischen Philosophie oft gegenüber dem Sein bevorzugt wird. Es hat den Vorrang vor dem Sein. Kein Wunder. Diese Art von Wesensschau hängt eng mit dem orientalischen Denken zusammen, nach welchem das Nichtsein (und nur es allein) „durchdringt (selbst) das Zwischenraumlose“ (c. 43). Der Weg zur Pforte aller Geheimnisse (c. 1) ist das Tao, welches selber ein „Tor“, „yüeh“ (c. 21) ist, wodurch alle Wesen zum Leben gelangen (vgl. *3.4*, 77) [3]. Durch dasselbe Tor, durch dieselbe Pfor-

[3] Yüeh heißt eigentlich untersuchen, nachsehen, erkennen. Das Zeichen enthält das Radikal „Tor, Tür, Pforte“ und weist auf einen alten Brauch hin, wonach die Pferde vor dem Tor des Schlosses aufgestellt und untersucht wurden.

te kehren sie auch zu ihrem Ursprung, zum Tao, zurück. Das Tor selber aber ist ein Tor des Nichtseins zum Nichtsein.

Schade, daß Hegel praktisch noch nichts von all diesen Dingen wußte. Er behandelt zwar in seinen „Vorlesungen über die Geschichte der Philosophie“[4] auch Lao-tzu. Der Gedanke, „das Ursprünglichste ist das Nichts“ scheint ihm zu gefallen, doch lehnt er das Ganze ab: „Es ist keine Ordnung, keine gründliche Anschauung darin“ (im chinesischen Denken) (286). Er findet „im ganzen nichts weiter Belehrendes“ im Tao-te-ching (282). Hegel hat seine „Quellen“ mit sichtbarer Skepsis gelesen. Allerdings waren sie auch wenig zuverlässig.

Sein und Nichtsein dürfen nicht als bloß korrelative Begriffe aufgefaßt werden wie zum Beispiel Vater und Sohn. Sie gehören in eine Sphäre der Realität, wo auch die etwaige Unterschiedenheit von Sein und Nichtsein bereits aufgehoben und überwunden ist. Das Tao ist eben ein „transzendentes“ Wesen, das selbst das Sein und das Nichtsein übersteigt (*3.6*, 547).

Im zweiten Kapitel werden einige komplementäre Begriffe aufgezählt, die dem chinesischen Denken so nahe liegen: das Gute und das Nichtgute; schwer und leicht; kurz und lang; hoch und niedrig; Ton und die Stimme; vorher und nachher. Überraschenderweise zählt Lao-tzu auch das Sein und Nichtsein dazu. Nicht mit Gegensätzen, noch weniger mit Widersprüchen haben wir es hier zu tun, sondern ausschließlich mit den schon erwähnten Entsprechungen der chinesischen Gedankenwelt; mit lauter Ausdrücken, die sich komplementär, also als Korrelate zueinander verhalten. So ist nichts Überraschendes dabei, wenn plötzlich behauptet wird, „Sein und Nichtsein gebären einander“ (c. 2).

[4] Sämtliche Werke, Kritische Ausgabe Bd. XVa. Hg. v. Joh. Hoffmeister, Leipzig 1940.

f. Man kann, durchaus im Sinne des Tao-te-ching, die Liste mit weiteren Beispielen ergänzen: das Namenlose und das Namen-Habende; Begierdelosigkeit und Begierden-Haben. Von den letzteren lesen wir im ersten Kapitel: „Wer stets begierdelos, der schaut seine (des Taos) Geistigkeit, wer stets Begierden hat, schaut seine Außenheit.“ Soll das so viel heißen wie etwa: wer frei von Leidenschaften ist, der vermag sein wunderbares Innere zu schauen; der Mann der Leidenschaften aber kann es nur in seiner endlichen Form sehen (wie z. B. Kahlenbach, Legge, Wieger es auffassen)? Oder heißt es einfach: erst durch Verlangen und Nichtverlangen (zugleich) kann das Tao ganz, d. h. sowohl in seinem Inneren als auch in seinem Äußeren, in seinem Nichtsein und in seinem Sein zugleich erfaßt werden? Demgemäß wären Verlangen und Nichtverlangen ebenso komplementär wie die „Geistigkeit und Außenheit“ des Tao.

Eine solche Lösung würde sicher sehr gut in die Gesamtheit des 2. Kapitels und der komplementären Lehre des Lao-tzu im allgemeinen passen, wenn der Ausdruck nicht im ersten Kapitel stünde. Man könnte eventuell auch an eine Lösung im Zusammenhang mit dem „wu-wei“ denken, doch der Kontext des ersten Kapitels scheint eine einfachere, dem Zusammenhang entsprechendere Erklärung nahezulegen.

Um dem Text gerecht zu werden, sei nochmals erwähnt, daß auch diese Stelle von der Interpunktion abhängt. Je nach der Interpunktion ergibt sich eine andere Übersetzung. Die andere mögliche Deutung wäre dann: „Als das ewig Nicht-Seiende, laßt uns (wollen wir) sein inneres Wesen schauen; als das ewig Seiende, laßt uns seine äußere Form schauen.“ In diesem Fall wird das Wort „yu“, begehren, verlangen, Begierde haben, von dem ’ch’ang-wu’ (beziehungsweise ’ch’ang-yu’) getrennt und durch „wir wollen, wir sollten es schauen“ übersetzt. Wu gibt den Text in diesem Sinne wieder: „So, as ever hidden, we should look at its inner essence; as ever manifest, we should look at its outer aspects" (hidden und manifest sind synonym mit Nichtsein und Sein). Das Zeichen ist in beiden Fällen dasselbe für „hidden – no-being" und „manifest – being" (vgl. die textphilologischen Möglichkeiten bei Kaltenmark, *4.51*, 43, und bei Chan, *6.1*, 139).

Es ist eigentlich das Wort „ch'ang", das die Lesung in der Interpretation dieses schwierigen Textes in die letztere Richtung leitet. Bevor wir aber die genaue Bedeutung dieses wichtigen Schlüsselbegriffes untersuchen, wollen wir noch den Schluß des ersten Kapitels näher betrachten. Vorausgesetzt, daß wir dieses Kapitel mit Berücksichtigung der angedeuteten Interpunktion analysieren, entsteht das folgende Bild vor uns:

– Das ewige, andauernde Tao kann nicht ausgesprochen werden; man kann nicht adäquat etwas von ihm aussagen. Der ewige Name kann durch irdische Namen nicht adäquat wiedergegeben werden.

– Tao, in seiner Namenlosigkeit, ist der Urgrund des Himmels und der Erde. Tao, insofern es einen Namen hat, ist die Mutter aller Wesen. (Den ersten Kommentatoren schien dieser Unterschied nicht wichtig gewesen zu sein. Vielleicht haben sie ihn kaum bemerkt. Han Feitzu nennt das Tao in seinem Kommentar zu dem Tao-te-ching nicht die Mutter aller Wesen, sondern den Urgrund aller Wesen, was Lao-tzu nie tut. (Vgl. *2.15*, 332; *2.14*, 30). – Das Tao als Nichtsein ist der Urgrund des Himmels und der Erde; als das Sein ist es aller Wesen Mutter.

– Als das ewig Nichtseiende soll es in seinem inneren Wesen, als das ewig Seiende soll es in seinen äußeren Zügen geschaut werden.

Wie man es auch übersetzt, es reimt sich nicht mehr ganz.

Es scheint ein Bruch zu sein zwischen dem Gedankengang des 14. Kapitels und dem ersten Kapitel. Vielleicht könnte man mit einer anderen Reihenfolge der einzelnen Kapitel ein logisch besseres Resultat erzielen. Ob es aber wirklich die Absicht des Verfassers war, um jeden Preis eine lückenlose Argumentation zu erreichen?
Das Wesentliche ist sowieso sicher, daran ändert keine Interpunktion etwas, nämlich: Das Tao ist das Namenlose und das Namen-Habende; der Urgrund des Himmels und der Erde, Mutter aller Wesen; das Nichtsein und das Sein, das Sichtbare und Unsichtbare zugleich. Seine Namenlosigkeit wird mit seinem „Urgrundsein" verbunden; seine Namenhaftigkeit gehört dem „Mutter-aller-Wesen-sein" an. All diese Begriffspaare: Namenlos-namenhaftig, Nichtsein-Sein sind komplementär, korrelativ und koexistent. Wenn man nur dieses einzige als Konklusion behält, wird es nicht so schwierig sein, den Faden in der Hand zu behalten, der dieses Kapitel mit den anderen (14, 21, 25) verbindet.

g. Letzten Endes kommt es auf dasselbe hinaus. Verschieden sind nur die „Namen", die Bezeichnungen. „Diese Beiden sind desselben Ausgangs und verschiedenen Namens. Zusammen hießen sie tief, des Tiefen abermals Tiefes, aller Geistigkeit Pforte" (c. 1). Nicht zwei Wesen, nur ein Wesen gibt es, das zugleich wu und yu, d. h. Nichtsein und Sein ist. Beide haben den gleichen Ursprung, denn Sein und Nichtsein gebären einander (c. 2). Zusammen hießen sie tief (the mystery), des Tiefen abermals Tiefes ...
„Tief" (hsüan: rätselhaft, mystisch) ist ein häufig vorkommendes Wort im Tao-te-ching. Wu übersetzt es wie folgt: „These two flow from the same source, though differently named. And both are called mysteries. The Mystery of mysteries is the Door of all essence." Tief,

die Tiefe, mysteriös, das Mysterium sind Synonyma mit derselben Bedeutung. Carus denkt bei diesem Ausdruck an den βυδός der Neuplatoniker und an den Urgrund der deutschen Mystiker (*4, 12,* 11).

Das Wort erscheint zwar noch etwa achtmal im Tao-te-ching (c. 6, 10, 15, 51, 56, 65), wird aber in keinem von diesen acht Fällen direkt mit dem Tao in Zusammenhang gebracht. Meistens verbindet Lao-tzu es mit der Tugend: „hsüan te", die mysteriöse Tugend. In den übrigen Texten (abgesehen vom Kapitel 6) hat es nirgends einen metaphysischen Ton. Im allgemeinen kann man es mit „tief, tiefsinnig, geheimnisvoll" übersetzen (vgl. Chan, Über die Bedeutung von „hsüan", *6.1,* 788).

Im ersten Kapitel aber hat das „hsüan" sicher einen metaphysischen Klang, es gehört zu den Attributen des Tao. Das Tao ist eigentlich weder Sein noch Nichtsein, noch eines von den Attributen (wu, ch'ang). Es transzendiert sie alle; es übersteigt auch Sein und Nichtsein. Es ist nicht Nichtexistierendes, es ist vielmehr das einzig wahrhaft Existierende. Und eben dies wäre, nach Kimura, was Lao-tzu mit dem Ausdruck „hsüan" gemeint hat.

So sind wir ans Ende dieser Überlegung gelangt. Wir haben das Tao als das „unseiende Sein" (ein Ausdruck von Meister Eckhart) oder als das seiende Nichtsein untersucht. Das Ergebnis dieser Untersuchung läßt sich kurz zusammenfassen wie folgt: Das ewige Tao, das schon vor dem Himmel und der Erde da war, dem alle Wesen ihr Sein und Leben verdanken, ist aller Formen Urgestalt, aller Fülle Ursprung, unhörbar, unsehbar, entfernt, leer wie ein Abgrund, gestaltlos, formlos, es ist das Nichtsein selbst. Trotzdem ist es allein das wirklich Große und Tiefe, es ist der Urgrund des Himmels und der Erde; der Urahn, die Mutter aller Wesen; des Gestaltlosen Gestalt, des Bildlosen Bild. Wollte man es mit Namen benennen, so hieße es das Gleiche, das Wenige, das Feine, das Fortgehende, das Entfernte, das Zurückkehrende. Ja, am Ende all unserer Forschungen erfahren wir das Tao als das Namenlose, das unserer Wahrnehmung immer wieder entschwindet und stets „ins Nicht-Wesen“ sich zurückwendet. Gleichzeitig wurde schon das Verhältnis des Tao zu den zehntausend Wesen angedeutet. Diese neue Seite des Tao aber soll in einem eigenen Kapitel untersucht werden.

2. *Das ewige Tao (Ch'ang tao)*

Kimura Eichi widmet in seinem Buch viel Aufmerksamkeit dem Terminus „ch'ang“. Das Wort kommt beinahe dreißigmal im Tao-te-ching vor. Nach Kimura hat der Ausdruck in den Kapiteln 1, 16, 28, 32, 37, 55 sicher eine metaphysische Bedeutung. In den übrigen Fällen heißt es einfach „oft, immer, dauernd“.

a. Im ersten Kapitel haben wir schon gesehen, wie eng dieses Wort mit dem Tao verbunden war und wie es im Zweifel als Kriterium diente, um die wahrscheinlichere Lesart zu bestimmen. Zweimal bedeutet es sehr wahrscheinlich das „Ewige“ (Tao) und zweimal vielleicht ebenfalls soviel wie „immer“, im Sinne von „ewig“. Es bezeichnet dann das Tao als das verborgene Nichtsein beziehungsweise das Tao als das Offenbare, das Seinhabende. Im ersten Fall haben wir es mit einem hohen Grad von Wahrscheinlichkeit zu tun; im zweiten Fall ist diese Wahrscheinlichkeit bei weitem nicht so stark. Es genügt aber in beiden Fällen vollständig, um den Text mit gutem (philologisch-philosophischem) Gewissen dementsprechend zu übersetzen und zu interpretieren. An dem Taobegriff ändert es wesentlich kaum etwas, ob man so oder so diesen schwierigen Text übersetzt. Höchstens müssen dann einige Aspekte des praktischen Teils der Tao-te-ching-Interpretation anders ausgelegt werden.

„Tao ist namenlos“ (c. 32). Es ist immer namenlos. Es war immer so. Und es bleibt auch für immer ohne Namen. Namen entstehen erst in und mit der Zeit, wenn z. B. durch das Tao die phänomenale Welt geboren wird. Das 32. Kapitel spricht also über das Tao als das Ewige in Zusammenhang mit seiner Namenlosigkeit. Die Namenlosigkeit gehört zum Wesen des Tao, sie haftet ihm eng an. Selbst das In-Erscheinung-Treten der Zehntausend Dinge ändert an dieser Tatsache nichts. Im Gegenteil, die Namen gehören nicht zum Tao, sie gehören wesentlich zu unserer phänomenalen Welt. Es ist aber möglich, auch dieses Kapitel anders aufzufassen. In der Übersetzung von Strauss heißt es: „Tao, das Ewige, hat keinen Namen ... (erst) wenn es anfängt zu schaffen, hat es einen Namen“ (c. 32).

In dieser Übersetzung wird das Wort „ewig“ direkt an das Tao geknüpft. Von diesem ewigen Tao wird dann behauptet, es sei namenlos. Eine nicht unbedeutende Akzentverschiebung! Gehört das „ewig“ dem Tao oder seiner Namenlosigkeit? Grammatikalisch sind beide Übersetzungen möglich. Ähnlich verhält es sich auch in der zweiten Aussage desselben Kapitels, mit dem Unterschied, daß durch eine eventuelle Akzentverschiebung der Sinn der Aussage selber sich ändert. Es ist nämlich nicht das gleiche, ob wir sagen: Wenn das Tao anfängt zu schaffen, hat es einen Namen, oder aber: Erst mit den Institutionen, mit der Tätigkeit sind die Namen da. Um welche Tätigkeit geht es? Um die des Tao? Um die Aktivität der phänomenalen Welt? Um Tätigkeit überhaupt? Ist das Wort „ming“ (Name) als Singular oder als Plural zu nehmen? Wieder ein klassisches Beispiel für die Vieldeutigkeit eines kurzen chinesischen Satzes und dafür, wie schwer es in manchen Fällen ist, einen kurzen

chinesischen Satz nach der Intention des Verfassers zu übersetzen.
Wenn es heißen soll: Das Tao ist namenlos, erst durch seine Tätigkeit (in der phänomenalen Welt) hat es einen Namen, würde es gut in das Gefüge des bisher Gesagten passen. Bezieht sich aber der Satz auf die phänomenale Welt: „Namen gehören ausschließlich der wahrnehmbaren Welt an", würde die ewige, prinzipielle Namenlosigkeit des Tao auch in diesem Fall unangetastet bestehen.
Im ersten Kapitel heißt es: „Das Namenlose ist des Himmels und der Erde Urgrund" (shi). Hier dagegen wird von ihm das Gegenteil ausgesagt: „Der Urgrund (shi) hat einen Namen." Das reimt sich nicht einwandfrei mit dem ersten Kapitel, wo in diesem Zusammenhang von der „Mutter aller Wesen" gesprochen wird.
Andere übersetzten das „shi" mit „ursprünglicher Einfalt", mit „Primal Simplicity" (c. 15, 19 und vor allem 37). So auch Wu: „Tao is always nameless. When once the Primal Simplicity diversified, different names appeared." Diese Übersetzung ist freilich keine wörtliche Übersetzung. Erstens wird die „erste Einfalt" anders geschrieben (p'u), zweitens bedeutet es „Rohholz", das noch unbehauen, formlos ist. Daher die übertragene Bedeutung des Wortes: die bloße Möglichkeit, die nackte Energie zu etwas; das noch undifferenzierte Rohholz in seiner Urform. Es hat keinen Namen; erst wenn es bearbeitet wird, wenn es Gestalt und Form anzunehmen beginnt, kann man sagen, was es ist. Der Name bedeutet zugleich das Heraustreten aus der ursprünglichen Undifferenziertheit. Alle Gegenstände, die daraus entstehen, die daraus herausgeholt werden, haben notwendigerweise verschiedene Namen: Statue, Tisch, Werkzeug usw.
Das „shi" würde in dieser Hypothese gerade diesen Pro-

zeß der Entstehung der Formen aus dem „uncarved block“ (wie die Engländer es ausdrücken) suggerieren. Das Tao wird mindestens zweimal mit dem p'u verbunden, wie im 32. Kapitel, gleich am Anfang: „Tao, das Ewige, hat keinen Namen, so zart seine Einfalt auch ist“ (vgl. *3.5*, 197).

Und im 37. Kapitel hören wir zweimal hintereinander von der „namenlosen Einfachheit“. Tao, in seinem namenlosen Nichtwesen, ist dem noch unbearbeiteten Rohholz ähnlich. In diesem Fall bedeutet das „Sein“ das In-Erscheinung-Treten des Tao durch die Welt der Zehntausend Wesen. Als Mutter aller Wesen aber kann es schlechthin die Mutter der Welt *genannt* werden. So wäre die Entstehung der phänomenalen Welt der Anfang der Namen überhaupt und zugleich das Offenbarwerden des Tao als des „Namen-Habenden“.

Mir persönlich scheint diese Auffassung sehr plausibel zu sein. Sie wird von manchen namhaften Gelehrten suggeriert (so z. B. von Legge, Wu, Kannó, Strauss). Dementsprechend ist mit dem „shi“ das Tao gemeint.

Nun aber zurück zum „ch'ang“. Es gibt noch einen Text im 37. Kapitel, wo das Wort mit Tao in Verbindung gebracht wird. „Tao ist ewiges Nicht-Tun, und doch bleibt nichts ungetan.“ Hier begegnen wir das erstemal dem „wu-wei“ (Nicht-Tun). Auch das wu-wei gehört in die Kategorie des Nichtseins, des Nichtwesens, des Gestaltlosen, des Namenlosen. Es ist keineswegs das Gegenteil des Tuns, sondern „in einer anderen Weise“ tun.

Man könnte so sagen: Das Tao, obwohl es alles tut und obwohl dank seiner allumfassenden Tätigkeit nichts ungetan bleibt, entschwindet je und je unseren Wahrnehmungsorganen und zieht sich unmerkbar in sein ewiges Nichtsein, in sein ewiges Nichttun zurück. Hier bietet weder die Übersetzung noch die Interpunktion irgendwelche Schwierigkeit, und weil das wu-wei sowieso in einem anderen Abschnitt behandelt wird, können wir gleich zu der zweiten Gruppe von Texten übergehen, in welchen von „ch'ang" die Rede ist.

b. Das Wort „ch'ang" hat im Tao-te-ching auch noch eine andere Verwendung. Es wird als selbständiges Wort gebraucht, um das Ewige, das Unveränderliche auszudrücken. Legge und zum Teil auch Wu übersetzen es mit „changeless", „unchanging" oder auch mit „constant". Bei den deutschen Übersetzern heißt es meistens das Beständige, Beständigkeit.

Ein ungewohntes Wort im chinesischen Denken. Die Chinesen sind eher mit dem Konzept der „Wandlung", der „Veränderung" vertraut als mit dem Unveränderlichen. Auffallend genug ist schon die Tatsache, daß das klassisch gewordene Wort „I" (Wandlung), welches Wort durch das Buch der Wandlungen (I-ching) auch außerhalb Chinas bekanntgeworden ist, kein einziges Mal in dieser Bedeutung im Tao-te-ching auftaucht. Das Zeichen gibt es zwar im Tao-te-ching, etwa viermal begegnet es uns, doch immer im Sinne von leicht, d. h. „nicht schwer".

Im I-ching ist alles Bewegung; selbst die Ruhe ist (latente) Wandlung. Das kommt im Zeichen selbst zum Ausdruck. Nach Karlgen ist das chinesische Zeichen für Wandlung eine Erinnerung an die rastlose Bewegung einer Eidechse (*1.4*, 850/a). Kürzlich aber hat H. Wilhelm, der Sohn des bekannten deutschen Sinologen R. Wilhelm, darauf hingewiesen, daß es nicht unbedingt notwendig ist, das Zeichen ausschließlich aus der Idee der Bewegung abzuleiten. Es könne eher vom Begriff des Festen und Geraden, des Richtungweisenden abgeleitet werden. So würde die paradoxe Definition des Buches also lauten: „Die Wandlung, das ist das Unwandelbare."

Das aber würde nichts weniger bedeuten, als daß es nicht nur das Dynamische, sondern auch das Feste, das Zuverlässige, Unveränderliche in sich enthält (*6.85*, 321 f.). Wenn es sich so verhält, sind es nicht bloß die vorübergehenden Einzeldinge, die gelten; das unwandelbare Gesetz, das in allem Wandel wirkt, ist ebenso wichtig (I-ching, I/VIII, 1). Dieses Gesetz wäre nichts anderes als das Tao des Lao-tzu.

Wie dem auch sei, dieses Beständige, Unveränderliche, Ewige im Tao-te-ching ist das Zeichen und das Symbol der Rettung und des Heils (c. 52). „Den Einklang kennen (auf welchen es ja den Chinesen so viel ankommt), heißt Ewigkeit. Das Ewige kennen, Erleuchtetheit" (c. 55).

Was heißt das, die Ewigkeit kennen? Von was für einer Ewigkeit wird hier gesprochen? Was ist die Ewigkeit? Oder vielleicht besser ausgedrückt, das Ewige? Ist es ein Attribut des Tao? Ist es gar mit ihm irgendwie identisch? Im Buch wird es nirgends ausdrücklich gesagt. Wir wissen aber, daß es mit der Entäußerung (Leere), mit der unerschütterlichen Ruhe, mit der Erleuchtung und vor allem mit dem Ursprung und der Bestimmung aller Dinge, mit dem Zurückkehren zu diesem Ursprung in Zusammenhang steht (c. 16).

Aus dem Gesamtbild vom Tao, das uns aus dem Tao-te-ching entgegentritt, ist es klar, daß all diese Wirklichkeiten ganz im Bereich des Tao liegen, daß sie von ihm nicht zu trennen sind. Das Tao ist das Endziel der Rückkehr. Wir werden bald sehen, welch eine große Rolle die Rückkehr im Tao-te-ching spielt. Manche Kommentatoren sehen sogar gerade in ihr das Wesen des Tao. Jedenfalls haben wir es mit einem Begriff zu tun, der ganz bestimmt zur Wesensbestimmung des Tao gehört. Und „Zurückkehren zur Bestimmung heißt ewig-sein. Das Ewige erkennen heißt erleuchtet-sein" (c. 16). „Das

Ewige nicht erkennen, macht verderbt und unglücklich“ (c. 16).
Die Erkenntnis des Ewigen macht uns umfassend, königlich, himmlisch, „daher in Tao; in Tao, daher fortdauernd“. Das Erlangen des Ewigen ist praktisch identisch mit dem Erlangen des Tao und mit dem Einswerden mit ihm.
So ist das Tao inmitten der ständigen Wandlungen, der unaufhörlichen Veränderungen der phänomenalen Welt das Pfand der Ruhe, der Beständigkeit und des unveränderlichen Zuverlässigen, mit einem Wort, des Ewigen. Das Tao ist im Hintergrund der Wandlungen; es ist die Garantie und der Sinn der Wandlungen zugleich, wie es in den „Flügeln“ des I-ching wiederholt zum Ausdruck kommt. „Das Unwandelbare“ in diesem grandiosen Prozeß ist nichts anderes als das Ewige, das Tao (vgl. I-ching, Da Dschuan, V/9, 228). In Hinsicht auf die Wandlungen ist es das Unwandelbare; hinsichtlich unserer Erkenntnis ist es das Unberechenbare. Das Tao kann nicht einfach aus dem Prozeß der Veränderungen herausanalysiert werden. Es steht über alle Wandlungen hoch erhaben als das ewige „Invariable“ (so übersetzt Bodde das ch’ang in seiner Übertragung von Fung Yulans Geschichte der chinesischen Philosophie).
Wir haben noch einen Text, wo das Ewige vorkommt, das 28. Kapitel. Dieses Kapitel ist ein wahres Sammelbecken der wichtigsten Begriffe und Bilder des Tao-te-ching. Das Tao selbst wird zwar darin nicht erwähnt, doch es wird stillschweigend vorausgesetzt. In hochtragenden, schönen, symmetrisch gegliederten Versen wird dort ein Bild des im Tao verankerten Menschen entworfen. Der Ausdruck „ch’ang“ erscheint dreimal im Text; jedesmal steht er bei dem „Te“ (Tugend, Wirkung). Te ist die konkrete Kraft, die Wirkung, der Geist des Tao. Diese Tugend wird nun dreimal hintereinander „die stete –

ch'ang – Tugend" genannt (bei Kaltenmark: „Le Te suprême").
Tao ist ewig. So ist auch seine „Kraft", sein „Te". Stets in der Tugend wandeln aber heißt das Tao besitzen, ins Tao eingehen ...

3. „Tao ist ewig Nicht-Tun" (Tao ch'ang wu-wei)

a. Das wu-wei hat schon oft die Gemüter, vor allem bei den Abendländern, erregt. Quietistische Leser freuen sich, auch bei Lao-tzu ihre Ideen wiederfinden zu können. Andere erblicken im wu-wei ein Zeichen der Gleichgültigkeit des Lao-tzu der Welt der Tätigkeit gegenüber, die er verachtet und verurteilt haben soll. Viele sehen in diesem Ausdruck den Beweis einer beispiellosen Passivität und damit die radikale Ablehnung der Kultur. Materialisten machen dem Lao-tzu zum Vorwurf, daß er es nicht verstanden habe, daß der Kampf der Gegensätze die treibende Kraft der Entwicklung ist, indem er die Bedeutung und die Notwendigkeit des (Klassen-)Kampfes übersah.
Richtiger und tiefer sieht Hackmann, wenn er die Wurzel des wu-wei einerseits im mythischen Denken, anderseits in der Leere des Tao sucht. Im mythischen Denken wird nämlich die Welt nicht in kausalen Zusammenhängen, sondern nach den Entsprechungen eines feststehenden Weltbildes erfaßt. Aus diesem Weltbild heraus ist auch das wu-wei zu beurteilen. Durch die Potenz des „Te" wird der Mensch mit dem Tao verbunden und in die Welt eingefügt. Dieser Potenz eignen nun ganz bestimmte Entsprechungen. Durch das bloße Sich-in-Einklang-Bringen mit diesen Entsprechungen erreicht man die höchste Leistung.
Das Tao wirkt im Menschen durch das wu-wei, und es

wird durch das wu-wei erreicht. Zenker nennt das wu-wei die „via mystica" des Lao-tzu. Sowohl Hackmann als auch Zenker verknüpfen die Lehre vom wu-wei mit der Leere des Tao, worin beide das Wesen von Tao erblicken (vgl. *6.12*, 50 f., 56 f.; *6.25*, 101).

Auf keinen Fall ist das wu-wei als bloße Negation des Handelns aufzufassen. Needham weist sehr richtig darauf hin, daß das wu-wei nur jene Tätigkeit bekämpft, die gegen die Natur gerichtet ist. „Wei" bedeutet in diesem Zusammenhang „action contrary to the nature", während „wu-wei" einfach die der Natur entsprechende Aktivität bezeichnet (*6.18*, 68).

Die Chinesen wissen natürlich besser, was mit dem wu-wei gemeint ist. Es bedeutet nicht etwa nichts tun, „vielmehr heißt es alles in Übereinstimmung mit dem inneren Licht tun, welches das Tao ist, und den Früchten des Tuns nicht verfallen. In dieser Beziehung ist der Taoismus der Lehre der Bhagavad-Gita sehr verwandt" (*8.9*, 140 f.).

Lin Yutang charakterisiert das wu-wei als eine unbewußte, absichtslose Güte. Hauptsache ist dabei, daß man die Natur nicht zwingt, daß man immer auf die natürlichste Weise handelt. In dieser Voraussetzung ist dann „wu-yü" (Wunschlosigkeit, begierdelos) ein Synonym des wu-wei. Manche betonen (vielleicht zu stark), daß der wiederholt gebrauchte Ausdruck im Tao-te-ching eine scharfe, gegen die Konfuzianer gerichtete Spitze sein soll. Es wird dabei auch an Paulus und an die Pharisäer (Rechtfertigung aus den Werken) erinnert. Das alles mag wahr sein, doch sollte man sich trotzdem vor Augen halten, daß die klassischen Schriften uns keinen Anlaß bieten, zwischen dem wu-wei der Konfuzianer und der Taoisten eine scharfe Linie zu ziehen (*6.53*, 48). Dem Konfuzius war das wu-wei sicher nicht unbekannt. Man kann sich einen konfuzianischen „gentleman" (djün dse) sehr gut vorstellen, „wenn wir in ihm einen Priester sehen, der schweigend den Gottesdienst vollzieht“ (*6.38*, 110). Do-Dinh zitiert zum Beweis Lun-yü 15,4: Shun wachte ehrfürchtig über sich selbst und wandte sein Gesicht ernst nach Süden, sonst tat er nichts. Trotzdem hielt er alles in Ordnung.

Freilich brauchen wir nicht anzunehmen, der Wu-wei-Begriff der beiden Schulen sei haargenau derselbe gewesen. Es ist bestimmt ein Unterschied zwischen ihnen. Es ist nicht zu leugnen, daß das wu-wei bei den Taoisten eine weit größere Rolle, sowohl in der Theorie als auch in der Praxis, gespielt hat als bei den Konfuzianern. Wesentlich aber, was die Haltung und die Auffassung betrifft, waren die Prinzipien die gleichen.

Wu-wei ist Prinzip und Haltung zugleich. Es ist die Norm dieser Haltung und zu gleicher Zeit ihr Ziel. Im Grunde genommen ist es eine Art intendierte Absichtslosigkeit, die, jede voluntaristische Intention übersteigend, die reinste Form einer schöpferischen Spontaneität darstellt. Kein Wunder, daß man diese Art von Haltung noch am ehesten und am häufigsten im künstlerischen Schaffen (Poesie, Malerei, Gewandtheit im „Fach“) und im mystischen Erlebnis antrifft.

Wu-wei, wenn es wirklich erreicht wird, wenn es ganz verwirklicht ist, ist einer der seltenen Augenblicke des Lebens, die als wirklich echt, spontan, rein, natürlich und frei betrachtet werden dürfen. Diese seltenen Augenblicke bedeuten in unserem Leben den Höhepunkt einer unaussprechlichen „Entsprechung“, einer süßen Harmonie des Friedens und der Ruhe. Sie sind zur selben Zeit der Höhepunkt des menschlichen Schaffens überhaupt (in Kunst, Lebensweisheit, Technik, Religion), wobei mit einem praktisch zu vernachlässigenden Minimum-Aufwand von Energie und Intention der möglichst höchste Effekt erreicht werden kann. So verstanden ist das wu-

wei ein anziehendes, nur schwer erreichbares Ideal und kein billiges Rezept für schnellen Erfolg.
Wenn das alles stimmt, erscheint die Bemerkung Duyvendaks, das wu-wei sei „une vertu purement vitaliste, amorale", ein wenig simpel. Mir scheint, daß der Nicht-Sinologe Jaspers es besser getroffen hat, wenn er schreibt: Das wu-wei ist der „Ursprung der erfüllenden Unabsichtlichkeit", „Spontaneität des Ursprungs selbst" (*5.62*, 907). Sehr richtig verbindet er das wu-wei mit dem Ursprung. Für Lao-tzu ist dieser Ursprung identisch mit dem Tao. Und so wird auch die letzte Erklärung des wu-wei im Tao zu suchen sein.

b. In den meisten Stellen, wo das wu-wei vorkommt, ist vom wu-wei des Weisen, also des Menschen, die Rede (c. 2, 3, 10, 57, 64), oder es wird nur so im allgemeinen erwähnt (c. 48, 43, 38). Trotzdem ist es klar, daß die letzte Erklärung, der letzte Grund für die gepriesene Haltung in dem Idealfall, nämlich im wu-wei des Tao, liegt. Darum ist es notwendig, zwischen dem wu-wei des Menschen und dem des Tao zu unterscheiden. Nichtchinesische Kommentatoren vernachlässigen allzuoft diesen Unterschied.
„Tao ist ewig Nicht-Tun, und doch bleibt nichts ungetan" (c. 37). Es sorgt ja für alle Wesen, es ernährt sie, erhält sie, es ist zu ihnen wie eine gute Mutter (c. 34, 51, 62). Es ist aber seine „Methode", nicht auf seine Leistungen zu pochen (c. 34); zu erzeugen, doch nicht zu besitzen (c. 51); sich nach vollendetem Werk zurückzuziehen (c. 9), sich nicht als Herrn zu betrachten (c. 34). Es ist seine Natur, alles zu vollbringen und im verborgenen zu bleiben. Wenn der „Heilige" sich nicht ansieht, sich nicht recht ist, nicht auszeichnet, sich nicht rühmt, sich nicht erhebt (c. 22), so tut er es nur, weil er das Tao zum Vorbild hat. Er vollbringt alles, es bleibt nichts un-

getan, gerade weil er den Zustand des wu-wei erreicht hat (c. 48), weil er sich seiner Leistung nicht bewußt ist.

Denn des Himmels Weg (Tao) ist: „Er streitet nicht und weiß zu überwinden, er redet nicht und weiß Antwort zu finden, er ruft nicht und man kommt von selbst vor ihn; langmütig weiß er planmäßig zu leiten" (c. 73). Das Tao ist wahrlich wie ein großer Herrscher: Die Untertanen wissen kaum, daß er da ist (c. 17). Es gilt auch von seinem allumfassenden Tun, was Lao-tzu anderswo über das Vollkommene sagt: Das rechte Vollkommene ist wie unzulänglich; die wahre Fülle ist wie leer; „ein großer Klang, der schwach erschallt, ein großes Bildnis ohne Gestalt" (c. 45, 41). So auch das Tun des Tao. Es ist wie „wu-wei", wie ein Nichttun ...

Taos Tun ist der hohen Tugend ähnlich: „Hohe Tugend (tut) keine Tugend, hohe Tugend tut Nicht-Tun." Das heißt, echte, unverfälschte Tugend sieht auf den ersten Blick wie eine Nicht-Tugend aus, obwohl sie Tugend im höchsten Maße ist. Gerade weil sie als Nicht-Tugend erscheint (sie ist spontan, selbstlos), ist sie die höchste Form einer echten Tugend. Sie ist die höchste Tätigkeit, weil sie „wu-wei" ist (c. 38).

So lesen wir auch im „Frühling und Herbst": „Die höchste Erkenntnis tut die Erkenntnis ab, höchste Liebe vergißt die Liebe. Höchste Tugend ist nicht Tugend" (XVII, 3). Von einer solchen Erkenntnis sagt Fung Yu-lan, sie sei eine Art transzendentale Erkenntnis. Man muß sich aber dessen bewußt sein, daß es einen großen Unterschied zwischen einer naiv-kindlichen Unkenntnis und einer erworbenen Unkenntnis gibt. Leider haben die späteren Taoisten diesen Unterschied nicht genügend beachtet und haben die bloße Unkenntnis eines Babys für die höchste Kenntnis gehalten. Weder eine solche Art von Unkenntnis noch die Dummheit wird von Lao-tzu gepriesen. Es handelt sich vielmehr um die erworbene Unkenntnis, welche sozusagen eine transzendentale Erkenntnis ist. Sie liegt in der Sphäre des Transzendentalen (*6.8*, *78* f.).

Das alles mag einem Wortspiel ähnlich erscheinen. Dennoch wird darin das Geheimnis des Tao ungemein lebendig und anschaulich ausgedrückt. Das ewige Tao, das namenlose, leer erscheinende Tao ist nichts anderes als das ewig wirkende Tao, das aber, je und je unseren Sinnen entschwindend, sich ins Nichtwesen und ins Nichttun zurückwendet. Wir sehen also: das Nichtsein des Tao und sein Nichttun liegen auf derselben Ebene. Es geht in erster Linie darum, das wu-wei des Nichtseienden sicherzustellen, damit der Weise, der Heilige (vor allem der Herrscher) durch das eigene wu-wei den Weg zum Tao finden kann.

Namenlosigkeit, Nichtwesen, Nichttun, Leere und wie sie auch heißen mögen, sind der zarte Schleier, der über dem unaussprechlichen Namen, der unvorstellbaren Gestalt, dem unfaßbaren Wesen, dem „erquickenden Tau“ (c. 32) seines Wirkens ausgebreitet ist. Ein Schleier der Ehrfurcht (von unserer Seite), der aber nicht nur verbirgt, nicht nur verhüllt, sondern auch offenbart und das Wesen durchschimmern läßt.

Teilhard de Chardin spricht von einer Diaphanie, von einer „Transparence“. Alle diejenigen, die diese Diaphanie verspürt haben „chaque jour ils devenaient plus embaumés, plus colorés par une Chose indéfinissable, toujours la même Chose“ (Le Milieu divin, 159). Teilhard nennt das Gewahrwerden dieser Anwesenheit, dieser „chose“ „une vue, un goût, c’est-à-dire une sorte d’intuition“. Auf rationalen Wegen allein kann man es nicht erfassen, „donc elle ne peut s’obtenir directement par aucun raisonnement, ni aucun artifice humain“ (163). Lao-tzu würde wahrscheinlich kaum Bedenken gegen

eine solche Beschreibung der letzten Realität gehabt haben.
Für die Chinesen ist nichts, was so konkret wäre wie das Tao. Liou Kia-Hway definiert das Konkrete als „das Ganze, das umhüllt, ohne selber umhüllt zu werden". In diesem Konkreten erfährt man das Tao als eine „présence originelle et souveraine et impensable, c'est-à-dire le Tao lui-même" (*6.66, 7*).
Lao-tzu nennt das Tao ein „Ding", une chose (c. 25). Nicht aus Ehrfurchtslosigkeit, sondern aus Mangel an einem entsprechenden Namen, an einer adäquaten Bezeichnung. Die Diaphanie des Tao geschieht durch das Erscheinen der phänomenalen Welt.
Doch sollte man dabei nicht vergessen, daß das Tao sich immer wieder in seine ewige Namenlosigkeit, in sein Nichtwesen, in sein ewiges Nichttun zurückzieht. Denn das Tao ist ewig Nichttun, und doch bleibt nichts ungetan ... (c. 37).

4. Tao und seine Kraft (tao-te)

a. Das kleine Buch von Lao-tzu heißt „Tao-te-ching". Tao ist das Tao unserer Untersuchung. „Ching" ist die offizielle Bezeichnung für ein „klassisches" Buch im Sinne des „Kanonischen". Was eine Sutra für den Buddhismus oder ein kanonisches Buch für die Christen ist, das ist ein ching für die Chinesen. Der Titel des Buches ist natürlich viel späteren Datums als das Buch selbst. Durch diesen Titel wurde das Tao-te-ching praktisch unantastbar, verewigt.
Die meisten Ausgaben teilen das Buch in zwei Teile: c. 1–37 und c. 38–81. Diese Aufteilung scheint ziemlich willkürlich vorgenommen worden zu sein. Sie beruht auf der rein äußerlichen Tatsache, daß das Wort Te im zwei-

ten Teil beinahe fünfmal so oft vorkommt wie im ersten Teil. Und weil außerdem das 38. Kapitel von dem „Te" spricht, beginnt der zweite Teil mit diesem Kapitel. Im ganzen finden wir etwa 38mal das „Te" im Tao-te-ching (das Tao dagegen wird 76mal gebraucht, also genau doppelt so oft).

Aus einigen Stellen des Tao-te-ching und vor allem aus den legendenhaften Erzählungen über die Begegnung des Lao-tzu mit Konfuzius entstand der Glaube (der bis in die Interpretation des Textes hinein seinen ungünstigen Einfluß ausgeübt hat), Lao-tzu hätte für das „Te" überhaupt nichts oder nur sehr wenig übrig. Man zitiert dabei seine Worte, die er angeblich an Konfuzius gerichtet hat: Konfuzius solle seine Tugend, die nichts anderes sei als Hochmut und Überheblichkeit, fahren lassen, sonst könne ihm nicht geholfen werden. Außerdem beruft man sich auf das 38. Kapitel des Tao-te-ching, wo Lao-tzu erklärt: „Verliert man Tao, (hat man) danach Tugend", wobei die Tugend selbstverständlich auf die Konfuzianer bezogen wird. Nach Tugend nennt er nämlich Menschenliebe, Gerechtigkeit, Sittlichkeit, lauter konfuzianische Tugenden, die von Konfuzius und von seinen Schülern hoch in Ehren gehalten wurden.

Man braucht es kaum zu sagen, wie oft bei solchen Argumenten vergessen wird, daß die oben zitierte Stelle praktisch die einzige im ganzen Buch ist, aus welcher man eventuell (auch) so argumentieren könnte. Allzuoft übersieht man die Tatsache, daß unter den 38 Stellen, wo das Wort „Te" gebraucht wird, nur in einer winzigen Zahl von Fällen (drei bis vier) das Wort in pejorativem Sinn verwendet wird. In den übrigen Fällen aber wird dem „Te" alle mögliche Ehre erwiesen.

b. Wie das Tao, so wird auch das „Te" sehr verschieden übersetzt. Da unser Ziel hauptsächlich die Bestimmung des Tao-Begriffes ist, brauchen wir auf die Einzelheiten dieses Problems nicht näher einzugehen. Te wird am häufigsten mit Tugend wiedergegeben. Das Wort Tugend hat im christlich-abendländischen Raum einen stark religiösen, sogar frommen Beiklang und wird in jüngster Zeit eher kritisch angesehen. Manchmal hat es mit weiblichen Tugenden, wie etwa mit „chasteté“ im Französischen, zu tun. Es kann natürlich auch noch andere Assoziationen in uns erwecken, wie es im Fall der englischen Variante „virtue“ geschieht. Trotzdem haben sich in den meisten Übertragungen des Tao-te-ching Worte wie Tugend, vertu, virtue durchgesetzt. Man findet daneben auch noch Termini wie Sinn, Leben, Gesetz, nature, l'art de la vie, Kraft, vor allem in den popularisierenden Übersetzungen.

Das chinesische Wort „Te“, wollte man es unbedingt übersetzen, steht noch dem griechischen Wort ἀρετή am nächsten, das Tüchtigkeit, Verdienstlichkeit und auch Tapferkeit und Tugend bedeuten kann. Die ἀρετή eines Messers z. B. besteht darin, daß es gut schneidet, also in seiner Tauglichkeit als Messer. So spricht man in China von dem „Te“ der wohlduftenden Tusche, die deswegen mit dem tugendhaften (te-ch'ao) Weisen verglichen wird (H. Franke, Kulturgeschichtliches über die chinesische Tusche, 113).

Ganz richtig beschreibt Duyvendak das „Te“ als „les qualités qui sont propres à chaque chose ... c'est ce qu'on appelle Tö, la vertu, la Force spirituelle“ (X), „force vitale magique“ (XI). L. Abegg beruft sich auf Wilhelm, der das „Te“ bei Konfuzius mit „Magie“ übersetzt. Nach Wilhelm schließt das „Te“ das ganze Wesen der Persönlichkeit und die Macht, die von einer Person ausgeht, mit ein (*2.7*, 8, Anm. 1).

Yang sieht im „Te“ „die Erscheinungsform des Tao“. Sie bildet mit dem Tao zusammen die Grundlage der

Welt, die bei Lao-tzu Himmel und Erde heißt. Tao und Te sind nach Yang „die Natur selbst", die dem Menschen, wenn er ihr folgt, unüberwindliche Kraft verleiht (*3.10*, 52, 54).
Lin Yutang meint, das Tao sei das unverkörperte, das Te das verkörperte Prinzip; Tao unnennbar, Te nennbar (*4.60*, 120). Chan gibt eine kurze allgemeine Beschreibung des Te im Anhang seines Quellenbuches: Te bedeutet im allgemeinen eine moralische Eigenschaft; aber in bezug auf das Tao ist es das Tao „particularised when inherent in a thing". Im klassischen Sinn bedeutet es soviel wie etwas erreichen, fähig sein, etwas fertigbringen, tun. Chan hält die englische Übersetzung „power" für gut (bei Waley); allerdings hat der Ausdruck „power" nicht die Bedeutung von „moral excellence, which the word ‚Te' involves" (*6.1*, 790).

c. Das erste auffallende Merkmal am Te ist, daß ihm Eigenschaften zugeschrieben werden, Attribute beigegeben werden, die sonst dem Tao allein zukommen.
Te wird „tief, geheimnisvoll" (hsüan) genannt (c. 10, 51, 65), genauso wie das Tao. Die stete Tugend macht einen fähig, zur ersten Kindheit zurückzukehren (c. 55), ins Unbefangene, zur ersten Einfalt (p'u) zurückzufinden. Lauter Bilder, mit welchen das namenlose, unseiende Tao charakterisiert wird (c. 25). Die große, erhabene Tugend ist tief wie ein tiefes Tal; reiche Tugend „wie am Nötigen kahl", feste Tugend „wie im Schwanken" (c. 41). In ähnlichen paradoxen Metaphern beschreibt Lao-tzu auch das Tao: Das Tao ist wie volle Nacht ...
„Tugend ist Güte, Tugend ist Aufrichtigkeit" (c. 49), ist Treue (c. 79). Es gibt auch eine Tugend des Nichtstreitens (c. 68). Tao streitet ja auch nicht (c. 73). Tugend folgt immer dem Tao nach (c. 21). Sie sind unzer-

trennlich: „Tao erzeugt sie (die Wesen), seine Tugend nährt sie, erhält sie, zieht sie auf, vollendet sie, macht sie reif, pflegt sie, schirmt sie. Erzeugen und nicht besitzen, wirken und nichts darauf geben, erhalten und nicht beherrschen, das heißt tiefe Tugend" (c. 51). Darum verehren alle Wesen das Tao und sein Te. Nicht auf Befehl, nicht gezwungen, nein: „Taos Verehrung, seiner Tugend Wertschätzung ist niemandes Gebot und immerdar freiwillig" (c. 51).
Derjenige, der dem Himmel ganz ergeben ist, ihm treu dient, häuft Tugend auf. Häuft man reichlich Tugenden auf (bei Strauss steht statt „Tugenden" Wohltaten), dann ist nichts unüberwindlich. Einem solchen kann man das Land ruhig übertragen: denn er macht des Landes Mutter (Tao) zu seiner Wurzel und zum Grund des dauernden Bestehens (vgl. c. 59).

Dieses Kapitel ist jedoch zu vage, zu undeutlich, um voreilige Schlüsse daraus ziehen zu können. Trotz der unsicheren Interpretation mancher Stellen steht so viel doch außer Zweifel, daß das Te im Tao-te-ching in den meisten Fällen (a) als etwas dem Tao Gehörendes, von ihm nicht zu Trennendes aufgefaßt wird; (b) daß es Eigenschaften besitzt und mit Attributen ausgestattet ist, die nur vom Tao ausgesagt werden; (c) daß sie beide die phänomenale Welt erhalten und beschützen.

d. Ist das Te mit dem Tao identisch, koexistent? Oder gehört es ausschließlich dem schon manifest gewordenen Tao an? Also dem Namen-Habenden, dem seienden Tao? Eine sichere Antwort können wir vom Buch kaum erwarten. Sinngemäß betrachtet, kann das Te dennoch seine Funktion erst erfüllen, seinen Auftrag erst ausführen, nachdem die phänomenale Welt schon gegeben ist. Ist es also ein Attribut des Tao? Lao-tzu macht konsequent den Unterschied zwischen dem Tao und seinem Te. Der Unterschied ist jedoch nicht von solcher Art, daß es notwendig wäre, vom Te als von etwas Selbständigem, vom Tao Unabhängigem zu sprechen. Die richtigere Übersetzung sollte daher so lauten: *Das kanonische Buch vom Tao und von seinem Te.* Also nicht vom Tao und vom Te.

Dürfen wir in diesem Zusammenhang etwa an eine schöpferische Kraft denken, so als ob Lao-tzu dem Te die schöpferische Tätigkeit des Tao zuschreiben würde, in dem Sinne einer Weltschöpfung? Kaum. Erstens gibt es keinen Anhaltspunkt für eine solche Auslegung des Textes im Tao-te-ching selbst; zweitens ist der Gedanke der Schöpfung der Welt durch einen Gott den Chinesen praktisch unbekannt gewesen.

Im 51. Kapitel scheint eine Art Gradation im „schöpferischen" Prozeß zu bestehen: „Tao erzeugt sie, seine Tugend nährt sie, sein Wesen (Ding, wu) gestaltet sie, seine Kraft vollendet sie". In diesem Text wird dem Tao die Rolle des Zeugens, seiner Tugend die des Ernährens, dem „Wesen" die Gestaltung und der „Kraft" des Tao die Vollendung der Wesen zugeschrieben.

Trotzdem sollte man diese Unterscheidung der Funktionen nicht übertreiben. In der zweiten Hälfte desselben Kapitels nämlich übernimmt das Te die Rolle des „Wesens" und der „Kraft" des Tao. Es (Te) „nährt die Wesen, erhält sie, zieht sie auf, vollendet sie, macht sie reif". Höchstens könnte man den Satz: „Sein Wesen gestaltet sie" eigens betrachten, da das Gestalten nirgends ausdrücklich dem „Te" zugeschrieben ist. Aber selbst hier mit Vorbehalt: die stereotype Aufzählung der einzelnen Funktionen und auch die Versform mahnen zur Vorsicht.

Te ist die Erscheinungsform des wu-wei des Tao. Das Tao ist immer wu-wei. Daher gehört auch sein „Te" zur phänomenalen Welt. Wie auch der Name des namenlosen Tao erst mit der phänomenalen Welt gegeben ist. „Ad analogiam“ dürfen wir weiter argumentieren: So wie die Erscheinung der phänomenalen Welt der Anfang der Namen war, so ist sie auch der Anfang der menschlichen Tugenden. Welche Tugenden hier gemeint sind oder wie sie praktiziert, gepflegt werden sollen, gehört nicht mehr in den Rahmen dieser Arbeit.

II. Teil
Das Tao und die phänomenale Welt

1. Das „Eine" (I)

a. Bis jetzt haben wir das Tao hauptsächlich als das „Wesen" (Etwas) in sich untersucht. Sein Verhältnis zur Welt wurde bloß angedeutet. In diesem Abschnitt wollen wir das Tao in seinen Zusammenhängen, d. h. in seiner Beziehung zu Himmel und Erde und zu den zehntausend Wesen analysieren.

Es gibt manche Ausdrücke im Tao-te-ching, die auf diese Zusammenhänge hinweisen. Vom Tao heißt es ausdrücklich: Es war schon vor Himmel und Erde da (c. 25); es ist der Urgrund von Himmel und Erde, die Mutter aller Wesen (c. 1); es ist der Urgrund der Welt und ihre Mutter (c. 52); es ist ein Abgrund, es gleicht aller Wesen „Urahn" (c. 4). Außerdem nennt Lao-tzu das Tao „Wurzel" (c. 6, 16); Wurzel des Himmels und der Erde. Im 16. Kapitel scheint diese Bezeichnung des Tao (Wurzel) den „terminus ad quem" zu bedeuten, zu dem alles zurückkehrt. So ist das Tao als Wurzel sowohl der Ursprung als auch das Ziel aller Wesen. Das Tao wird auch „Pforte, Tor" genannt (c. 1, 6), durch das die zehntausend Wesen in das Leben hineintreten. Alle diese Bezeichnungen des Tao deuten seine Beziehung zur phänomenalen Welt an. Sie drücken den einen oder anderen Aspekt dieser Wesensbeziehung aus.

Es gibt endlich noch eine Bezeichnung, welche sozusagen das einzige Synonym für das Tao im ganzen Buch ist, nämlich das „Eine" oder „Eins" (c. 10, 42), auch „Einheit“ (c. 39) genannt. In all diesen drei Fällen lautet das chinesische Wort ähnlich: „I“. Es ist vielleicht der einzige Ausdruck im Tao-te-ching, welcher als dem Tao gleichwertig betrachtet werden kann.

Von diesem „Eins“ heißt es im 42. Kapitel: „Eins erzeugt Zwei, Zwei erzeugt Drei, Drei erzeugt alle Wesen.“ Die genaue Bedeutung dieses „einen“ zu bestimmen, seine Beziehung zu der phänomenalen Welt näher zu umschreiben, ist das Ziel dieses Abschnittes. Bevor wir aber mit der Analyse der Texte beginnen, sehen wir die wichtigsten Ausdrücke, die zum Verständnis der uns gestellten Frage notwendig erscheinen, an.

„Himmel und Erde“ (T'ien-ti) ist sowohl im Chinesischen wie auch im Japanischen der stereotype Ausdruck für das All. Der andere Ausdruck, *„Die Zehntausend Wesen“* (wan-wu) bedeutet in beiden Sprachen die Gesamtheit aller Wesen; alles, was da lebt und existiert. Es gibt außerdem noch einen Ausdruck, die Gesamtheit der existierenden Welt anzudeuten: *„T'ien hsia“*, d. h. alles, was da *„unter dem Himmel“* ist, die Welt. Alle diese Ausdrücke kommen im Tao-te-ching häufig vor. Am häufigsten jedoch wird das „wan-wu“ (Zehntausend Wesen) gebraucht. Es besteht ein Nuance-Unterschied zwischen diesen Bezeichnungen, doch ist er im allgemeinen so gering, daß er, von einigen Fällen abgesehen, vernachlässigt werden kann.

„Ch'i“ (c. 10, 42): Es ist äußerst schwer, eine Definition für dieses Wort zu finden. Bodde vergleicht es mit der „materia“ des Aristoteles (vgl. *6.8*, 85, Anm.). Chan übersetzt es mit „material force“ und auch durch „vital force“. Es könne, so schreibt er, sowohl Energie wie Materie bedeuten (im Gegensatz zu „li“, dem formalen Prinzip). Ursprünglich soll es eine innere psychologische Kraft bedeutet haben, in Zusammenhang mit Blut und Atem (*6.1*, 784). M. Porkert gibt eine naturwissenschaft-

liche Erklärung; er nennt das ch'i „konstellierte Energie" oder „energetische Konstellation" (*6.72*, 424, 435).

„T'ai ki": Manche chinesische Kommentatoren haben es mit Shang-ti (Der Allerhöchste, „Gott") gleichgesetzt. Ricci protestierte gegen diese Identifikation in einem Brief an den Bonzen Yü Te-yüan. In einem anderen Brief an den General der Gesellschaft Jesu (Cl. Aquaviva) schreibt er: „T'ai ki" sei nichts anderes als die „materia prima" der Scholastiker, „nihil mea quidem sententia aliud est, quam id quod nostri philosophi dicunt materiam primam" (*8.2*, 252). Tien meint dagegen, das „t'ai ki" habe mit der „materia prima" nichts zu tun, es sei eher dem Chaos des Hesiod ähnlich (*6.78*, 182). Die Beschreibung des „t'ai ki" durch K'oung Ing-Ta (574–645) gilt heute noch in China und in Japan als eine der meistzitierten Definitionen des „t'ai ki": „C'est la matière primordiale de l'univers à l'état gazeux, quand toutes choses étaient encore en confusion, avant la formation du ciel et de la terre" (181). Eine Art potentielles Sein; eine innere, immanente Eigenschaft des yin-yang, die Grundlage und die Voraussetzung der Dinge und ihrer Entwicklung (182).

„Yin-yang": Nach chinesischer Auffassung gehört jedes Ding und jede Erscheinung dem einen oder anderen dieser „Prinzipien" an: Licht-Dunkel, Sonne-Mond, Wärme-Kälte, Obere-Untertanen, Vater-Sohn, Eltern-Kinder, Mann-Frau, männlich-weiblich ... Yin und yang stellen in jeder Polarität – nicht den Gegensatz noch den Widerspruch, sondern – das Aufeinanderbezogensein und die gegenseitige Entsprechung dar. Alle Dinge und alle Erscheinungen können also auf das yin-yang bezogen werden. Sie sind keineswegs dualistische Prinzipien, sie sind „modus" der einen Wirklichkeit (*7.18*, 414). Tien nennt sie „modalités" (*6.78*, 140). Sie sind auf kei-

nen Fall antithetisch, sondern „polare, man könnte sagen komplementäre Kräfte“ (vgl. *8.1*, 108). Oft werden sie als kosmische Kräfte verstanden, durch die das Tao in der phänomenalen Welt wirkt.

b. Nach diesem, etwas lang gewordenen Exkurs können wir zum Thema unserer Untersuchung zurückkehren, nämlich zu dem Problem des „Einen“.
Es mag vielleicht auffallen, daß das Tao in bezug auf Himmel und Erde nie Mutter genannt wird. Der Name „Mutter“ steht immer mit den Zehntausend Wesen oder mit der Welt (t'ien hsia) in Zusammenhang. Als „Urgrund“ bezieht es sich bald auf Himmel und Erde, bald auf die Welt, aber nie auf die Zehntausend Wesen. Tao als das „Eine“ dagegen wird unterschiedslos sowohl mit Himmel und Erde als auch mit der konkreten Welt der Dinge in Zusammenhang gesehen.
Die wichtigste und zugleich die schwierigste Stelle, die hinsichtlich des „Einen“ untersucht werden muß, bilden die Anfangsverse des 42. Kapitels: „Tao erzeugt Eins, Eins erzeugt Zwei, Zwei erzeugt Drei, Drei erzeugt alle Wesen. Alle Wesen tragen das ruhende yin und umfassen das bewegende yang. Der vermittelnde Lebensodem bewirkt die harmonische Vereinigung“ (c. 42).
Die Kommentare stimmen ziemlich überein in der Gleichsetzung des Tao mit dem „Einen“, wovon in Kapitel 10, 30 und 42 die Rede ist. Nur der oben zitierte Anfangsvers des 42. Kapitels ist verwirrend. Wie kann das Tao das „Eins“ erzeugen, wenn es selber das Eine ist? Fung Yu-lan versucht die Erklärung, das Eins sei vielleicht mit dem „Sein“ des 40. Kapitels identisch, wo gesagt wird, daß alle Wesen aus dem Sein, das Sein aber aus dem Nichtsein entsteht; wobei Sein das Eine, Nichtsein das Tao bedeuten würde. In dieser Voraussetzung könnte man den Anfangsvers des 42. Kapitels so for-

mulieren: Das unseiende Tao erzeugt das Seiende (Tao), wozu zu bemerken ist, daß Nichtsein und Sein bloß zwei Aspekte des Tao sind; Fung Yu-lans Erklärung steht zwar nicht in Widerspruch mit dem Gedankengang Lao-tzus, doch erscheint sie mir forciert.

Wang Pi, einer der ältesten Kommentatoren des Tao-te-ching, führt die Vielheit des Kosmos auf die Einheit, auf das Eine zurück. Allerdings ist das „Eine" des Wang Pi nicht das „i" des Tao-te-ching, sondern das „T'ai ki". Dieses „T'ai ki" ist nach ihm für die Ordnung und die Einheit im Kosmos verantwortlich. Wang Pi erklärt das I-ching aus dieser Vision heraus: Das Viele kann unmöglich das Viele dirigieren. Bewegung ist noch keine Erklärung für die Bewegung. Der Ursprung kann unmöglich dualistisch sein. Nur das Eine vermag das Universum zu lenken. Das bedeutet aber, daß das ordnende, lenkende Prinzip der Welt unbedingt eins sein muß. Needham meint, Wang Pi habe bei dieser Erklärung wahrscheinlich an das Tao gedacht (*6.18*, 322; vgl. noch *6.79*, 104).

Das Eine (oder das „Eins") ist in der Auffassung von Wang Pi das Erste und zugleich das Letzte. Alle Dinge werden durch das Eine hervorgebracht, und alles gelangt nur durch das Eine zur Vollendung, zur Vollkommenheit (Wang Pi, Kommentar zu Lao-tzus 39. Kap., in: *6.1*, 323). In seinem Kommentar zum 40. Kapitel sagt er: Die Zehntausend Dinge müssen einen Herrn haben, alle Wesen kommen aus dem Nichtsein hervor. Gerade in diesem Hervorkommen erkenne ich ihren Herrn. Der Herr ist aber Einer (ebd. 323).

Wang Pis Gedanke ist klar: Hinter der Vielheit der Erscheinungen muß eine einzige Ursache da sein. Mit anderen Worten: der Urgrund, die „ratio sufficiens" der existierenden Welt, ist das Eine, das „Eins". Nach Needham sieht das ordnende, einigende Prinzip des Wang Pi dem „movens non motum“ des Aristoteles sehr ähnlich (*6.18*, 322).

Auch der Japaner Kannó sieht in dem Einen das „T'ai ki“ oder das ursprüngliche „ch'i“. Er beruft sich auf Chuang-tzu (der sagt: Das Tao war schon vor dem „T'ai ki“ da) und behauptet, daß das Tao (welches das spontane Nichts, das „Nicht-T'ai-ki“ ist) es ist, welches das „T'ai ki“ hervorbringt (*3.5*, 253 f.).

Suzuki wirft dem Verfasser des Tao-te-ching eine Ungereimtheit im Tao-Begriff vor. Für Lao-tzu ist das Tao, so schreibt er, nicht nur das formale Prinzip des Universums, sondern zugleich auch der Urstoff der Welt („primordial matter“). Lao-tzu war sich wahrscheinlich nicht bewußt, fährt Suzuki fort, daß er offensichtlich zwei verschiedene Begriffe des Tao unterschoben hat. Sehr wahrscheinlich schwebte Suzuki das Tao als das „T'ai ki“ vor, als er diesen Satz niederschrieb (*6.20*, 27 f.).

Wie schon erwähnt wurde, spricht auch Wang Pi in seinem Kommentar zu I-ching von dem „T'ai ki“, doch sollte man sich daran erinnern, daß das Wort „T'ai ki“ in dieser Bedeutung im Tao-te-ching kein einziges Mal vorkommt. Es spielt aber in den späteren taoistischen und neokonfuzianischen Spekulationen eine desto größere Rolle. Dieser Umstand mahnt zur Vorsicht; es wäre ein Anachronismus, den vollen Inhalt mit all seinen Konnotationen bereits bei Lao-tzu finden zu wollen.

c. Wiederholen wir die Frage: Ist dieses „Eine“ dem Tao identisch? In Kapitel 22 und 39 ist mit der „Einheit“ ohne Zweifel das Tao gemeint. Dann aber sollte es auch hier, im 42. Kapitel, der Fall sein. Es ist nicht anzunehmen, daß Wang Pi (oder Lao-tzu) das „Eine“ als eine vom Tao distinkte Wirklichkeit, als ein von ihm unterschiedenes, selbständiges Wesen gedacht hat. Der Taobegriff, den wir bis jetzt erarbeitet haben, schließt jegliche Zweiheit, jeden Dualismus des Urgrundes von vornherein aus. Auch wenn die Formulierung des 42. Kapitels etwas verwirrend wirkt, müssen wir aus dem Zusammenhang gemäß dem Sinn die richtige Bedeutung dieser Aussage ermitteln.

Ōhama möchte das Tao nicht ohne weiteres mit dem „Einen“ gleichstellen. Das Eine bezieht sich nach seiner Auffassung auf einen (beschränkten) Aspekt des Tao als Sein. In dieser Voraussetzung würde das Eine noch nicht das „Sein“ (Tao als das Sein) bedeuten, sondern bloß „den Anfang des Seins“. In diesem Zustand sind die schöpferische Kraft des Tao und das potentielle Sein noch nicht voneinander getrennt (*3,7*, 20). „Tao erzeugt das Eins“ würde nach dieser Hypothese der Ausdruck für dieses Verhältnis sein.

Es ist nicht überflüssig, gerade hier sich daran zu erinnern, daß die Zahlen im chinesischen Denken oft nicht so sehr quantitative als vielmehr qualitative Konnotationen besitzen. Die Hauptfunktion der Zahl ist nicht selten, „die Charakteristika von Orten und die innere Ordnung des Raum-Zeit-Gefüges anzugeben“ (*6.9*, 134). In diesem Fall würden die Zahlen im 42. Kapitel (Eins, Zwei, Drei) die innere Ordnung des schöpferischen Prozesses des Tao andeuten.

Das „Eine“ wäre einfach das Symbol einer Einheit, „symbole de l'unité-totalité“ (*4.51*, 48). Das Prinzip dieser Einheit ist selbstverständlich das Tao. – „La Voie n'est pas un principe créateur abstrait ... Elle est plutôt elle-même le principe d'unité.“ Es wirkt durch das yin-yang. Das ist der Gedanke Duyvendaks (*3.1*, 103). Daher übersetzt er den ersten Vers des 42. Kapitels („Tao erzeugt das Eine“) überhaupt nicht, da er der Ansicht ist, diese Worte gehören gar nicht zum Text. Er rechtfertigt sich mit Huai Nan-tzu (2. Jahrhundert v. Chr.), der diese Worte ebenfalls wegließ. Auch Kaltenmark er-

wähnt diese Tatsache. Er ist trotzdem der Meinung, mit der Berufung auf Huai Nan-tzu allein könne man das Weglassen der ersten Worte nicht genügend begründen. Nach ihm gehören sie bestimmt zum Text, wie man es aus Chuang-tzu (12. Kapitel) beweisen kann. Bei Chuang-tzu wird das Hervorkommen des Einen aus dem Unsichtbaren ähnlich beschrieben, wie bei Lao-tzu. Er meint, die „absolute Lehre" des Chuang-tzu und das „Tao" des Lao-tzu seien miteinander identisch (*4.51*, 49). (Vgl. den Text von Chuang-tzu bei Wieger; Les Pères du systhème taoiste, Chuang-tzu, 12/H, *3.8*, 298 f. oder R. Wilhelm, Dschuang-Dsi, *2.12*, 12).
Es würde uns aber zu weit führen, wenn wir alle Kommentare zu diesem Text anführen wollten. Ich möchte nur noch ein Beispiel bringen für einen modernen Erklärungsversuch. Ch'u Ta-kao zitiert in seiner Lao-tzu-Übersetzung die Worte von Yen Fu: Tao ist das Ursprüngliche, das Absolute. In seiner Herablassung erzeugt es das Eine. Wenn das Eine erzeugt ist, wird das Tao relativ; durch die „Erzeugung des Einen" wurde es relativ. Jetzt sind ihrer „Zwei". Vergleicht man die „Zwei" miteinander, entsteht ihr Gegenpol und das „Drei" ist da (*4.17*, 57).
Es hört sich wie ein Wortspiel an. Wenn man sich aber vor Augen hält, was wir schon über die Zahlen im chinesischen Denken sagten, kommt es einem vielleicht gar nicht mehr fremd vor. Es geht ja in diesem Text nicht so sehr um die Zahlen eins, zwei, drei, auch nicht um die Distinktion oder Identität. Vielleich geht es ausschließlich um den unaussprechlichen, schöpferischen Prozeß, den Werdegang des Tao, um sein Verhältnis zur phänomenalen Welt. Die Zahlen bezeichnen nicht die Dinge in der quantitativen Ordnung, sondern bloß die Relationen. Wir würden uns hüten, in diesem Fall von Wirklichkeiten zu sprechen. Die Chinesen machen keinen scharfen

Unterschied zwischen numerisch verschiedenen Entitäten und ihren Beziehungen untereinander. Sollte dieselbe Entität mehrere Relationen zu verschiedenen Realitäten, oder verschiedene Beziehungen zum selben Ding aufweisen, werden auch diese Relationen den Realitäten gleichgestellt und gezählt.

Lao-tzu erklärt nirgends ausdrücklich, was das „Eine" eigentlich ist. Ho Shang-kung forscht darum auch nicht weiter: wenn Lao-tzu keine Antwort auf diese Fragen geben wollte, will auch er nicht mehr darüber wissen. In seinem Kommentar gibt er sich damit zufrieden (vgl. *5.41*, 80). Yang (Kahlenbach) sieht, seinen materialistischen Prinzipien entsprechend, im Einen das Chaos, welches aus den unsichtbaren Teilchen des „Ch'i" bestehend, sich in (noch) unbestimmtem, nebelartigem Zustand befindet (*3.10*, 43). Im allgemeinen aber stimmen die Kommentare darin überein, in dem Einen das Tao zu sehen, da der Primat des Tao aus dem ganzen Buch eindeutig hervorleuchtet.

Sollte das Tao in diesem Kapitel trotzdem nicht identisch sein mit dem Einen, gefährdet es die Alleinigkeit des Tao kaum, weil sie aus den anderen Paralleltexten leicht sichergestellt werden kann. Man hätte höchstens eine Inkonsequenz des Verfassers vor sich. Ich halte es aber für viel wahrscheinlicher, daß es sich nur um einen Mangel an präzisem Ausdruck handelt, wie es im Tao-te-ching nicht selten vorkommt. Also um eine Inkonsequenz der Terminologie, nicht der Gedanken. Der Text ist in seinem heutigen Zustand offenbar zweideutig.

d. Die zweite Hälfte dieser recht schwierigen Stelle bietet nicht mehr so große Probleme. „Das Eine erzeugt Zwei, Zwei erzeugt Drei, Drei erzeugt alle Wesen." Unter dem „Zwei" versteht man entweder Himmel und Erde oder das yin-yang. Die Vertreter der Yin-yang-Theorie sind in der Mehrzahl. Schon Ho Shang-kung legt den Text in diesem Sinne aus. Ihm folgen viele namhafte Kommentatoren nach: Julien, Maspéro, Duyvendak, Strauss, Wilhelm, Kannó. Fung Yu-lan dagegen sieht in dem Zwei das Begriffspaar „Himmel-Erde" ausgedrückt (*6.6*, 179). Óhama macht auch hier eine scharfe Distinktion: Das „Zwei" ist seiner Wirkung nach das yin-yang, seiner Form nach bedeutet es Himmel und Erde (*3.7*, 21). Das „Drei" ist dann entweder Himmel-Erde-Mensch (Yang, 43), oder yin-yang und die aus ihrer Vermengung entstandene Harmonie (*6.6*, 179). Strauss denkt an den „Lebensodem", statt an die Harmonie (*4.85*, 309). Sowohl bei Fung Yu-lan wie auch bei Strauss liegt der Akzent auf der Verbindung, also auf der Harmonie von yin-yang. Wieder haben wir also einen klaren Beweis dafür, daß die Zahl nicht unbedingt quantitativ aufgefaßt zu werden braucht. Die Harmonie zwischen yin und yang gehört sicher nicht auf dieselbe Ebene der Realität, wie die zwei Modalitäten selber. Harmonie ist Verhältnis, oder besser gesagt, das Ergebnis von Beziehungen.

Es ist überflüssig, hier alle Ansichten zu untersuchen. Die meisten Interpretationen befassen sich mit spitzfindigen Spekulationen über yin und yang, die doch noch äußerst rudimentär im Tao-te-ching vorhanden sind. Um den Begriff des Tao klar herauszubekommen, genügt es vollständig, das Verhältnis des Tao (als Ursprung) zu diesem komplizierten Erzeugungsprozeß deutlich zu machen, d. h. die Rolle, die es darin spielt, genau zu umschreiben. Denn darum geht es hauptsächlich.

Tao kann je nachdem bald als das „Eins", bald als das „Zwei" angesehen werden. Das Tao = das Nichtsein (wu-ki: Nicht-Anfang) wandelt sich in das Sein = T'ai-ki, Uranfang. In diesem Fall würde das Sein die zweite Stufe, das zweite Stadium in der Offenbarung des Tao bedeuten. Das ergibt aber „à la chinoise" schon Zwei. –

Schon im ersten Kapitel wurde zwischen den beiden Stadien des Tao unterschieden (Nichtsein-Sein, Namenlosigkeit-Namenhaftigkeit). Die Chinesen würden keine Bedenken haben, hier von einer „Zweiheit", von „Zwei" zu sprechen. Wenn es also im Tao selbst eine Zweiheit gibt, so ist es *diese Art* von Zweiheit.
Das Tao wird wiederholt unmittelbar mit Himmel und Erde in Zusammenhang gebracht. Aus dem 42. Kapitel allein würde man geneigt sein, an eine direkte Verbindung zwischen dem Tao und dem yin-yang zu denken, weil das yin-yang eben unmittelbar auf die Aufzählung von Eins, Zwei, Drei folgt. Der Gesamteindruck aber zwingt uns, in dem Zwei eher Himmel und Erde als das Begriffspaar yin-yang zu vermuten. Die Rolle des yin-yang ist zur Zeit Lao-tzus noch zu sehr im Dunkel, zu rudimentär herausgearbeitet, als daß man daraus weitgehende Schlußfolgerungen ziehen könnte.

e. Daß das Tao bei diesem Prozeß die Initiative hat, wird von niemandem bezweifelt. Der Prozeß nimmt von dem Einen seinen Anfang. Dort entzweit sich der Lauf der Weiterentwicklung. So müssen wir dieses „Eine" noch eingehender untersuchen.
„Was einmal Einheit erhielt: Himmel erhielt Einheit, damit reinen Glanz. Erde erhielt Einheit, damit Ruh und Rast, Geister Einheit, damit den Verstand, Bäche Einheit, damit vollen Rand, alle Wesen Einheit, damit Leben, Fürst und König Einheit, damit der Welt das Richtmaß zu geben. Das bewirkt die Einheit" (c. 39). Auffallend genug ist schon der Umstand, daß an erster Stelle Himmel und Erde stehen. Würde das ein weiterer indirekter Hinweis sein, daß mit dem „Zwei" des 42. Kapitels nicht das yin-yang, sondern Himmel und Erde gemeint sind? Man hat den Eindruck, daß diese Lösung besser mit dem Kontext in Einklang steht.

Gleich nach Himmel und Erde sind die Geister genannt, die sonst im Tao-te-ching eine sehr unbedeutende Rolle spielen. Schon die Tatsache, daß sie, abgesehen vom 6. Kapitel, nur noch einmal vorkommen, erweckt den Eindruck, daß sie nur so nebenbei erwähnt sind. In der chinesischen Auffassung ist die zivilisierte, bewohnte Welt die des Tao, also die Welt der Ordnung, die Welt der Menschen, die sich dem Weg der Natur fügen. Die Götter, Geister und die Barbaren haben in diesem wohlgeordneten Universum keinen Platz. Ihnen werden die entlegendsten Winkel der Welt zugewiesen. Dort, an den verschwommenen Säumen der Welt fristen Ungeheuer, „göttliche" Wesen und die Barbaren ihr klägliches Dasein, um in jenen Räumen dahinzudämmern (*6.9*, 268). Granets Beschreibung ist zwar etwas episch-pathetisch gefärbt, doch stimmt es sicher, daß die geistigen Mächte (Geister, Götter) im Tao-te-ching nicht sehr hoch geschätzt sind. Ihre Macht ist nicht so groß, wie man es vermuten würde. Selbst ein Mann des Tao vermag sie in Schach zu halten; die Kenntnis des Tao gibt dem Menschen die Macht über die Götter (I-ching, Da Dschuan, II. Abt. IX/9, 10, 238; vgl. H. Wilhelm *2.3*). Mit Ausnahme des 6. Kapitels ist diese Stelle die einzige im ganzen Buch, wo die Geister günstig und wohlwollend beurteilt werden. Man wird aber alsbald daran erinnert, daß sie ohne das Tao gar nichts sind. Wären sie ohne geistige Kraft – die sie ganz und gar von dem Einen erhalten –, würden sie völlig aufhören zu existieren („würden sie zerfließen", Strauss).

Die Eigenschaften des Himmels, der Erde, der Geister sind: Glanz, Ruhe, Geistigkeit, Fülle, Leben, Richtmaß. Sie scheinen die Charakteristika der einzelnen aufgezählten Realitäten anzudeuten, durch welche der Himmel Himmel „par excellence", die Erde Erde, die Geister Geister sind. Mit anderen Worten: es wird das Wesent-

liche, ja das Wesen jedes einzelnen Dinges suggeriert, das Typische an ihm. Und gerade dieses Wesentliche kommt von dem Einen. Ohne das Eine (Einheit und Eine: das chinesische Zeichen ist in beiden Fällen genau dasselbe; man könnte auch hier die „Einheit“ durch das „Eine“ ersetzen) gäbe es zuerst überhaupt nichts, und zweitens würde nichts das sein können, was es sein sollte. Das bedeutet aber, daß die Existenz und die Wesensbestimmung aller Wesen unmittelbar von dem Einen abhängt. Die im Text angeführten Beispiele wollen natürlich keine erschöpfende Liste darstellen. Sie sind bloß typische Repräsentanten der Zehntausend Wesen.
Das unwandelbare Tao geht durch alle Wesen (c. 25), durch alle „Größen“ der Welt, durch Himmel und Erde, durch den König (c. 25). Tao ist wahrlich groß, es ist größer als die Größen der Erscheinungswelt. Ohne das Tao wären sie nicht nur keine Größen: sie würden überhaupt nicht sein …

f. Merkwürdigerweise endet das 39. Kapitel über das „Eine“ mit dem Lobpreis der Demut, mit einem Loblied auf das Geringe, auf das Niedrige und mit dem Rat: man täte am besten daran, „das Geringe zu seiner Wurzel zu machen“. Was hat das mit dem „Einen“ zu tun? Das Rätsel wird noch größer, sobald man dieses Kapitel mit der seltsamen Wendung am Ende des 22. Kapitels vergleicht. Auch dort hebt Lao-tzu die Bescheidenheit, das „Sich-Nicht-zur-Schau-Stellen“, das „Sich-Nicht-Erheben-Wollen“ hervor, und zwar mit ausdrücklichem Hinweis auf das Eine. „Daher umfaßt der heilige Mensch das Eine und wird der Welt Vorbild“ (c. 22). Ein solcher sieht sich nicht an, darum leuchtet er. Er ist sich nicht recht, darum zeichnet er sich aus (c. 22).
Im allgemeinen sollte man eher vorsichtig sein mit solchen „Zusammenhängen“. Wir wissen ja, daß die Eintei-

lung des Tao-te-ching in genau 81 Kapitel rein willkürlich oder zumindest stark tendenziös ist (sie stammt angeblich von Ho Shang-kung). Ein Text des Tao-te-ching, der im Jahre 708 in eine Steinstele eingemeißelt wurde, besteht aus 64 Kapiteln. Chinesische Kritiker haben den Text später wieder anders eingeteilt. Es gibt Ausgaben mit 68 Kapiteln. Die textkritische Ausgabe von Ma Hü-lun und Yang Gia-lo (1924 und 1957) teilt das Ganze in 180 kleine und in 14 größere Teile auf. Auch Duyvendak hat sich von dieser Ausgabe beeinflussen lassen (vgl. *4.92*, 17–19).

Im 22. Kapitel steht aber das Wörtchen „daher“. Es ist der einzige Anhaltspunkt dafür, daß doch eine, vielleicht sogar innere, Verbindung zwischen dem „Einen“ und der gepriesenen Niedrigkeit besteht.

Im 42. Kapitel verbindet Lao-tzu das Yin-yang-Paar mit dem vermittelnden Lebensodem (Chan: „vital force“). Das erscheint auf den ersten Blick recht merkwürdig. Im 10. Kapitel stehen der Lebensodem und das „Eine“ in gegenseitiger Verbindung. „Wer dem Geist die Seele[5] eingibt und Einheit umfängt, kann ungeteilt sein. Reguliert er den Lebensodem bis zur Nachgiebigkeit, kann er wie ein Kindlein sein.“ Die Einheit (das Zeichen ist auch hier genau dasselbe wie im 42. oder im 39. Kapitel – „i“) – mit Hilfe der Regelung des Atems – befähigt einen zur Kindheit, zum „Wu-wei“, zum Öffnen und Schließen der Himmelspforten, zum Nichtwissen, zur Vogelmutter (to play the „feminine part“) (Wu); lauter Begriffe und Bilder, die vor allem dem

[5] Chan übersetzt diesen Vers wie folgt: „In keeping the *spirit* and the *vital soul* together.“ Bei Elorduy steht „mantener unidos el *cuerpo* y el *alma*“. – Die Chinesen unterscheiden zwischen zwei „Seelen“, oder besser gesagt zwischen zwei Gruppen von Seelen, die einen „commandant le souffle et les fonctions supérieures“, die anderen „attachés au sang, aux os, et d'une façon générale à la vie organique“ (*4, 51*, 78).

Tao zugeschrieben werden und dann von dem „Mann des Tao“ verlangt werden. Das „Eine“ bewirkt in einem solchen Menschen, daß er belebt und ernährt, erzeugt und nicht besitzt, wirkt und nichts darauf gibt, erhält und nicht beherrscht. Das heißt „tiefe Tugend“ (c. 22).

Nun gehen wir zum Kapitel 42 zurück. Am Ende dieses merkwürdigen Kapitels stehen dunkle Anspielungen auf die „Wenigkeit“ und das „Unwürdige“, welches von Fürsten und Königen begehrt wird. Damit ist das Bild voll: Das „Eine“ wird zuerst vorgestellt als eine schöpferische Kraft, als der Urgrund und die lebenspendende Quelle, von der alles ausgeht. Weder das „Zwei“ noch das „Drei“ scheinen dabei in den zitierten drei Kapiteln eine Zentralrolle zu spielen. Das Wort „ch'i“ scheint zwar im Kapitel 42 eine kosmische Note zu besitzen, ihre Spitze aber wird durch das 10. Kapitel beträchtlich abgeschwächt.

Der Ausdruck im 10. Kapitel: Den Atem verringern, war für manche Sinologen der Anlaß dazu, bei Lao-tzu Spuren der indischen Atemübungen zu suchen. So z. B. Conrady, Kingsmill, Grill. Chan hält diese Auffassung für unbegründet, da solche Atemübungen mit dem späteren religiösen Taoismus zusammenhängen. Man soll eine spätere Praxis nicht in so frühe Texte hineininterpretieren (*6.1*, 144, Kommentar zu Kap. 10). Auch Kaltenmark ist vorsichtig in dieser Hinsicht: Wir sind ziemlich gut über taoistische Atemübungen unterrichtet, schreibt er, aber, um ehrlich zu sein, man muß eingestehen, daß man nicht recht weiß, worin diese Konzentration des Atems bestand, wovon im 10. Kapitel die Rede ist (*4.51*, 79).

Der kosmisch-schöpferische Charakter des Einen (oder der Einheit) wird ausgeglichen und ergänzt durch seine Verbindung mit dem Niedrigen, mit dem „Kind-sein“, Wu-wei, Nichtwissen, mit der Demut und mit dem

Weiblichen. Hinter all diesen dunklen Bildern und fast rätselhaften Andeutungen steht das Eine, das Tao. Es tut zwar diese wunderbaren Wirkungen, es ergreift in allem die Initiative, zieht aber trotzdem vor, im verborgenen zu bleiben. Es sucht das Niedrige, das Kleine, das Wertlose, das Weibliche und zieht sich so stets in das Unauffallende, Bescheidene, das Wertlose zurück. In stets wechselnden, immer neuen Bildern und Gleichnissen ausgedrückt (obwohl nicht so deutlich und nicht immer in solch überzeugendem Zusammenhang geschildert), steht immer wieder dasselbe Wesen vor uns, welches sich je und je ins Nichtwesen zurückwendet...
Mir scheint es treffender, die Lösung eher in dieser Richtung zu suchen als in komplizierten kosmogonischen Vermutungen, die ohne Zweifel gerade in diesen Kapiteln, allerdings nur sehr rudimentär und zerstreut, auftreten.

g. Zusammenfassend könnte man den Gedankengang des Tao-te-ching auf die folgende Weise schematisch anschaulich machen:

A.

1) Himmel – Erde t'ien ti	Die 10 000 Wesen wan-wu	Die Welt t'ien hsia
2) Tao als Urgrund, Anfang shi	Tao als Mutter mu	Tao Urgrund & Mutter shi – mu
3) Tao als Nichtsein das Namenlose wu-yu, wu-ming	Tao als Sein, das Namen-Habende yu, yu-ming	Tao als Wesen unbegreiflich – vollkommen wu hun ch'eng

(Nach Óhama, *3.7*, 15 f.).

B. ——————————>——————————>

1. Das Namenlose (Tao) ist der Urgrund des Himmels und der Erde.
   Das Namen-Habende ist die Mutter der 10000 Wesen *(Kap. 1)*.
2. Tao + Himmel – Erde + Welt (10000 Wesen).
3. Nichtsein – Sein – Welt (10000 Wesen) *(Kap. 40)*.
4. Yin-yang – Harmonie – vermittelnder Lebensodem *(Kap. 42)* ho ch'ung ch'i.
5. Tao – Eins – Zwei – Drei – Alle Wesen (10000 Dinge)
   ch'i yin + yang-yin + yang + vermittelnder Lebensodem ch'ung ch'i *(Kap. 42)*.

(Nach Kimura, *3.6*, 566 f.)[6]

[6] Anmerkungen zu Kimuras Schematismus:

Yin-yang: eine allgemeine, doppelförmige Manifestation (Existenzform) des ch'i („vital force, energy“, Chan); ein – die Welt hervorbringendes, gestaltendes – Doppelprinzip (nicht im Sinne eines Dualismus) (561).

Das „Eine“ des 39. Kapitels soll ursprünglich das „Alleinige Tao“ geheißen haben (408).

Eins, Zwei, Drei (Kap. 42) sind nach Kimura die drei Stufen, drei Stadien des „ch'i“. Das Tao dieses Kapitels soll nach ihm mit dem „wu hun-ch'eng“ (Wesen, unbegreiflich, vollkommen) identisch sein. Eins = ch'i – Zwei = yin-yang – Drei = ho ch'i (Harmonie, nagoyaka na) (419).

2. Schöpferische Spontaneität (Tzu-jan)

a. Auf welche Weise beeinflußt nun das Tao – das Eine – den Prozeß des Werdens und der Entstehung der Welt? Lao-tzu deutet die Natur dieser Beeinflussung durch zwei Ausdrücke an, durch das „wu-wei" und durch das „tzu-jan".

Das Wort „tzu-jan" bedeutet Spontaneität, Freiheit von äußeren, fremden Einflüssen. Aber nicht nur das. „Tzu-jan" kann die innere Natur, das innerste Wesen bedeuten, die vollkommene Identität, die Übereinstimmung und die Harmonie mit sich selbst; die Fülle des Wesens, das Sein auf der Höhe seiner Selbstverwirklichung.

„Tzu-jan" hängt im Tao-te-ching mit dem „wu-wei" eng zusammen. Wenigstens dem Sinne nach. So hilft uns das eine, das andere zu verstehen. Im ganzen finden wir diesen Ausdruck fünfmal im Buch. Im 17. Kapitel sagen die Leute nach vollendetem, verdienstlichem Werk: Wir selbst haben es vollbracht, ganz frei haben wir es erreicht durch einfaches Folgen der Natur. Also nicht gezwungen, nicht mit angeberischem Voluntarismus haben wir es getan, aber auch ganz ohne jegliche äußere Hilfe. Nicht viel reden ist „naturgemäß" (tzu-jan). Besser ist es, der Natur zu folgen als viel reden. Denn die Natur spricht nicht. Hier wird das Prinzip des „wu-wei" auf das Sprechen angewandt. Es, das „wu-wei" ist ja das Ideal (c. 23). – So wie der Wirbelwind keinen Morgen hindurch währt, wie der Platzregen nicht den ganzen Tag andauert, so besteht auch die Vollkommenheit nicht in vielem Gerede. Der „natürliche" (tzu-jan) Zustand ist das Schweigen, die Stille.

Im 51. Kapitel wird das Wort „tzu-jan" im Sinne von „spontan, freiwillig, aus sich selbst heraus" verwendet. „Taos Verehrung, seiner Tugend Wertschätzung ist niemandes Gebot und immerdar freiwillig." Das ist gerade die Art und Weise des Tao. Das ist seine „Methode". Es läßt die Dinge, auch die Menschen, möglichst frei und unbehindert ihren eigenen, natürlichen Weg gehen. Es mischt sich nirgends ein, es will niemanden überreden. Nach vollendetem Werk, nach dem Vollzug von etwas Verdienstlichem, zieht es sich zurück (c. 9). Darin besteht der Weg des Himmels, das „Tao" des Himmels.

Der Weise, der heilige Mensch (der sich das Tao zum Vorbild macht) „begehrt, nicht zu begehren, lernt, nicht zu lernen ... Allen Wesen verhilft er zu ihrer Freiheit und wagt doch nichts zu tun" (c. 64). Wu übersetzt diese Stelle: „He only helps all creatures to find their own nature, but he does not venture to lead them by the nose" („He supports all things in their natural state", Chan).

Wir sehen also, wie eng das „tzu-jan" mit dem „wu-wei" verbunden ist. Das Ziel des „wu-wei" ist eben dieses „tzu-jan". „Tzu-jan" ist die Norm für das „wu-wei". Wu-wei ist nie Ziel für sich selbst. Es ist bloß eine Methode zu dem eigentlichen Ziel, zu „tzu-jan".

Nun wird aber von dem Tao im 25. Kapitel (einem der wichtigsten Kapitel des Tao-te-ching) gesagt, es gäbe nur eine Norm für seine Haltung, nur ein Gesetz für seine Handlung, für sein Wirken und Tun, nämlich das „tzu-jan": „Des Menschen Richtmaß ist die Erde, der Erde Richtmaß ist der Himmel, des Himmels Richtmaß ist das Tao, Taos Richtmaß ist sein Selbst" (tzu-jan).

Taos „standard is intrinsic", d. h. „it follows *its own nature*" (Carus, *4.12*, 110).

„La voie se règle sur le *cours naturel*" (Duyvendak *3.1*, 57).

„Tao's standard ist the *Spontaneous*" (Fung Yu-lan, *6.6*, 178).

„The law of the Tao is *its own being* what it is" (Legge, *2.10*, 116).

„Tao follows its *own ways*" (Wu) (*3.9*).
„Und der Sinn (Tao) hat *sich selbst* zum Vorbild" (Wilhelm) (*4.99*).
„Tao is *by nature itself*. There is nothing else which it could take for its model." (Ho Shang-kung, bei Erkes) (*5.41*).
„Michi wa onozukara só aru tokoro ni katadoru: das Tao ist von sich selbst *so, wie es* ist" (Hara) (*3.3*).
In diesem Kapitel redet Lao-tzu über die sogenannten „Größen" der Welt, d. h. über den Menschen, die Erde und den Himmel. All diese Größen haben einen noch Größeren über sich, dem sie zu gehorchen haben. Nur das Tao hat keinen über sich. Es hat kein Richtmaß außer sich selbst. Seine Richtschnur ist seine eigene Natur, sein innerstes Wesen.

b. Es hängt sehr viel, ja sogar alles, davon ab, wie man diese Stelle interpretiert. Zwar muß der Begriff des Tao aus dem Ganzen der Zusammenhänge bestimmt werden, doch kann diese wichtige Stelle von entscheidender Bedeutung sein für das endgültige Ergebnis.
Zuerst eine historische Vorbemerkung: Im archaischen Denken am Anfang der dokumentarisch belegbaren Geschichte der Kultur herrscht ein Weltbild vor, welches als ein zyklisch-geschlossenes Weltbild charakterisiert werden kann. Der Gedanke der ewigen Wiederkehr (als eine eiserne, unabwendbare, unausweichliche Notwendigkeit), entweder in der Form der unendlichen Wiederholung desselben Prozesses oder in der Form unendlich vieler Zyklen, die am Ende eines jeden beendeten Kreislaufes vernichtet werden, um dem völlig neuen Zyklus Platz zu geben. In diesem geschlossenen Weltbild ist letzten Endes die Natur alles. Ihre Gesetze beherrschen das Gesamtbild. Die Götter und die Geister selber sind diesen Gesetzen unterworfen. Die Geschichte

bildet nur einen Teil dieses unabänderlichen Prozesses der Notwendigkeit. Der Mensch kann weder die eigene noch die allgemeine Geschichte lenken, geschweige denn selbst bestimmen oder entscheiden. Das einzige, was er zu tun hat, ist sich fügen. In diesem System würde die Regel lauten: Des Menschen Richtmaß ist die Erde, der Erde Richtmaß ist der Himmel, des Himmels Richtmaß ist die Natur (als zyklische Notwendigkeit gedacht). Damit schließt sich das Bild.

Nun aber wurde gerade dieses feste Weltbild um die Mitte der Jahrtausendwende vor Christus erschüttert. Eine unbekannte Unruhe befiel die größten Geister der damaligen Welt; eine bis jetzt noch nie verspürte Sehnsucht erfüllte die Menschen nach größerer innerer Freiheit. Eine dunkle Ahnung neuer Perspektiven bemächtigte sich der Denker der alten Welt von China über Indien, Persien bis nach Hellas. Ein großer Zweifel stieg in diesen Geistern auf: Vielleicht seien die notwendigen Gesetze des Kosmos (womit hauptsächlich die Erde und ihre Gesetze gemeint waren) gar nicht die letzten Instanzen in der Bestimmung des Schicksals der Welt und des Heiles der Völker und des einzelnen. Vielleicht gibt es eine andere, eine unendlich größere Realität als die blinde Natur. Ein schwer definierbares Verlangen nach Erleuchtung, nach Befreiung, nach Erlösung des tastenden Menschen machte sich bemerkbar in Europa und in Asien.

Mit diesem Zweifel, mit diesem Erahnen war das alte, archaische Weltbild aufgebrochen; neue, kühne, frische Visionen kündigen das Ergebnis dieses wirklich historischen Ereignisses an: der Buddhismus, Konfuzius, Zarathustra, Israels Propheten, die griechischen Philosophen, sie alle sind Zeugen und Künder der neuen Horizonte.

Die knappste Formulierung dieser Welterfahrung findet

sich in wenigen Zeilen ausgedrückt bei Lao-tzu: Der Mensch gehorcht der Erde, die Erde gehorcht dem Himmel, der Himmel gehorcht dem Tao. Himmel und Erde (und damit die alten Naturkräfte) werden „naturalisiert". Das Tao steht über allen Instanzen des alten Weltbildes hoch erhoben. Es überragt alle Größen, von denen man fest geglaubt hatte, sie seien wirklich die letzten, die höchsten Instanzen gewesen.

Diese große Entdeckung war keineswegs die Entdeckung eines einzigen Menschen. Es war die Entdeckung der Menschheit. Buddha, Konfuzius, Lao-tzu, Zarathustra, Heilige und Philosophen waren bloß ihre Propheten und ihre Sprachrohre, jeder nach seiner eigenen Art, nach seinen kulturell-soziologisch bedingten Möglichkeiten.

Man begann offen an den alten Legenden, Göttern und Heilsmitteln zu zweifeln. Man fing an, über die neuentdeckte Welt zu philosophieren; diese Spekulation wurde freilich noch nicht allzu weit getragen. Selbst die Griechen wollten (oder wagten noch) nicht ihre definitive Meinung, z. B. über das Problem: Gott oder Götter, aussprechen. Die Frage blieb unentschieden. Allein Israel hat den Mut aufgebracht, eine klare Stellung zu dieser Frage herauszuarbeiten. Aber auch dort ging es nicht ohne Zwischenfälle. Viele, viele Jahrhunderte lang wird noch die alte Welt ihre Koexistenz behaupten, ihre Ansprüche erheben.

In Indien und in China lag die Situation anders. Dort wurden die Probleme nie so scharf zugespitzt wie im Abendland. Dort hat man es verstanden, die zwei Welten, oder besser gesagt die gespaltene Welt, miteinander und mit dem eigenen Leben zu versöhnen. Und man tat nicht selten so, als ob gar nichts geschehen wäre. Und doch ist etwas passiert. Auch in China.

Man wundert sich, das Tao plötzlich auf eine so hohe Ebene der Weltgeschichte erhöht zu sehen. Man soll es aber verstehen, auch das Tao-te-ching nicht nur in seinem eigenen textkritischen Zusammenhang, sondern womöglich auch im historischen Kontext der Geistesgeschichte zu sehen und auszuwerten.

c. Die große Frage, die zu beantworten ist, heißt: Was müssen wir unter „tzu-jan" im 25. Kapitel verstehen? Das Wort wird oft mit „Natur" wiedergegeben. Das ist aber zu allgemein, zu vieldeutig, wie etwa die φύσις der Griechen.

Der Kosmos der Chinesen untersteht dem Tao, welches konkret durch yin und yang das Universum erhält und regiert. Alle Naturereignisse können letzten Endes auf diese kurze Formel zurückgeführt werden. Wir haben im ersten Teil schon gesehen, wie sehr das Tao das gesamte chinesische Weltbild beherrscht. Auf der anderen Seite ist es aber nicht zu bezweifeln, daß Lao-tzu – obwohl er das uralte Wort der Tradition entlehnt hatte – dem Tao eine neue, metaphysische Dimension gegeben hat, die es bis dahin sicher nicht hatte. Sein Taobegriff steht sozusagen auf einer wesentlich höheren Ebene als der herkömmliche, eher moralische Taobegriff. Dadurch werden natürlich auch die anderen (gewohnten) Dimensionen und Proportionen im Gesamtbild verschoben und geändert. Das wird auch aus den Rollen ersichtlich, die Lao-tzu in seinem neuen Weltbild den wichtigen Faktoren der konventionellen Weltanschauung zuerkennt: den Geistern, den Göttern, dem Himmel, dem Ti, dem Herrscher.

Es wird oft darauf hingewiesen, die chinesische Gedankenwelt sei eine vollkommen geschlossene, zyklische Welt, in welcher die ständige Wiederkehr der Jahreszeiten die Hauptrolle spielt. Das alles mag wahr sein, doch vergesse man dabei nicht, daß das chinesische Weltbild anders „zyklisch" ist als z. B. die aus der indischen

und babylonischen Mythologie uns bekannten Weltbilder. Und selbst diese anders zyklische chinesische Welt wird bei Lao-tzu auch anders interpretiert. Sie ist weder eine eiserne Notwendigkeit der ewigen, unausweichlichen Wiederkehr, noch etwa die unendliche Reihe aufeinander folgender Zyklen, die nach dem Ablauf (oder nach der Vernichtung) des früheren Zyklus entstehen sollen. Denn selbst die Wiederkehrsidee des Lao-tzu ist „sui generis".
Was kann also mit dem Satz: „Taos Richtmaß ist sein Selbst" gemeint sein?

Manche Kommentatoren – vielleicht durch die abendländische Naturauffassung beeinflußt – fassen die Natur (tzu-jan) als eine eigene Realität auf. In dieser Hypothese ist dann das Tao der Natur unterworfen. Der Satz würde also heißen: „Das Tao folgt, gehorcht der Natur." Philologisch betrachtet wäre es möglich, den Satz so zu übersetzen. Doch findet sich im ganzen Tao-te-ching nicht die geringste Spur, nicht die leiseste Andeutung einer solchen, vom Tao unterschiedenen, ja sogar über ihm stehenden Wirklichkeit. Für die alten Chinesen waren der Himmel oder der „Ti", „Shang-ti" (Herr, der Allerhöchste) die höchsten vorstellbaren Instanzen.
Im Tao-te-ching unterstehen sie alle dem Tao. Der Ausdruck „Himmel" wird noch im herkömmlichen Sinne des Wortes gebraucht, vor allem in der zweiten Hälfte des Buches, ohne daß der Vorrang des Tao damit in Frage gestellt wäre. Gewiß finden wir nirgends einen „Beweis" für die Priorität des Tao. Es ist aber schlechthin das Erste und das Höchste, das Absolute. Dieser Eindruck, den das Taobild Lao-tzus auf den objektiven Leser macht, ist einfach unwiderstehlich. Selbst Yang, der im Geiste des Materialismus der stalinistischen Ära schrieb, schildert das Tao mit folgenden Worten: Das Tao ist das

„Unendliche, Absolute, Unsichtbare, das Wesen der Welt und die Grundlage des endlichen Seins, und alles Unbeständige, Veränderliche gehört der Welt der Erscheinungen an". Es ist der Urgrund der Welt. „Der Mensch muß dieses Geheimnis erkennen" (*3.10*, 50 f.).
Auch die Japaner lieben es, gerade diese Eigenschaft des Tao zu beschreiben und das Tao aus allen Erscheinungen der phänomenalen Welt, aus all ihren Gegenständen herauszunehmen, von den bloßen „Gegenständen" der rationalen Erkenntnis abzusondern. Gerade die Japaner tun da, für welche doch die Natur praktisch soviel bedeutet wie das Übernatürliche für die Christen. Damit will noch kein Urteil über diese Aussagen gefällt sein. Sie werden allein als illustrierende Beispiele zitiert für den gewaltigen Eindruck, den das Tao auf die verschiedenartigen Menschen macht.
Man kann sich schwer gegen den Gedanken wehren, daß es für Lao-tzu nichts Höheres gab als eben das Tao. Er kennt keine vollkommenere, keine größere Wirklichkeit als das Tao. Er sagt uns ja ausdrücklich, er anerkenne nur vier Größen: den Menschen (König), die Erde, den Himmel und das Tao. Merkwürdigerweise nennt er den „Ti" nicht. Er zählt ihn nicht unter die vier Größen. Er sagt kein Wort über die Götter Chinas. Auch der König wird nur ganz allgemein erwähnt. Er benennt ihn nicht mit dem geheiligten Namen „Himmelssohn". Dieser Ausdruck kommt im ganzen Tao-te-ching nur ein einziges Mal vor und dies nur darum, um sich von dem Himmelssohn zu distanzieren (c. 62). Der König ist wie ein Schulbub in der Schule des Tao; ihm werden dauernd Mahnungen erteilt, Ratschläge gegeben. Der Himmel und die Erde werden im Buch eher nüchtern, ja kritisch behandelt. Es bleibt also nur eine wirkliche Größe, das Tao. Es ist groß, doch kein Tyrann, denn es ist die Güte. Es ist also nicht möglich, das „tzu-jan" als ein dem Tao

überlegenes oder als ein zweites, ihm ebenbürtiges Wesen anzusehen. Eine distinkte „Natur" paßt schlecht in das Bild, das uns im Tao-te-ching entworfen wird. Doch lassen wir die Kommentare zu Wort kommen. Zuerst sei noch einmal daran erinnert, daß das „tzu-jan" „au sens chinois d'étant ainsi par soi-même" bedeutet (*6.67*, 18). Das wird übrigens von chinesischen Autoritäten bestätigt: Alles, was sich im Universum ereignet, d. h. die Totalität der Spontaneität der Dinge, die absolute Freiheit von jeder Art von „artificiality", das ist mit dem Wort „Natur" gemeint (*6.4*, 70). So ist das Tao sich selbst Gesetz, es folgt den Gesetzen seiner eigenen Spontaneität. Alles weist auf die absolute „Selbst-Genügsamkeit" des Tao hin; es ist sich selber Ursache, darum ist es nicht notwendig, nach einer anderen Ursache außer ihm zu suchen. Hier ist der Grund, warum viele Kommentatoren, Chinesen und Nichtchinesen, bei Kapitel 25 uns an die „causa sui" des Spinoza erinnern wollen.

d. „Tzu-jan" ist etwas Undefinierbares; auch etwas, was man nur schwer mit einem Wort bezeichnen kann. Es ist etwas Letztes, wo man Halt machen muß. Die letzte Realität. So „definiert" Wang-Pi die Natur. In dieser Formulierung sind zwei Elemente enthalten: erstens, daß das „tzu-jan" nur schwer in Worte zu fassen ist, und zweitens, daß es darüber hinaus nichts mehr gibt (Wang-Pi, Commentary on Lao-tzu. Bei Chan, *6.1*, 321). Wang-Pi geht in seinem Kommentar vom Begriff der Spontaneität aus, die sich an die Eigentümlichkeit, Beschaffenheit, das So-Sein eines jeden Dinges anzupassen weiß. Diese Spontaneität wird im Falle des Tao verabsolutiert, indem sie mit dem Wesen des Tao einfach zusammenfällt. Tatsächlich faßt Wang-Pi das Tao in diesem Sinne auf. Trotzdem scheint er nicht konsequent genug zu sein. Im Laufe seines Kommentars zu den anderen Kapiteln des Tao-te-ching widerspricht er sich selbst; er beschreibt das „tzu-jan“ als etwas über dem Tao Stehendes (vgl. 37, 140).

Unter den modernen Kommentatoren des Tao-te-ching hat sich der Japaner Óhama am eingehendsten mit dem Problem des „tzu-jan“ auseinandergesetzt. In seinem Buch, Die Philosophie von Lao-tzu (Róshi no tetsugaku), widmet er nicht weniger als 28 Seiten dieser Frage (130 bis 158). Er untersucht gründlich alle Texte, in denen das Wort vorkommt, und er bespricht die Ansichten der chinesischen Kommentatoren sehr ausführlich. Er läßt auch die europäischen Sinologen zu Wort kommen, was die Chinesen nie oder sehr selten und nur sehr ungern tun. Das Ergebnis seiner Untersuchung läßt sich in den folgenden Sätzen zusammenfassen:

Die ältesten chinesischen Kommentatoren ringen mit dem Dilemma Tao – tzu-jan. Für beide haben sie eine große Achtung. Das Tao wird in der Regel als die höchste Instanz, die höchste Realität anerkannt. Zugleich aber heben sie die Bedeutung und die Rolle des „tzu-jan“ dermaßen hervor, daß es über das Tao zu stehen kommt. Die Inkonsequenz des großen Wang-Pi ist ein klassisches Beispiel dafür.

Die einen bemühen sich darum, das Verhältnis zwischen dem Tao und dem tzu-jan klar herauszubringen, wobei dann auf den Inhalt des tzu-jan zu wenig geachtet wird. Andere legen das Hauptgewicht auf die inhaltliche Bestimmung und vernachlässigen das Verhältnis zwischen den beiden. Die eigentliche Frage ist die Doppelfrage: die Frage nach dem Verhältnis des Tao zu dem tzu-jan, und die Frage nach dem Inhalt des tzu-jan.

Óhama beschreibt das tzu-jan als die absolute Treue zu sich (jiko ni yotte sono yó de aru), zu sein, was sein soll, und zwar aus innerer Spontaneität. Dem Inhalt nach ist das tzu-jan „eine dem Tao inhärente, immanente spontane Kraft, die Selbstentfaltung seiner Wirkung" (*3.7*, 151). Die Wirkung des Tao wird erst in der phänomenalen Welt spürbar, wahrnehmbar. Das Tao wirkt wie eine immanente Kraft, eine geheimnisvolle Präsenz mitten in der Welt der Zehntausend Dinge. So sind die Einzelwirkungen der Zehntausend Wesen (falls sie ihrer eigenen Natur folgen können, wenn sie daran nicht gehindert sind) gemäß dem tzu-jan des Tao. Nicht die selbstbewußt, voluntaristisch erstrebte Vereinigung mit Tao ist entscheidend, sondern die Tatsache, daß die menschliche Aktivität in sich mit dem in dem Menschen anwesenden, in ihm wirkenden Tao identisch ist. Das ist tzu-jan (152).

Die tendenziöse, zielgerichtete Aktion, wobei ausschließlich oder hauptsächlich die eigenen Leistungen, die eigene Anstrengung, die eigene Kraft gelten, wird als der Gegenpol vom tzu-jan gesehen. Eine solche Aktion ist „unnatürlich", künstlich, weil sie zu gewollt, zu tendenziös ist. Eine solche Aktion hindert nur die Spontaneität des Tao, die doch unserer eigenen Spontaneität zu Grunde liegen sollte. – Kimura macht einen Unterschied zwischen „sakui" und „sayó"; das erste ist mehr das Künstliche, Gekünstelte, Unechte, Erstrebte; das letztere dagegen bezeichnet das „Wunderbare", das „Erhabene". In diesem Sinne verbindet Kimura das „sayó" mit dem uns schon bekannten „hsüan" (tief, geheimnisvoll), d. i. die wunderbare Wirkung des Tao (*3.6*).

Das „tzu-jan" scheint also ein dynamisches Prinzip des „Echten", des „Wesenhaften", der höchsten „Identität" mit sich selbst zu sein. Das Eigentlichste, das Innerste, das Tiefste in den Dingen und zu gleicher Zeit die dynamische Manifestation der inneren Spontaneität. Weil aber das tzu-jan der phänomenalen Welt irgendwie das tzu-jan des Tao ist, ist das Tao die Ursache „par excellence", der letzte und eigentlichste Grund der Spontaneität schlechthin. In ihm fallen Wesen und tzu-jan in höchstem Maße zusammen. Das Tzu-jan ist ein Attribut des Tao (Ho Shang-kung), mit ihm unzertrennlich verbunden. In ihm, und nur in ihm, haben wir die echteste Form, die höchste Realisation des Wu-wei vor uns, denn Wu-wei ist nichts anderes als die höchste Existenzform des Tzu-jan.

3. Der „Anfang" (Shih)

a. Das Tao ist der „Urgrund", wörtlich der „Anfang" des Himmels und der Erde (c. 1), der ganzen Welt (c. 52) oder einfach der Anfang (c. 14, 32). Ausdrücke, wie „Urahn" (c. 4), „Mutter" aller Wesen (c. 1, 25, 52) bedeuten dasselbe. „Die Welt hat einen Urgrund, die (phänomenale) Welt hat einen Anfang." Das Tao ist dieser Anfang, „der aller Wesen Mutter" wurde (c. 52). Tao ist das Ureigenste, das Realste, das Konkreteste, das Sein schlechthin. Das 40. Kapitel drückt diese Wahrheit in der Form einer Konklusion aus: „Alle Wesen entstehen aus dem Sein." Im ersten Kapitel wurde das Tao als „Mutter" aller Wesen bezeichnet. Sein „Muttersein" bezieht sich auf seinen sichtbaren Aspekt.
Jetzt kommt der zweite Teil der Konklusion: „Das Sein entsteht aus dem Nichtsein" (c. 40). Dieser Satz war schon für viele Kommentatoren der Stein des Anstoßes. Der erste Europäer, der über diesen Stein stolperte, war der große Ricci selbst, der größte Abendländer im chinesischen Rock.
Wie kann das Sein aus dem Nichtsein entstehen? Was muß eigentlich unter „Nichtsein" verstanden werden? Aus den bisher erarbeiteten Schlüssen können wir schon eine vorläufige Antwort darauf geben: Das Nichtsein, das Nichtwesen, das Unsichtbare ist nur der andere, der eigentlichste, der ursprünglichste Aspekt des Tao. Und

wir wissen auch, daß dieser Aspekt mit seiner Namenlosigkeit, mit seiner Gestaltlosigkeit verbunden ist. In diesem Sinne erklärt Ho Shang-kung den Satz: Tao ist formlos. Darum sagt man: Es entsteht aus dem Nichtsein (*5.41*, 78).

Also gibt es doch eine Zweiheit im Tao? Ein dualistisches Anfangsprinzip? Nichts ist dem chinesischen Denken so fremd, nichts liegt dem Lao-tzu entfernter als gerade ein solches dualistisches Prinzip der Welt. Aber die Chinesen haben sich bis jetzt nicht viel Mühe gemacht, eine eindeutige Erklärung dieses Prozesses zu geben: Wie nämlich das Sein aus dem Nichtsein hervorgehen könne. An Erklärungen chinesischer Kommentare fehlt es eigentlich nicht. Nur sind eben diese Erörterungen nicht auf die abendländische Logik abgestimmt.

Der große Kommentator des Tao-te-ching, Wang-Pi, sagt bündig und einfach: „Alle Dinge in dieser Welt entstehen aus dem Sein. Der Ursprung des Seins aber hat das Nichtsein zu seinem Fundament. Um das totale Sein zu erreichen, ist es notwendig, zu Nichtsein zurückzukehren“ (*6.1*, 323).

Im allgemeinen bekommt man den Eindruck, als ob die Chinesen das Nichtsein dem Sein vorziehen würden. Und es ist tatsächlich so. „A clear preference of Non-Being to Being“ (*6.26*, 57). Sie scheinen mit einer wahren Vorliebe über das Nichtsein zu reden. Der interessanteste unter allen chinesischen Philosophen, Chuang-tzu, scheint in seinem Element zu sein, wenn er vom paradoxen Verhältnis des Seins zu dem Nichtsein sprechen kann: Im Uranfang war das Nichtsein. Das Nichtsein (weil es noch nichts gab) hatte keinen Namen. Aus dem Nichtsein entstand das Eine. Es war aber noch ohne Gestalt ...[7]

[7] Chuang-tzu, XII,8. – Wir haben den Text sinngemäß wiedergegeben. Die Übersetzung dieses Textes hängt nämlich von der

Aber selbst der Uranfang scheint ihn nicht ganz zu befriedigen. Er nimmt eine Zeit vor dem Nichtsein und eine Zeit, welche dieser noch voranging, an (II,6 bei Wilhelm). Huai Nan-tzu hat diese Einteilung von Chuang-tzu übernommen und versucht, die dem Anfang vorangehenden Perioden des Nichtseins zu beschreiben (obwohl er an einer anderen Stelle selbst sagt, daß man über das Nichts nichts aussagen könne) (*6.5 II*, 27–28).
Der Text Huai Nan-tzus lautet: „Es war ein Anfang. Es gab eine Zeit noch vor diesem Anfang. Es gab eine Zeit vor der Zeit, die da war noch vor dem Anfang. Es war Sein. Es war Nichtsein. Es gab eine Zeit vor diesem Nicht-Sein. Es gab eine Zeit vor dieser Zeit, die vor dem Nicht-Sein da war" (*6.1*, 306/4; *6.6 I*, 398).
Diese Zitate wollen nicht so sehr als eine Erklärung, sondern vielmehr als eine Illustration verstanden werden, um zu zeigen, wie Chinesen mit den Termini „Sein – Nichtsein" umzugehen pflegen. Die folgenden Worte von Huai Nan-tzu bringen uns vielleicht näher an das Ziel heran: Es gab das Nichtsein: „Blickte man hin, so sah man nicht seine Gestalt, horchte man, so hörte man nicht seinen Laut, griff man danach, so erfaßte man es nicht, und schaute man danach aus, so kam man nicht ans Ende" (Chinesischer Text und Übersetzung bei Forke, *6.5 II*, 29) (Vgl. Tao-te-ching, Kapitel 14). „Das Tao ‚ist', als ob es nicht wäre, es existiert, als ob es nicht existierte. Und trotzdem, dank seiner Wirkung, kommen die Wesen aus derselben Öffnung (Loch) hervor, alle Dinge treten durch dasselbe Tor heraus" (s. den Text bei Wieger, *2.15*, 334/E).
Man sieht also, daß die chinesischen Kommentare das Tao als den Anfang das Nichtsein nennen, um es (a) von

Interpunktion ab. R. Wilhelm z. B., seiner Interpunktion entsprechend, übersetzt den Text durch „Im Uranfang war das Nicht-Sein des Nicht-Seins, war das Unnennbare . . ." (*2.12*, 88). Vgl. *6.5 II*, 317 und Fußnote 5 (S. 112).

den Dingen der phänomenalen Welt abzusondern, mit denen es ja auch nichts gemein hat, (b) um damit seine Gestaltlosigkeit anzudeuten.

Weil das Tao eben kein „Ding" ist wie die Dinge der wahrnehmbaren Welt und weil es gestaltlos ist und ohne Form, nennt man es das Nichtsein. (Manchmal gebraucht man diesen Terminus auch dort, wo die Form *noch nicht* in Erscheinung getreten ist, also für etwas, das *noch* keine Gestalt angenommen hat.) Von diesem Wesen ohne Form wird nun gesagt, es sei der Urahn aller Dinge (Huai Nan-tzu bei Wieger, *2.15*, 334/D).

Eines ist klargeworden: Sein und Nichtsein sind keineswegs wie das Sein und seine Negation aufzufassen; sie stehen nicht in Widerspruch miteinander. Sie werden bloß auf eine höhere Ebene der Einheit erhoben (*6.26*, 58). Duyvendak hat recht, wenn er sagt: „L'alternance entre le Non-être et l'Être est *la nature même de la voie*" (*3.1*, 5).

Man muß immer wieder betonen: Das Nichtsein bedeutet im chinesischen Denken nicht das absolute Nichts (néant, nihil) der griechisch-scholastischen Philosophie. Bei Chuang-tzu z. B. umfaßt das Tao das ganze veränderliche, sich stets in Wandlung befindende Universum und auch das schöpferische Prinzip der Änderungen. Das Tao ist zugleich das Sein und das Nichtsein, das Nichts, aber auch die Negation des Nichts (*6.66*, 86).

Wir dürfen uns durch die Terminologie mancher chinesischer Autoren (meistens kommt es vor, wenn sie sich in einer europäischen Sprache ausdrücken müssen) nicht abschrecken lassen. Maßgebend ist der Zusammenhang und die Absicht der Autoren, die in den meisten Fällen gut zu erkennen ist. Sie wollen nur sagen, daß das Tao weder mit dem konventionellen Sein noch mit dem absoluten Nichtsein gleichgesetzt werden darf[8].

[8] Das „Nichtsein" betont den dynamischen Wesenscharakter des

Trotz dieser Warnungen kann Lao-tzu mißverstanden werden. Schon im ersten Jahrhundert v. Chr. hat man ihm zum Vorwurf gemacht, er lasse seine Welt aus dem Dunkel hervortreten, um sie dann wieder in das Chaos zurückzuführen (so z. B. der Philosoph Yang Hsiung, 53 v. Chr. bis 18 n. Chr.). Solche Mißverständnisse des Buches von Lao-tzu sind natürlich nicht ausgeschlossen. Zum Glück haben wir den Kontext und die eindeutige Intention des Verfassers auf unserer Seite.
Der Satz im 33. Kapitel von Chuang-tzu: „Kuan Yin und Lao Tan (Lao-tzu) haben ihr System auf das Prinzip vom ewigen Sein und Nichtsein gebaut und haben es mit der Großen Einheit verknüpft", verschiebt zwar die Akzente im Tao-te-ching, im Grunde genommen ist er aber nicht weit von der Wahrheit.
Tao, der Anfang, Urgrund von Himmel und Erde und Mutter aller Wesen, ist ewig. Es verharrt in seinem namenlosen Nichtwesen. Seine Namenhaftigkeit und damit sein Sein hat in der phänomenalen Welt seinen Sinn und seine Auslegung.

b. Hier taucht die Frage auf: Ist nicht auch die phänomenale Welt der Zehntausend Dinge, die Welt der Erscheinungen ewig? Ist sie vielleicht koexistent mit dem Tao? Aus dem Tao-te-ching allein wird diese Frage kaum zu beantworten sein.
Überhaupt spielt das Problem einer eventuellen „Schöpfung" im chinesischen Denken kaum eine Rolle. Schon die Fragestellung ist unchinesisch. Die Chinesen nehmen die konkrete Welt und das konkrete Tao als eine selbstverständliche Realität an, eine Wirklichkeit, die einfach

Tao. Dazu kommt noch der ebenso wesentliche Zug der Selbstentäußerung des Tao, der ebenfalls durch den Ausdruck „Nichtsein" stark suggeriert wird. – Später werden taoistische und buddhistische Philosophen das „Nichtsein" mit dem „Absolutum" gleichsetzen: „Nichtsein" wird ein Synonym für das Absolute.

da ist, ohne viel nach ihrem Ursprung zu fragen. So ist es kein Wunder, wenn dieses für uns Abendländer so wichtige Problem in China eigentlich nie ernst, bis zur letzten Konsequenz behandelt wurde. Es existiert kaum als ein philosophisches Problem.

Die kosmogonischen Theorien befassen sich nicht so sehr mit der Entstehung der Welt, als vielmehr mit der schon existierenden Wirklichkeit, deren Ursprung einfach an das Tao gehängt wird. Sicher ist nur, daß das Tao selber unerzeugt ist. Es ist „sich selber Wurzel. Ehe Himmel und Erde waren, bestand es von Ewigkeit ... Himmel und Erde hat es erzeugt ... es ist jenseits allen Raumes und ist nicht tief; es ging der Entstehung von Himmel und Erde voran und ist nicht alt; es ist älter als das älteste Altertum und ist nicht greis" (Chuang-tzu, Wilhelm, *2.12,* VI/1, Wieger, *2.11,* 225, 6/D).

Ausdrücke wie „vor Himmel und Erde erzeugt" bedeuten in China noch nicht notwendigerweise eine Anspielung auf den Schöpfungsgedanken im abendländischen Sinn. Auch Lao-tzu gebraucht ähnliche Ausdrücke ohne die Absicht, damit eine „Schöpfung" durch das Tao behaupten zu wollen. „Ahn, Mutter, gebären" sind nicht unbedingt Zeichen eines schöpferischen Aktes. Im alten China wurde auch der Kaiser Vater und Mutter des Volkes genannt. Im Buche der Lieder heißt es vom Himmel, er sei Vater und Mutter der Menschen (Lied *2.1,* 198). Solche und ähnliche Ausdrücke haben per se mit der Schöpfung nichts zu tun.

Die einzige alte Stelle, aus welcher man eventuell argumentieren könnte, findet sich bei Chuang-tzu. Er verwendet eine Terminologie, die der christlichen ziemlich nahekommt. „Gi Dschen lehrte, daß die Welt unerschaffen sei. Dsiä Dsi lehrte, sie sei von jemandem verursacht. Welche von diesen beiden Lehren entspricht den wirklichen Verhältnissen? Daß die Hähne krähen und die

Hunde bellen, das ist dem menschlichen Wissen zugänglich. Aber auch der größte Weise vermag nicht zu erklären, warum die Dinge sich so entwickelt haben, wie sie sind, und vermag nicht zu erkennen, wie sie sich in Zukunft entwickeln werden ... Nimmt man einen Schöpfer an, auf den als letzte Ursache die Welt zurückgeht, so hat man damit schon eine Wirklichkeit gesetzt. Leugnet man eine derartige Ursache, so bleibt man im Unwirklichen. Was Namen hat und Wirklichkeit, das gehört aber schon zur Welt der Dinge. Was keinen Namen hat und keine Wirklichkeit, das führt nicht hinaus über die leere Möglichkeit von Dingen ... Die Annahme eines letzten Verursachers oder der Abwesenheit einer solchen Ursache liegt auf derselben Ebene mit der Welt der Dinge; sie hat mit der Unendlichkeit nichts zu tun ... Das Tao ist Grenzbegriff der dinglichen Welt. Reden und Schweigen reichen nicht aus, es zu erfassen" (XXV, 10, 197–98, R. Wilhelm).

Alles läuft darauf hinaus, daß man einfach nicht imstande ist, über dieses Problem zu urteilen. Es übersteigt unseren Urteilsbereich. Schon die Fragestellung ist von solcher Art, daß sie unmöglich die dingliche Welt übersteigen kann. Daher hat man die Frage nach dem Schöpfer aus der Diskussion allmählich ausgeschaltet.

Europäische Gelehrte denken bei manchen Ausdrücken des Tao-te-ching unwillkürlich an „Gott", an eine transzendente Ursache, an einen „Schöpfer". Die Chinesen und die Japaner tun das nie. Jaspers sieht wieder richtig: Lao-tzu fragt nicht, wie sich der zeitliche Weltprozeß ereignet hat. „Eher würde man aus ihm eine zeitlose ewige Gegenwart als Grundwesen des Seins entnehmen" (*5.62*, 904).

Vorläufig sind wir nicht berechtigt, mehr über diese Frage zu sagen. Ist denn das Weltbild des Tao-te-ching pantheistisch? Ich glaube nicht. Bestimmt nicht in dem üblichen Sinne des Pantheismus, wie er uns aus anderen Systemen bekannt ist. An eine Emanationslehre wird wohl nicht zu denken sein. Monismus? Materialismus? Wir lassen vorerst diese Frage offen. Vielleicht werden wir am Ende dieser Arbeit besser informiert sein, um mehr darüber sagen zu können.

4. Die Rückkehr (Fu-kuei, Fan)

a. Die Chinesen zeigen im allgemeinen mehr Interesse für den Gedanken der Rückkehr als für den Ursprung der Welt. Sicher haben sie mehr Interesse dafür als die abendländischen Sinologen. Selbst auf Kosten der Genauigkeit wird die ewige Wiederkehr von den chinesischen Kommentatoren hervorgehoben. „Bei dem Tao gibt es nur eine schweigende Aufeinanderfolge von Veränderungen", „einen ewigen Kreislauf" von Tätigkeit und Ruhe, von Dingen, die in ihren Ursprung zurückkehren (Lin Yutang, *4.60*, *75*).
Die Lehre von der ewigen Wiederkehr aus der Tätigkeit in die Untätigkeit ist die Grundlehre des Taoismus (ebd., 79 f., 96). „Der Grundsatz vom Ausgleich aller Gegensätze und die Theorie vom Kreislauf und der allgemeinen Rückkehr zum Gegenteil" sind grundlegend für das Verständnis von Lao-tzu und Chuang-tzu. Alle Paradoxe bei Lao-tzu kommen von daher (41). Lin Yutang findet im 40. Kapitel „die knappste Zusammenfassung der Lehre des Laotse" (142).
Bevor wir weitergehen, wollen wir die Aufmerksamkeit auf die verschiedenen Aspekte der Rückkehr bei Lao-tzu lenken. (Lin Yutang macht kaum einen Unterschied zwischen den sehr verschiedenen Arten von Rückkehr im Tao-te-ching.)
Chan macht in seinem Kommentar zu Kapitel 25 bloß

eine kurze Bemerkung, daß nämlich die Lehre der Rückkehr zu dem Ursprung „is prominent in Laotzu. It has contributed in no small degree to the common Chinese cyclical concept which teaches that both history and reality operates in cycles“ (*6.1*, 153). Er verweist dabei auf die Kapitel 14, 16, 28, 40, 52. Das ist alles, was Chan zu diesem wichtigen Kapitel zu sagen hat. Er war überzeugt, im ganzen 25. Kapitel gerade den Gedanken der Rückkehr besonders hervorheben zu müssen.

b. Das chinesische Wort für Rückkehr ist „fu-kuei“. Außerdem gibt es noch ein Zeichen, „fan“, was ebenfalls (eine totale) Rückkehr bedeutet. Von diesem „fan“ sagt Fung Yu-lan, es sei der Grundgedanke des Lao-tzu. Hat man es richtig verstanden, so ist das übrige leicht zu verstehen (*6.8*, 63). Wie zu erwarten ist, widmen die japanischen Sinologen dem Gedanken der Rückkehr viel mehr Aufmerksamkeit als die europäischen Gelehrten (vgl. *3.7*, 184–204). Óhama bemerkt: Es gibt keine Idee im Tao-te-ching, die wichtiger wäre als gerade diese, und es gibt auch keine andere Idee des Lao-tzu, die so leichtsinnig übergangen und mißverstanden werden könnte, wie eben diese (184).
Lao-tzu gebraucht das Wort „Rückkehr“ in mindestens vier verschiedenen Bedeutungen. Die erste ist der alltägliche Gebrauch des Wortes: zurückkehren, zurückkommen. Um diese Art von Rückkehr brauchen wir uns nicht zu kümmern. Die zweite Gruppe dreht sich um die Wiederkehr, richtiger gesagt, um das Umschlagen eines Dinges, einer Eigenschaft oder eines Prozesses in sein „Gegenteil“, in seinen Gegenpol (Kapitel 58 und vielleicht 30, 78). Auf diese Art von Wiederkehr, d. h. auf die Lehre, die daraus folgt, hat sich ein ganzes System der „Selbstabwehr“ aufgebaut. Hier liegt der Grund verborgen, warum Lin Yu-tang die Philosophie von

Lao-tzu „als eine Philosophie des Selbstschutzes" (*7.17*, 153) und des „camouflage" (*8.5*, 105) charakterisiert hat. Für den Tao-Begriff jedoch ist auch diese Art von Wiederkehr von keiner direkten Bedeutung.
Um so wichtiger sind die zwei anderen Bedeutungen der Rückkehr, nämlich die Rückkehr des Tao (c. 14, 25, 40) und die Rückkehr aller Wesen zu ihm, als zu ihrem Heimatort (c. 34), zu ihrer Mutter (c. 52), zu ihrer Wurzel (c. 16); die Rückkehr zum originellen Urzustand (Kindheit, Einfalt, c. 28), zur großen Harmonie (c. 65) oder einfach zur ursprünglichen Simplizität (c. 19, 80) und auch von einem verkehrten Weg zu der eigenen Natur (c. 64)[9]. Alle wenden sich zu dem zurück, der die Vollkommenheit erlangt hat, und es kann nichts Tragischeres geben, als wenn einer keinen Platz hat, wohin er zurückkehren könnte (c. 20).
Man spürt schon aus dieser flüchtig hingeworfenen Aufzählung von verschiedenartiger Rückkehr, daß es sich um etwas Wichtiges handelt. Um mit dem leichteren Fall zu beginnen: es wird von einer Rückkehr gesprochen zur unbefangenen Kindespflicht und Elternliebe, wobei die Voraussetzung ist, daß man damit aufhört, die im 39. Kapitel getadelten „Tugenden" den Leuten mit Gewalt aufzwingen zu wollen. Im 80. Kapitel ist von einer Rückkehr zu einem idyllisch-primitiven Zustand der ursprünglichen Einfalt des Zusammenlebens die Rede. Sie wird im späteren Taoismus noch eine bedeutende Rolle spielen.

c. Ohne einen „Terminus ad quem" hat die Rückkehr keinen Sinn. In den wichtigsten Stellen, wo der Ausdruck „Wiederkehr, Rückkehr" vorkommt (c. 16, 28, 34, 42, 65), wird ihr ein hohes Ziel gesetzt, ein Ziel, welches

[9] Die „eigene Natur" ist in der Auffassung von Lao-tzu grundsätzlich gut, unverdorben.

direkt mit dem Tao in Zusammenhang steht. Das Tao wird Heimatort genannt, zu dem alle Wesen voll Zuversicht zurückkehren können (c. 34). Es sorgt ja für alle Wesen, ohne sich zum Herrn über sie machen zu wollen. Wie könnte es auch über sie den Herrn spielen, es ist ja ihre Mutter! „Hat man seine Mutter gefunden, so erkennt man dadurch seine Kindschaft. Hat man seine Kindschaft erkannt und kehrt zu seiner Mutter zurück, so ist man bei des Leibes Untergang ohne Gefahr“ (c. 52). In einem sehr persönlich klingenden Kapitel (das einzige „persönlich“ gefärbte Kapitel im ganzen Tao-te-ching) klagt der Verfasser über sein großes Unglück: Er wird umhergetrieben wie einer ohne Heimstätte (wörtlich: ohne einen Platz, wohin er zurückkehren könnte), ausgeleert, verwirrt, verfinstert, ganz trübe, umhergetrieben ohne Aufenthalt, schwerfällig und ungeschickt auf dieser Erde. „Aber ich ehre die nährende Mutter!“ (c. 20). Diese Mutter ist offensichtlich das Tao des 52. Kapitels. Schon Han Fei-tzu, der älteste Kommentator des Lao-tzu, hat die Mutter dieses Kapitels mit dem Tao identifiziert (vgl. *6.1,* Fußnote zu Kap. 20 des Tao-te-ching, 150, 164).

Die Rückkehr zur ersten Kindheit, zur ersten Einfalt (wovon im 28. Kapitel gesprochen wird), hat nur dann einen Sinn, wenn dort eine Mutter den Heimkehrer erwartet. Keine Kindheit ohne Mutter. Erst nachdem man die Mutter gefunden hat, erkennt man seine Kindschaft. Zuerst muß man seine Kindschaft erkannt haben, um zu der Mutter, zu der eigenen Mutter zurückkehren zu können (c. 52). Mutter und Kindschaft sind korrelative Begriffe: der eine hat ohne den anderen keinen Sinn.

In dem bereits erwähnten 28. Kapitel wird die „erste Kindheit“ zusammen mit der „ersten Einfalt“ (wörtlich: Rohholz, the Uncarved Block) als das Endziel der Rückkehr dargestellt. Kindheit bezieht sich in all diesen Texten offenbar auf den Menschen. Das Kind (Kindheit) tritt nirgends auf als ein Name oder als Symbol des Tao. Die „erste Einfalt“ dagegen kann sich sowohl auf den Menschen als auch auf das Tao beziehen. Bei dem Menschen bedeutet es den Zustand der Kindheit, aber auch „wu-wei“ und Begierdelosigkeit. Im Falle des Tao heißt es: das Tao ist zart in seiner Einfalt (c. 32), das Tao ist die „namenlose Einfachheit“ (c. 37).

„Einfalt, Einfachheit“ sind sprechende Sinnbilder der Bescheidenheit, der Demut, der selbstlosen Güte und des „wu-wei“ des Tao. Auch das Bild des Tales und des „Weiblichen“ (im selben Kapitel) und des Wassers (c. 8) gehört in diese Kategorie. So ist die Einfalt das zweite Ziel der Rückkehr im Tao-te-ching.

Ein weiteres Ziel der Wiederkehr ist das „Unbefangene“, das Unendliche, das Grenzenlose (wu-ki; die einzige Stelle im ganzen Buch, wo das Wort „ki“ einen metaphysischen Beiklang hat. Es wird aber hier in einem solchen Sinn gebracht, daß dies allein noch nicht erlaubt, im Tao-te-ching die später entstandenen Theorien über das „T'ai-ki“ zu suchen). Kannó meint, diese drei Worte, die erste Einfalt, Kindheit, das Unbefangene, seien nur wegen des Reims gewählt worden. Im Grunde bedeuten sie dasselbe, nämlich das Tao.

Im 39. Kapitel ist nicht deutlich, was hier mit der Rückkehr gemeint ist. Die Wahrscheinlichkeit ist sehr gering, daß sie mit der Rückkehr des 28. Kapitels identisch ist. Man würde noch eher an eine Rückkehr denken im Sinne von Kapitel 80, die Rückkehr in einen naiv-primitiven Zustand des Zusammenlebens, wo das Volk einfach und unkompliziert lebt und wo die Führer des Volkes sich nicht durch spitzfindige Systeme oder gescheite Ideologien leiten lassen, sondern mit „Unwissenheit“, das heißt im Geiste des „wu-wei“ und des „tiefen Te“ regieren.

Mit dem Schluß des Kapitels, könnte man meinen, müsse es etwas Besonderes auf sich haben. Die Rückkehr zum „Großen Gehorsam“ macht auf den Leser den Eindruck, daß ihm eine Art Rebellion, ein Akt des Ungehorsams voranging. Und daß das „Te“ nur gegen den (ursprünglichen) Unwillen des Volkes es zur großen Harmonie zurückführen konnte. Dies aber paßt nicht gut zu dem Begriff des „tiefsinnigen Te“, dessen Methode es ist, sich nicht einzumischen, sich nicht aufzwingen zu wollen.
Zusammenfassung: Das Tao wird wiederholt der Anfang, der Ahn oder die Mutter genannt: Anfang des Himmels und der Erde und Mutter der Welt. Es wird aber nirgends ausdrücklich als das Endziel des Himmels und der Erde bezeichnet. Das Wort „Endziel, Ziel“, wie es uns aus der abendländischen Philosophie bekannt ist, findet sich nirgendwo im Tao-te-ching. Dennoch ist das Tao nicht nur der Anfang und der Ursprung aller Dinge; es ist zugleich auch das Ziel aller Wesen. Das eben ist der Inhalt der Idee der Rückkehr. Gerade in dieser Wiederkehr, in dieser Rückkehr besteht der Sinn und das Ziel jedes einzelnen Wesens, daß es nämlich zu seiner Wurzel zurückkehrt. Zurückkehren in den „Ursprung“ heißt Ruhe, Ruhe heißt zurückkehren zur Bestimmung. Zurückkehren zur Bestimmung heißt ewig sein (c. 16)[10].
d. Das Entscheidende ist ganz bestimmt die Rückkehr aller Wesen zu ihrer Wurzel, zu ihrem Urgrund, zum Tao. Dies ist eine allgemeine metaphysische Feststellung. Es mag sein, daß der Kreislauf der Natur, die Beobach-

[10] Für Lao-tzu ist es eine Regel der Selbstverständlichkeit, daß alle Wesen, die ins Sein eingetreten sind, wieder zurückkehren. Wohin? In ihre Wurzel! „Wenn die Wesen sich entwickelt haben, kehrt jedes zurück in seinen Ursprung“ (wörtlich: Wurzel, c. 16). – Es sei auch noch bemerkt, daß das Wort „ch'ang = ewig, beständig“ gerade in diesem Kapitel häufig vorkommt, und zwar im Zusammenhang mit dem Absoluten. Bekanntlich ist das „ch'ang“ ein Attribut des Tao.

tung gewisser Erscheinungen im sozialpsychologischen Bereich der Anlaß zu der Annahme einer Rückkehr aller Dinge zu ihrem Ursprung gewesen ist. Es ist wohl möglich, daß die alltägliche Erfahrung die Entdeckung des großen metaphysischen Prinzips der Rückkehr ermöglichte. Das aber kann an dem Inhalt dieser Wahrheit nichts ändern. Das Prinzip einer solchen Rückkehr steht wesentlich auf einer höheren Ebene. Diese Art von Rückkehr ist inhaltlich von den andern Arten von Wiederkehr der Naturerscheinungen (Kreislauf der Natur, Umschlagen in den Gegenpol) grundverschieden.
Bei den letzteren ist nur der Untergang, das Nachlassen der Kräfte, das Schwachwerden, die Abnahme, der Verfall sicher; während das Umgekehrte: die Zunahme, der Aufstieg, das Erreichen des vollkommenen Zustandes gar nicht so feststeht. Das Beispiel des Baumes, der aus seiner Wurzel hervorgeht, um am Ende zu sterben, ist ein anschauliches Bild. Mehr ist mit dieser Art von Wiederkehr sicher nicht gemeint. Der Kreislauf der Natur besteht praktisch aus der ständigen Wiederkehr der Jahreszeiten. Und das ist bestimmt kein metaphysisches Prinzip. Ähnlich verhält es sich auch im Fall der gegenseitigen Wechselwirkung der komplementären Erscheinungen (im Sinne des Buches der Wandlungen).
Im Fall der Rückkehr aller Dinge zu ihrem Ursprung verhält sich die Sache völlig anders. Erstens kann dort von Untergang, Verfall, Tod gar keine Rede sein. Zweitens ist der Aufstieg, das Erreichen des Endzieles, die Vollendung, mit einem Wort die Realisation der Möglichkeiten, das Leben und das Heil, die endgültige Harmonie im höchsten Maße anwesend und gesichert. Das wird auch durch das Prinzip des Lao-tzu voll bestätigt, nach welchem „Schwach und Weich Hart und Stark überwindet“ (c. 36) und „Das Starke und Große bleibt unten, das Weiche und Schwache bleibt oben“ (c. 76).

Es folgt ein Zweifaches aus dieser Tatsache: Erstens, daß die Rückkehr aller Wesen zu ihrer Wurzel immer positiv, endgültig und metaphysisch ist, während die alltägliche Wiederkehr, der Kreislauf sich immer zwischen den positiven und negativen Möglichkeiten abspielt und keinen endgültigen, bleibenden metaphysischen Charakter hat. Zweitens, daß die Rückkehr aller Dinge, da sie etwas Definitives, Bleibendes als Endziel darstellt, aus ihrem inneren Wesen heraus nie zyklisch, nie zirkular ist. Und gerade hierin besteht der größte Unterschied zwischen dem Rückkehrgedanken des Lao-tzu und dem Wiederkehrgedanken in indischen und babylonischen Mythen. In den indischen und babylonischen Mythologien gibt es zwei Arten von Wiederkehr: Die eine ist die unendliche Wiederholung desselben zyklischen Weltgeschehens; die andere besteht darin, daß der zyklische Prozeß nach der Vollendung des Kreislaufes vernichtet wird, verschwindet, um einem vollkommen neuen Zyklus Platz zu geben (s. das ausgezeichnete Buch von Mircea Eliade, Der Mythos der ewigen Wiederkehr).
Das Tao ist ewig. In ihm gibt es weder Wiederholungen der schon vollendeten Rückkehr, noch Vernichtung. Die Rückkehr zu Tao ist definitiv, nicht von zyklischer Art (vgl. *5.70*, 354).
Die ewige Bestimmung aller Wesen, ihre Ruhe und ihr Heil ist das Tao. Die Vollendung heißt Rückkehr zum Ursprung, zum Tao, zu der Mutter. Und damit das Bild vollkommen wird, sagt Lao-tzu: „Tao ist aller Wesen Bergungsplatz, guter Menschen höchster Schatz." Und er fügt noch hinzu: „unguter Menschen rettender Schutz" (c. 62). Der Suchende findet es, wer sich versündigt hat, dem wird vergeben; „darum ist das Tao das Köstlichste in der Welt" (c. 62, die einzige Stelle, wo über Sünde und Sündenvergebung durch das Tao gesprochen wird). Was aber sich von dem Tao abgeschnitten hat (= Tao-

los), „das endet früh“. Alles hängt an der Rückkehr beziehungsweise Nicht-Rückkehr zum Tao.

e. Es bleibt noch der wichtigste Punkt dieses Teiles übrig, nämlich die Rückkehr des Tao selbst. Lao-tzu nennt das Tao Groß. „Als Groß nenne ich es Fortgehen. Als Fortgehen nenne ich es Entfernt. Entfernt, nenne ich es Zurückkehren“ (c. 25). Und im 40. Kapitel heißt es: „Rückkehr ist Taos Bewegung“. An beiden Stellen steht das Wort „Fan“ im Text.
Von den drei Stellen, an welchen von der Rückkehr des Tao die Rede ist (c. 14, 25, 40), ist die Stelle im 14. Kapitel noch am leichtesten zu erklären: „Je und je ist es unnennbar und wendet sich zurück ins Nicht-Wesen.“
Dieser Satz enthält die Aussage über das Wesen des Tao, das unserem Wahrnehmungsvermögen stets entweicht. Der Akzent jedoch scheint nicht so sehr auf dem Gedanken der Rückkehr zu liegen, als auf der Namenlosigkeit und auf der Unfaßbarkeit des Tao. Sein Wesen ist eben, daß es Nicht-Wesen ist. Der Text selbst kann also höchstens indirekt verwendet werden. Wollte man ihn dennoch im Sinne der Rückkehr interpretieren, so könnte man ihn höchstens in bezug auf unsere Erkenntnis von einer Rückkehr denken, insofern das Tao sich von uns zurückzieht, unserer Erkenntnis entschwindet. In diesem Text ist die Rückkehr des Tao nichts anderes als seine „Dialektik“ (freilich nicht im Sinne der Dialektik bei Hegel), eine Dialektik von Sein und Nichtsein, von Namenhaftigkeit und Namenlosigkeit zugleich. – Jedenfalls ist der Text sehr wichtig; er wird uns noch als Kriterium dienen in der genauen Bestimmung des Inhaltes der Rückkehr an den anderen zwei Stellen.
Das „fan“ (Zurückkehren) des 25. Kapitels ist eine schwierige Sache. Tao, als Entfernt, wird „Zurückkehren“ genannt. Im ebenso schwierigen Kapitel 65 sagt

Lao-tzu vom tiefsinnigen „Te“ (Tugend), daß es „entfernt“ ist (Strauss, Unerreichbar), doch läßt es alle Wesen zu ihrem Originalzustand zurückkehren. Für dieses „Zurückkehren“ wird genau dasselbe Zeichen verwendet wie im 25. Kapitel („fan“).

Wenn im Tao selbst überhaupt eine „Wandlung“, eine „Bewegung“ möglich ist, dann ist sie die „Rückkehr“: „Die Rückkehr ist Taos Bewegung“ (c. 40). Was meint der Verfasser mit Rückkehr? „Rückkehr“ ins „Nicht-Wesen“? Ins ewige „Nicht-Tun“ (c. 37), in die „ewige Namenlosigkeit“ (c. 32), in die „namenlose Einfalt“ (c. 37)? „Nicht-Wesen“, „Nicht-Tun“, „Namenlosigkeit“, „Einfalt“ (wu-wu, wu-wei, wu-ming, p'u) lauter Charakteristika des Tao. Die Vermutung liegt nahe, daß mit der Rückkehr des Tao eigentlich die Rückkehr hinsichtlich dieser Charakteristika gemeint ist. Der „Terminus ad quem“ der Rückkehr des Tao ist das Tao selber als das Nicht-Wesen, als das ewige Nicht-Tun, als die ewige Namenlosigkeit, als die namenlose Einfalt.

So würde dann das Prinzip lauten: Alle Wesen kehren zu dem Tao zurück als zu ihrer Wurzel, zu ihrem Urgrund, zu ihrer Mutter, zu ihrem Originalzustand. Der Originalzustand des Tao aber ist sein Nicht-Wesen, Nicht-Tun ...

Diese Rückkehr aber setzt notwendigerweise voraus, daß das Tao aus seinem ursprünglichen Zustand hervorgetreten ist. Eben diesem „Heraustreten“ aus seinem Nicht-Sein, aus seiner Namenlosigkeit, aus seiner unnennbaren Einfalt verdankt es seinen „Namen“ (Mutter aller Wesen). Und was noch wichtiger ist: dem Umstand, daß es aus seinem ewigen „Nicht-Wesen“ hervorgetreten ist, verdanken Himmel und Erde, die Zehntausend Wesen ihre Existenz, ihr Leben und alles, was sie sind und was sie besitzen. Auch in diesem Sinn ist Taos Rückkehr sehr wichtig; für die Dinge der wahrnehmbaren

Welt sogar das Allerwichtigste. Die Rückkehr des Tao in sich selbst ist dann die Garantie, daß ihr Leben nicht umsonst war; sie ist die Bedingung ihrer eigenen Rückkehr ins Tao, in den Ursprung; sie ist das Heil für sie alle, im Sinne der Vollendung, wo keine Gefahr, kein „Gefährdet-sein-können" mehr besteht.
Einen anderen „Terminus ad quem" für das Tao gibt es nicht. So wie es kein Richtmaß hat, sich daran zu halten, außer seinem Selbst, so gibt es für es keinen Ort, wohin es zurückkehren könnte, außer sich selbst. Im 25. Kapitel heißt es: Der Mensch folgt der Erde, die Erde folgt dem Himmel, der Himmel folgt dem Tao, Taos Richtmaß ist sein Selbst. Ähnlich verhält es sich auch mit der Rückkehr: Alle Wesen folgen dem Gesetz der gegenseitigen Wiederkehr (Kreislauf der Natur, gegenseitige Wechselwirkungen, polare Wandlungen); alle Wesen kehren zu ihrem Originalzustand ins Tao zurück: das Tao aber kehrt in sein Nicht-Wesen zurück.

f. Wie lange „dauert" diese Rückkehr? Ewig? Immer wieder? Ja und nein. Ja, solange noch nicht alle Wesen zum Tao heimgekehrt sind. Nein, insofern die Rückkehr aller Wesen schon vollzogen ist. Wenn alle Wesen mit ihm vereinigt sind, ist der Originalzustand erreicht. Es ist von jetzt an für das Tao nicht mehr notwendig, je und je in sein Nicht-Wesen zurückzukehren. Es ist ja bei sich, und auch die Zehntausend Wesen, seine Kinder, sind bei ihm, bei der Mutter.
Das Tao kann nun in seinem Nicht-Wesen, Nicht-Tun verweilen, das sein Originalzustand ist. Wir wissen aber, daß zum Beispiel das Nicht-Tun, das „wu-wei" keineswegs Selbstziel ist. Es ist nur der Weg, ein Mittel, um das eigentliche Ziel, das „tzu-jan" zu erreichen. Und so ist das „tzu-jan" das Endziel der Rückkehr des Tao. Erst dort gibt es Vollendung, Selbstvollzug. Nicht als ob

das Tao noch unvollendet wäre. Die Zehntausend Wesen waren noch unvollendet. Ihretwegen war die Rückkehr notwendig. Das Heraustreten aus dem Nichtwesen ist also zugleich die Herablassung, die Entäußerung des Tao. Die Rückkehr aber ist die innere „Dialektik" des tzu-jan.

Óhama unterscheidet zwischen der logischen und existentialen Rückkehr. Im ersten Fall würde die Rückkehr ein logisches Verhältnis zwischen der Welt und dem Tao bedeuten; im zweiten Fall ist das Tao als „Terminus" der Rückkehr gemeint (*3.7*, 196 f., 228).

Lao-tzu wurde schon oft mit Hegel verglichen. Die Dialektik Hegels und das dialektisch aussehende Denken Lao-tzus haben Anlaß zu diesem Vergleich gegeben. Eine nähere Untersuchung der Lehren der zwei Philosophen aber gibt einen anderen Eindruck. Die ganze Tendenz Lao-tzus ist anders als die Hegels. Ihr Hauptanliegen ist grundverschieden. Hegels System kulminiert im absoluten Wissen, in der absoluten Erkenntnis. Es entfaltet sich auf ein immer größer werdendes Endziel hin. Für Lao-tzu dagegen ist der Prozeß umgekehrt: das Endziel ist die ursprüngliche Einfachheit, das Nicht-Wissen, Nicht-Tun . . . „C'est toute la différence et l'opposition d'une dialectique à une mystique" (*6.52*, 51).

Wann wird nun die „Zeit" der Vollendung kommen? Wann wird der Originalzustand endgültig erreicht? Für die Chinesen ist diese Frage unpraktisch und überflüssig. Sowie sie grundsätzlich nie nach dem Ursprung der Welt (im abendländischen Sinne) fragen, so stellen sie auch nach ihrem Ende keine Fragen. Die Welt ist da, sie existiert. Der Kreislauf, die Wiederkehr, die gegenseitige Wechselwirkung gehören zu ihrer Struktur.

Man ist nicht berechtigt, mehr über dieses Problem zu sagen. Wenigstens nicht auf Grund der uns vorliegenden Texte.

g. Schematische Übersicht des Rückkehrprinzips:

1. Wiederkehr als kosmisches Prinzip der Natur.
   a. Rückkehr als Ausgleich von polaren „Gegensätzen“ – oder als Umschlagen (von Eigenschaften, Ereignissen) in ihren Gegenpol – Wechselwirkung von yin und yang (c. 29, 36, 58, 76, 77, 42).
   b. Wiederkehr als Kreislauf der Jahreszeiten (oder von Leben und Tod). Bei Lao-tzu wird sie nicht erwähnt. Sie spielt aber im übrigen chinesischen Weltbild eine große Rolle.

2. Rückkehr als metaphysisches Prinzip.
   a. Allgemeine Rückkehr aller Wesen in ihren ursprünglichen Zustand: zur ursprünglichen Simplizität (c. 19, 80); zur Einfalt und Kindheit (c. 28); zur Mutter (c. 52); zur Wurzel (c. 16); zum Heimatort (c. 34); zur großen Harmonie (c. 65) = zum Tao.
   b. Rückkehr des *Tao in seinen „Urzustand“* (c. 14, 25, 40).

Alle Wesen folgen dem kosmischen Gesetz der Wiederkehr; alle Wesen kehren zum Tao zurück: Das Tao aber kehrt in seinen Originalzustand (ins „Nichtwesen“) zurück.

III. Teil
Das Tao und die transzendente Welt

1. Die Gottesfrage im alten China

a. „Tao ist leer ... Ein Abgrund ... es gleicht aller Wesen Urvater." „Ich weiß es nicht, wessen Sohn (Kind) es ist. Es zeigt sich als Vorgänger des Herrn" (c. 4).
Der Ahn war ein heiliges Wort in China. So sehr, daß manche Gelehrten in der Ahnenverehrung den Ursprung der chinesischen Religion erblicken wollten, als ob die Religion der alten Chinesen nichts anderes als eine bloße Ahnenverehrung gewesen wäre. Darum, wenn das Tao-te-ching das Tao den Urahn aller Wesen nennt, muß man in dieser Bezeichnung einen sehr wichtigen Hinweis auf das Wesen des Tao erblicken. Der „Ahn" kommt praktisch der „Mutter" aller Wesen gleich. Er braucht nicht unbedingt der „Urvater" zu sein. Er könnte eventuell auch die Urmutter bedeuten. Auf alle Fälle ist das Tao der Vater und die Mutter aller Wesen. Das entspricht der chinesischen Denkart durchaus, wie wir schon gesehen haben: Sowohl der Himmel als auch der Kaiser wurden oft Vater und Mutter der Menschen genannt. Der Ausdruck hat übrigens mit dem „Geschlecht" (männlich-weiblich) nicht direkt zu tun.
Lao-tzu weiß nicht, wessen Kind das Tao ist. Wer sollte denn auch Vater oder Mutter des ewigen, namenlosen, wesenlosen Tao sein? Außer ihm gibt es nur noch den Himmel und die Erde und die Welt der Zehntausend Wesen. Geister und Götter gehören zu der letzten Kategorie. Und sie alle zusammen sind später als das Tao;

das Tao ist ja der Urgrund des Himmels und der Erde; es ist die Mutter aller Wesen. Sie können unmöglich Vater und Mutter des Tao sein. Sollte es etwa das „tzu-jan“ sein? Aber wie könnte es die Rolle von Vater und Mutter dem Tao gegenüber übernehmen? Es ist ja seine eigene schöpferische Spontaneität, sein innerstes Wesen, sein eigenstes Selbst.

Höchstens zwei Instanzen könnten in Frage kommen: der „Himmel“ der Klassiker (T'ien) und „Shang-ti“ (oder „Ti“), der Herr, der Allerhöchste, der auch Gott bedeutet. Doch sagt Lao-tzu ausdrücklich: Das Tao scheint selbst dem „Ti“ voranzugehen (c. 4). Mit anderen Worten: Das Tao hat keinen Größeren als sich selbst. Was den „Himmel“ betrifft: Es wird uns im Tao-te-ching nirgends angedeutet, daß er über dem Tao stünde.

Das Tao „zeigt sich als Vorgänger des Herrn“ (Ti). Mit dieser kurzen Bemerkung verschwindet das Wort „Ti“ für immer aus dem Tao-te-ching. Sind wir berechtigt, diesen kurzen Satz, diese lakonische Aussage und das spätere Stillschweigen Lao-tzus über „Ti“ als eine Verneinung auszulegen? Ist Lao-tzu ein Atheist gewesen (vorausgesetzt, daß mit „Ti“ Gott gemeint ist)? Ein Agnostiker? Einer, der das Tao zu seinem Idol gemacht hat? Oder ist vielleicht das Tao selbst eine Gottheit, die Lao-tzu aus der dunklen Vergangenheit in seine Zeit hinübergerettet hat? Eine von ihrem mythologischen Glanz und von ihren mythischen Zutaten gereinigte Gottheit, aber doch eine Gottheit?

All diese Ansichten haben ihre mehr oder weniger überzeugten Vertreter und Verfechter gefunden. So nennt ihn z. B. der Chinese Tien den ersten Denker Chinas (allerdings ein „Ausländer“ aus dem Süden!), der den alten Gott Chinas geleugnet hat (*6.78*, 211). Nach anderen soll das Tao ursprünglich eine persönliche Gottheit von totemistischer Art in Südchina gewesen sein (*6.75*, 357). Es ist schließlich der Sinologe Erkes, der nie müde wird, immer neue Beweise für den Tiergöttincharakter des Tao des Lao-tzu zu finden.

b. Zur Bestimmung des Taobegriffes ist es außerordentlich wichtig, sich über den Inhalt der Gottesnamen, wie „Shang-ti", „Ti", im klaren zu sein, um die Haltung Lao-tzus zu dieser Frage genau zu verstehen. Diese Haltung wird nämlich die genaue Bedeutung der zitierten Worte (das Tao scheint dem „Ti" voranzugehen) bestimmen.

Die Ansicht der ersten Jesuiten, die Bezeichnung für Gott sei ursprünglich „Shang-ti" (oder „Ti") gewesen, wurde durch die Archäologie (Inskriptionen der Orakelknochen und der Bronzen) bestätigt. Noch im 19. Jahrhundert waren nämlich viele Gelehrte der Ansicht, nicht „Shang-ti", sondern „T'ien" (Himmel) sei der erste Name Gottes, der dann später in einen personifizierten Gott „Shang-ti" übergegangen sei. Eine historisch-kritische Untersuchung der Klassiker und die neuen archäologischen Funde aber zeigen deutlich, daß der Ausdruck „Himmel" (T'ien) als Bezeichnung für Gott späteren und vielleicht nichtchinesischen Ursprungs ist (vgl. *6.78*).

Nach Greel war „Ti" oder „Shang-ti" mehr als 3000 Jahre lang eine der chinesischen Gottheiten, vielleicht die Hauptgottheit. Es ist wohl möglich, daß er ursprünglich ein vergötterter Ahn gewesen ist, vielleicht der Urahn der Shangdynastie. Es ist eine Tatsache, daß in den Orakelinskriptionen der Shangdynastie der Ausdruck „Himmel" kein einziges Mal auftritt. „T'ien" („Himmel") soll der Gott der Chudynastie gewesen sein, den man später mit Shang-ti identifizierte . . . Es ist übrigens sehr schwierig, aus den uralten Inskriptionen der Orakelknochen und Bronzen oder aus den Klassikern die genaue Bedeutung dieser Bezeichnungen herauszuschälen. Ihr Ursprung scheint noch mehr im dunkeln zu liegen. Schon die Frage, ob es in China einen Monotheismus oder bloß einen Theismus gegeben hat, ist äußerst kompliziert. Dazu kommen noch die Geschichte, die Literatur, die Archäologie und die Kunst mit einem reichen Material über Götter, Geister und unzählige religiöse Gebräuche, die durch und durch polytheistisch gefärbt sind. Auf der anderen Seite aber hat der Staat (wie auch die Philosophie) nicht viel übrig für die populären Götter. Sie wurden von den klassischen Philosophen völlig übersehen, ignoriert (im Gegensatz zu Griechenland, wo die Mythologie im Philosophieren und noch mehr in der Literatur eine funktionelle Rolle spielte).

Der genaue Inhalt und die theologische Bedeutung des Wortes „Shang-ti“ sind noch immer zu unsicher, um allgemeingültige Aussagen darüber machen zu können. Man sollte das Wort von Fall zu Fall auf seinen Inhalt hin genau untersuchen (historisch, literarisch, soziologisch). Das sehr lobenswerte Unternehmen Tiens ist trotz der großen Verdienste dieser schönen Arbeit ziemlich unbefriedigend, vor allem was seine Schlußfolgerungen betrifft. Er beweist zu viel: Sollte alles stimmen, was er behauptet, so wäre im Grunde genommen kaum ein Unterschied zwischen dem Gott der alten Chinesen und dem Gott der Offenbarung. Auch sonst ist diese Frage noch immer zu sehr umstritten, um etwas Definitives darüber sagen zu können. Man kann aber ohne weiteres sagen, daß es viele Fälle gibt, wo „Shang-ti“ ganz bestimmt Gott oder wenigstens den höchsten Gott bezeichnet.

Das „T'ien“ bereitet nicht so viele Schwierigkeiten, da das Wort aus den Klassikern besser bekannt ist. Wir sind ziemlich genau über seinen Gebrauch und seinen Inhalt unterrichtet. Nur der Ursprung des Wortes liegt noch im dunkeln. Und selbst bei diesem Ausdruck konnte man bis auf den heutigen Tag noch nicht mit eindeutiger Sicherheit ausmachen, ob man unter dem „Himmel“ einen persönlichen Gott verstehen darf oder nicht. Es gibt viele Sinologen (auch Chinesen), die überzeugt sind, daß Konfuzius unter dem Himmel einen persönlichen Gott verstanden und verehrt hat. Mit Sicherheit kann man aber nur von Mo-tzu (5.–4. Jahrhundert v. Chr.) wissen, daß er den Himmel als einen persönlichen Gott aufgefaßt hat (vgl. *7.4; 6.78; 6.75;* Söderblom, Das Werden des Gottesglaubens).

c. Die Chinesen selbst haben im Laufe ihrer langen Geschichte nie ein großes Problem aus der Gottesfrage gemacht. Die Frage wurde eigentlich nicht von ihnen, sondern von den Europäern, namentlich von den ersten Jesuiten, gestellt. Sie wollten sich über dieses Problem Klarheit verschaffen. Die große Frage war, ob man die uralten Gottesnamen der Klassiker, wie „Shang-ti, T'ien“, für die Verkündigung der christlichen Religion gebrauchen könne.

M. Ricci, weitaus der größte unter den damaligen Missionaren, der Bahnbrecher der Sinologie, ein gründlicher Kenner der chinesischen Klassiker, wiederholt immer wieder seine Überzeugung: Die alten Chinesen haben den wahren Gott gekannt, sie haben an ihn geglaubt, ihn verehrt. Der jetzige Atheismus und Rationalismus der Gelehrten sei die Folge eines Mißverständnisses und der falschen Interpretation der Klassiker. Sie seien eher als Zeichen der Dekadenz als des Fortschrittes anzusehen (*8.2*, 236 f., 281 f.; *8.8*, 116).

Es entbrannte eine leidenschaftliche Disputation unter den Missionaren, in die sich später auch die europäischen

Gelehrten einschalteten. Die chinesischen Klassiker wurden gründlich und leidenschaftlich durchforscht; man suchte in ihnen nach Gott und sogar nach Spuren der Offenbarung (vgl. *6.73*).

Das Tao-te-ching hat man zuerst übersehen. Es ist merkwürdig, wie geringschätzig die ersten Jesuiten über Lao-tzu schreiben. Ricci, der die alten Schriften Chinas so gut kannte, nahm sich nie die Mühe, der Wahrheit in diesem Punkt nachzugehen. Was er von Lao-tzu wußte und berichtete, ging nicht im geringsten über die primitive Legende über seine Geburt und über einige von nicht sehr gebildeten Taoisten gehörte Ideen hinaus. Auffallend ist seine Bemerkung über Lao-tzu: „Hic (Philosophus) dogmatis sui *librum nullum* reliquit, nec videtur novum dogma instituere voluisse" (*8.8*, 124 f.)

Ricci scheint also von der Existenz des Tao-te-ching nichts gewußt zu haben. Der herrschende Kult seiner Zeit war der Konfuzianismus. Die führende Klasse der Literati bekannte sich zu ihm. Der Taoismus und Buddhismus wurden verachtet. Ricci sah sich aus apostolischen Gründen und Überlegungen gezwungen, sich an die Reihen der Gelehrten anzuschließen. Von seinem Standpunkt aus gesehen, war seine Haltung die einzig mögliche und die einzig erfolgreiche. Das ist der Grund, warum er sich mit den populären Erzählungen über Buddha und Lao-tzu zufrieden gab, ohne sich der Tatsachen zu vergewissern. Weder die buddhistischen Schriften des Urbuddhismus noch die Originalschriften des Urtaoismus waren ihm bekannt. Allem Anschein nach gehörten diese Schriften nicht zum guten Stil der gebildeten Klasse. Sie enthielten zwar eine „veritatis umbra", die aber von den „teterrimae mendaciorum nebulae" bald verdunkelt und ausgelöscht wurde (*8.8*, 121).

Wie das völlige Übersehen buddhistischer und taoistischer Schätze durch die Generation des P. Ricci zu bedauern ist, ist es ebenso peinlich, die leidenschaftliche Jagd nach den Spuren der christlichen Dogmen durch die späteren Jesuiten zu beobachten. Wieger sagt kurz: „pénibles de constater" (*0.9 I*, 5) und selbst Tien spricht von „exagérations presque puériles" (*6.78*, 55). Hegel urteilt ironischer: „Es ist wohl ein Zeichen des Zusammenhangs, doch gelehrte Hypothesen darüber sind überflüssig"; er meint damit die Hypothese, daß im Tao-te-ching, Kapitel 14, der Name Jahwe samt dem Dogma der Trinität enthalten sei (Vorlesungen über die Geschichte der Philosophie, 285).

Bis in das 18. Jahrhundert hinein hat man über die Gottesnamen disputiert, ohne daß man sich darüber einigen konnte. Auch die chinesischen Christen waren uneinig hinsichtlich der Bedeutung der „Gottesnamen" (Himmel, Shang-ti ...). Zum Schluß hat man den Kaiser selbst und auch Rom in die Diskussion eingeschaltet. Im Jahre 1700 erklärte der damalige Kaiser offiziell, daß das Opfer, das auf dem Altar des Himmels und der Erde dargebracht wird, nicht dem materiellen Himmel gelte, sondern dem „Shang-ti", Herrn und Urheber des Himmels und der Erde (*6.67*, 143; *6.65*, 66; *8.2*, 278–279).

Die Diskussionen nahmen ein Ende, als Rom die Frage autoritativ entschieden hatte: Weder „Shang-ti" noch „T'ien", sondern „T'ien Chu" solle in Zukunft von den Missionaren in der Verkündigung gebraucht werden. (T'ien Chu bedeutet den Herrn des Himmels; die Entscheidung kam vier Jahre nach der offiziellen Stellungnahme des Kaisers zu der umstrittenen Frage.)

d. Wie hat sich Lao-tzu zu „Ti" und zu „T'ien" verhalten? In welchem Verhältnis steht sein Tao zu den beiden? Um diese Frage beantworten zu können, müssen wir die Geschichte zu Wort kommen lassen.

Auf Grund der ältesten Dokumente und der Archäologie ist folgendes zu sagen: Zuerst tauchen die Ausdrücke „Ti", „Shang-ti" auf. Später erscheint das Wort „T'ien". Es wird eine Zeitlang mit „Ti", „Shang-ti" zusammen gebraucht (Annalen, Lieder, Riten, Frühling-Herbst). Bald gewinnt aber der „Himmel" die Oberhand. Schon in den Liedern kommt er dreimal so oft vor wie „Ti" und „Shang-ti" (etwa 90mal, bzw. 30mal). Zur Zeit des Konfuzius hat der „Himmel" praktisch die Alleinherrschaft. „Shang-ti" und „Ti" werden immer weniger und seltener verwendet unter den Schülern des Konfuzius.

Maspéro glaubt, daß der Einfluß des aufkommenden Rationalismus zusammen mit der Yin-yang-Lehre die Hauptrolle in dieser Umwandlung der Begriffe gespielt habe. Man meinte, man könne alles mit der Wechselwirkung des yin-yang erklären, und folglich seien die Götter und Geister überflüssig. „Shang-ti" konnte dem Schicksal der anderen Götter nur so entgehen, daß er seinen persönlichen Charakter mehr und mehr einbüßte, „pour devenir simplement le Ciel", als Materialisation des yang, während der Souverän der Erde und die mit ihm verbundenen Gottheiten als Verkörperungen des yin weiterleben müßten (*7.18*, 226 f.).

Konfuzius, der das Altertum sicher besser kannte als seine Zeitgenossen (er muß auch von „Shang-ti" gewußt haben)[11], gebraucht den Namen Shang-ti praktisch nie. Es gibt nur zwei Stellen in Lun Yü, wo von „Ti" die Rede ist.

Im dritten Buch geht es um das Opfer für den Ahn der Dynastie. Nur der Kaiser war berechtigt, dieses Opfer darzubringen. Daher gefällt es dem Konfuzius nicht,

[11] Er hielt sich bekanntlich an die überkommene Auffassung, die noch Staatslehre war (und diese war theistisch). „Ich überliefere, ich erfinde nicht."

wenn er hört, daß das Opfer vom Herzog Lu dargebracht wurde. Das Zeichen für das Opfer wird zwar etwas anders geschrieben, doch genauso ausgesprochen wie das Zeichen für den Herrscher: „Ti". Im Kommentar zu dieser Stelle wird dasselbe Zeichen, ohne das Radikal für das Opfer, gebraucht, ähnlich wie das Zeichen für den Herrscher (Gott) (*2.5*, 91).

Im elften Kapitel desselben Buches wird Konfuzius nach der Bedeutung des Großen Opfers für den Ahn der Dynastie gefragt, worauf er mit „Ich kenne die Bedeutung nicht" antwortet (vgl. noch The Doctrine of the Mean, 19, in *6.1*, 104. Mit den Zeremonien und dem Opfer zur Ehre des Himmels und der Erde ist der „Shang-ti" gemeint).

Im 20. Buch, Kapitel 1, tauchen plötzlich die Ausdrücke „erhabener Herrscher, Gott" („huang-huang hu-ti"), „Souveräner König und höchster Herr" („ti-teh'enn") auf. Der Kommentar bemerkt dazu, daß diese ehrfurchtsvollen Worte „Shang-ti" bezeichnen (*2.5*, 293).

Im ersten Text geht es um das Opfer für den Ahn (ein Synonymwort für „Ti", den Herrscher). Konfuzius weicht der Frage nach dem Sinn und der Bedeutung vorsichtig aus. In dem zweiten Text handelt es sich bloß um eine Randbemerkung des Kommentators. Konfuzius wird nicht mit Namen genannt.

In den Gesprächen des Konfuzius (Lun yü) ist der „Himmel" der stereotype Ausdruck für „Gott". Das Wort „Himmel" kann aber auch den materiellen Himmel, das Schicksal, die Natur bedeuten. Er ist als ethisches Prinzip das höchste Prinzip des Universums. – Später im Neokonfuzianismus werden sowohl „Shang-ti" als auch der „Himmel" ihres transzendenten Charakters völlig beraubt, ja sie werden durch die rationalistisch-materialistischen Theorien aus der Philosophie verdrängt. (Die alten Götter bleiben auch weiter bestehen. Der Taoismus wird sogar unter dem Einfluß des populär gewordenen Buddhismus seinen Pantheon immer mehr erweitern. Das aber gehört nicht mehr hierher.)

e. Bei Chuang-tzu, der dem Lao-tzu noch am nächsten steht – sein Taobegriff ist sogar in wesentlichen Punkten derselbe wie der des Lao-tzu –, ist es nicht leicht auszumachen, ob er an „Ti“ glaubte oder nicht. Er verwendet das Wort „Ti“ jedesmal, wenn er von „Gott“ spricht. Die Alten schrieben den Tod dem „Ti“ zu. Der Tod ist nach ihnen die „Lösung der Bande durch ‚Ti‘“ (III, 4, S. 24). Dennoch gibt es keinen sicheren Anhaltspunkt, um seine Ansicht hinsichtlich des „Ti“ kennenzulernen. Ti kann bei ihm auch das Göttliche in den Göttern und Geistern, ja sogar den menschlichen Geist bedeuten (VI, 1, S. 49, XV, S. 118 bei Wilhelm; Wieger, *2.11,* 254/D; Legge, *2.10,* 457).
Er gebraucht wiederholt auch den Ausdruck „Schöpfer“ – „Tsao-wu-che“ – (neben dem „Ti“ und dem „Wahren Leiter“). Zugleich läßt er aber seine Zweifel über ihn durchschimmern (II, 2). Spätere chinesische Kommentatoren werden den Schöpfer des Chuang-tzu leugnen. Kuo Hsiang (gest. 312 n. Chr.) identifiziert in seinem Kommentar zu Chuang-tzu den Schöpfer mit der schöpferischen Natur (*6.1,* 196). Er selbst verneint ausdrücklich den Schöpfer und sagt, alles erschaffe sich selbst ohne jeden Schöpfer (Komm. zu Chuang-tzu, 19; bei Chan, 330–331). Noch später, im Mittelalter, identifiziert Chu Hsi, der größte Philosoph der Zeit, den „Shang-ti“ der „Klassiker“ und auch den „Himmel“ mit seinem eigenen „Li“, welches immer mit „ch’i“ zusammenwirkt (Chan, 634–36, Nr. 100, 107, 129). In Nr. 129 schreibt Chu Hsi unverhüllt: „Ti“ ist nichts anderes als das „Li“. Das „Li“ ist das aktive Prinzip hinter den Ereignissen im

Universum. („Li“ ist hier eine Art formales Prinzip; „ch'i“ wird von Chan durch „material force“ übersetzt; 634, 784.)

Im Buche des Chuang-tzu, das übrigens ziemlich heterogen ist, wird die Frage nie gestellt, wie das Tao, „Ti“ und der Schöpfer sich zueinander verhalten, in welcher Beziehung sie zueinander stehen. Chuang-tzu gebraucht die verschiedenen Namen und Bezeichnungen anscheinend ganz unbekümmert. Sein Taobegriff ist zwar ebenso metaphysisch aufzufassen wie der des Lao-tzu, doch möchte man mehr wissen über die persönliche Auffassung des Verfassers in bezug auf den Inhalt der von ihm gebrauchten Gottesnamen.

Lao-tzu sagt sehr deutlich: Das Tao scheint dem „Ti“ vorauszugehen (c. 4). Ein ähnlicher Satz findet sich weder bei Konfuzius noch bei Chuang-tzu. Chuang-tzu stellt sich die Frage überhaupt nicht, wer von den beiden der Erste ist. Er ist dem Plato ähnlich, der die Ausdrücke „Gott“ und „Götter“ unterschiedslos verwendet, ohne das Dilemma lösen zu wollen. Lao-tzu aber setzt sein Tao über „Ti“. Von da an wird „Ti“ im ganzen Tao-te-ching nicht mehr erwähnt.

Es ist sehr charakteristisch für die chinesischen und die japanischen Kommentare, wie leicht sie diese wichtige Stelle im Tao-te-ching zu übergehen pflegen. Ho Shangkung sagt nur: Das Tao hat schon vor dem Gott des Himmels existiert. Es ging der Geburt des Himmelsgottes voran (*5.41*, 19). Wang-Pi ist ebenso wortkarg bei dieser Stelle. Chan hat überhaupt nichts hinzuzufügen. Auch die Japaner schweigen. „Es (das Tao) scheint der Ahn des Himmelskaisers zu sein“ (*3.3*, 19). „Vor dem Ti“ soll besagen, er ist der Ahn des „Shang-ti“ (*3.7*, 23). Wie man sieht, wiederholen sie bloß dasselbe, was schon sowieso im Text steht. Nach Kannó ist mit dem „Ti“ der Himmel oder der „Shusaisha“ (Gubernator,

Lenker) gemeint (31). Der älteste Kommentator des Lao-tzu, Han Fei-tzu, hat zu diesem Kapitel keine Erklärung hinterlassen.

Nur M. Chiu vertritt in seinem ziemlich kritiklosen Buch die Ansicht, Lao-tzu habe mit diesem Ausdruck gesagt: „Mein Tao ist der absolute Geist, nach meiner Erkenntnis kann er nicht jemandes Sohn sein; aber wenn ihr, meine Zeitgenossen, eure unvollkommene Vorstellung ‚Gott' nennen wollt, so scheint mir ‚Tao' sein Vorgänger zu sein. Für Lao-tzu war Tao sein Gott" (*5.16*, 55).

Die Beispiele zeigen zur Genüge, wie wenig den Chinesen die Frage nach dem „Ti" und nach dem Verhältnis zwischen dem Tao und dem „Ti" am Herzen gelegen ist. Mo-tzu (5.–4. Jahrhundert v. Chr.), der bedeutendste Philosoph neben Konfuzius und Lao-tzu, dürfte wohl der erste in China gewesen sein, der an einen persönlichen „Himmel", an den persönlichen „Shang-ti" glaubte (*6.82*, 209). Für ihn waren beide gleichbedeutend, synonym. Es ist ja gerade seine Lehre über den persönlichen Gott und über die allgemeine Nächstenliebe, die ihn außerhalb Chinas berühmt, um nicht zu sagen populär, in China selbst aber unpopulär machte. Die Chinesen schreiben viel über seine Morallehre, über seine Stellungnahme zum Krieg. Nur sein Gottesglaube wird stillschweigend übergangen.

2. *Die Haltung des Lao-tzu*

a. Nach dem bereits Gesagten wird es nicht schwer sein einzusehen, wie kompliziert die Gottesfrage ist. Schon die Frage, ob es in China einen Monotheismus überhaupt gegeben hat, ist äußerst komplex. Auch darum, weil im Chinesischen sowohl das Wort „Gott" als auch das Wort „Person" fehlen.

Anderseits ist nicht zu leugnen, daß es einen echten, sehr monotheistisch gefärbten Theismus in China gegeben hat, dessen schöne Zeugnisse wir in den Klassikern und vor allem bei Konfuzius und Mo-tzu mit Recht bewundern. Da aber schon zur Zeit des Konfuzius (und noch mehr später, als das Tao-te-ching abgefaßt wurde) der Begriff „Ti" für viele nicht mehr den alten Klang und Inhalt besaß, und weil auch Konfuzius ihn kaum gebrauchte, kann man Lao-tzu sicher nicht ohne weiteres den Vorwurf machen, er hätte Gott schlechthin geleugnet, er hätte absichtlich den „Ti" verworfen.
Der Ausdruck „Ti" bedeutet für ihn entweder nicht mehr den Gott der klassischen Zeiten, oder das Wort war in seiner Zeit schon zu konventionell (und darum unecht, ausgehöhlt), um in ihm noch einen Rivalen des Tao zu erblicken. (Das ist unter anderem die Meinung von Dvorak *4.24*, 33).
Duyvendak übersetzt „Ti" mit „Empereur" und sagt dazu: Dieses Wort soll im mythologischen Sinne verstanden werden (11). Dagegen könnte man freilich einwenden: Warum bekämpft Lao-tzu gerade hier, im Falle von „Ti", die Mythologie, und warum tut er es sonst nirgends in seinem Buch, nicht einmal im 6. Kapitel? Gerade das dunkle 6. Kapitel mit seinem auch mythologisch interpretierbaren Inhalt mahnt zur Vorsicht.
Lao-tzu kämpft nicht gegen die überlieferten religiösen Überzeugungen seines Volkes. Das zeigt seine Haltung dem „Himmel" gegenüber sehr deutlich.
Er gebraucht oft das Begriffspaar Himmel-Erde durchaus in dem traditionellen Sinn des Wortes. Himmel und Erde war für die Chinesen die erhabene, geheiligte Formel des Universums. Von diesem Himmel und von dieser Erde sagt er sehr richtig: „Himmel und Erde haben keine Menschenliebe" (c. 5). Ein allzu oft mißverstandener und gegen die Absichten des Autors ausgespielter

Satz. Statt auf die Polemik zu dieser Frage einzugehen, sei nur kurz auf Needham verwiesen. Er interpretiert diese Aussage des Tao-te-ching aus der „Amoralität“ der Natur heraus. Die moralischen Tugenden, wie Liebe, Haß, gehören grundsätzlich zur Welt des Menschen. Die Natur dagegen hat weder Bewußtsein noch Erkenntnis. Es wäre daher von vornherein falsch, eine moralische Haltung von ihr zu erwarten. Niemand ist imstande, diese zuerst fremd klingenden Worte des Lao-tzu zu verstehen, ehe er nicht eingesehen hat, „that the expulsion of ethical judgments from natural science was an essential step in its development . . . Ethical criteria have no application outside social relations“ (*6.18*, 49).

Das Tao wird wiederholt der Urgrund und die Wurzel des Himmels und der Erde genannt. Schon deswegen kann Lao-tzu sie unmöglich verurteilen oder verachten. Er erweist tatsächlich – ohne sentimental und schwärmerisch zu werden – dem Himmel und der Erde alle Ehre, die ein Chinese ihnen zu erweisen hat.

Außerdem wird das Wort „Himmel“ (T'ien), vor allem in der zweiten Hälfte des Buches, ziemlich häufig gebraucht und überraschenderweise ganz im traditionellen, um nicht zu sagen konfuzianischen Sinn verwendet.

„Wem der Himmel helfen will, den schützt er durch Barmherzigkeit“ (c. 67). Er ist gerecht: „sein Netz faßt weite Weiten, klafft offen und läßt nichts entfliehen“ (c. 68). Zugleich sind seine Wege unerforschlich: „Was dem Himmel verhaßt ist, wer erkennt, warum das ist“ (c. 68). „Des Himmels Tao (Weg) hat keine Günstlinge, immerdar gibt er dem guten Menschen“ (c. 79). „Des Himmels Weg (Tao) ist: Das Hohe bringt er nieder, das Niedere bringt er hoch, das Übervolle mindert er, das Nichtgenügende ergänzt er“ (c. 77). „Des Himmels Weg (Tao) ist wohltun und nicht schaden“ (c. 81).

Solche Ausdrücke passen durchaus gut in die traditionelle Redeweise über den Himmel. Des Himmels Weg (Tao) drückt den Geist des Tao am schönsten aus: „Er streitet nicht und weiß zu überwinden, er redet nicht und weiß Antwort zu finden, er ruft nicht und man kommt von selbst vor ihn" (c. 73). „Ist Verdienstliches vollendet und Ruhm erlangt – dann sich selbst zurückziehen, ist des Himmels Weg (Tao)" (c. 9).

Der Himmel ist für Lao-tzu, genauso wie für Konfuzius und seine Zeitgenossen, etwas Heiliges, Großes. Er ist für ihn der Vorsehung ähnlich, er ist wie „Gott". Dieser Umstand dürfte außerordentlich wichtig erscheinen: Warum stellt er das Tao wohl „Ti", aber nicht dem „T'ien" gegenüber? Es kann kein Zweifel darüber bestehen, daß er in den zitierten Texten den Himmel in einem ganz anderen Sinne auffaßt als in dem Begriffspaar „Himmel-Erde". Dort ist offenbar der materielle Himmel gemeint, insofern der Himmel zusammen mit der Erde Manifestation der Natur ist. Hier hat der Himmel einen ethisch-religiösen Ton. Er verbindet oft den Himmel mit Tao: das „Tao des Himmels", der „Weg des Himmels". Dieser Ausdruck ist eigentlich nichts anderes als ein Synonym für das Tao.

Im Taoismus, vor allem während der Chudynastie, wird der Theismus des alten Chinas praktisch ignoriert. Die Taoisten sehen in den Wandlungen der Natur (mit Vorliebe in den Veränderungen des Mondes) die Manifestation des Göttlichen (*6.76*, 124). Im allgemeinen hat der Himmel bei den Taoisten nicht die Bedeutung eines Gottes, wie es oft bei den Konfuzianern der Fall war. Ob auch Lao-tzu sich den Himmel „taoistisch" gedacht hat? Dagegen spricht erstens, daß die Natur bei ihm nirgends die Rolle spielt, wie wir es im späteren Taoismus sehen; weder die Sonne noch der Mond kommen in dem Buch vor; zweitens, daß er den Himmel in dem traditionellen Sinne gebraucht, was die Taoisten nicht taten.

b. Das Tao, das wir bis jetzt untersucht haben, war fast immer metaphysisch, a-moralisch. Nur im Zusammenhang mit seinem Te wurden ethische Aussagen über es gemacht. Lao-tzu macht nun im zweiten Teil des Tao-te-ching über den Himmelsweg (Tao des Himmels) ähnliche ethische Aussagen. Können wir daher den Himmel nicht als einen neuen Aspekt des Tao betrachten, der sein neues Gesicht manifestiert, welches bis jetzt noch nicht in den Vordergrund getreten war? Mit dieser Möglichkeit taucht aber eine neue Frage auf: Ist das Tao bloß ein kosmisch-metaphysisches Prinzip ohne jeglichen moralischen Inhalt, oder ist es etwas mehr?

Der Himmel hat in den Klassikern und vor allem in den Gesprächen des Konfuzius – neben anderen Aspekten – auch einen ausgesprochen ethischen Charakter. Er handelt und spricht, als ob er eine freie konkrete Person wäre. Und doch ist er keine Person in dem Sinn, daß man sich ihm in einer „du"-haften Beziehung übergeben könnte. In diesem Sinne ist der Himmel kein persönlicher Gott. Auf der anderen Seite faßt Lao-tzu das Tao nicht als ein weltfremdes, gefühlloses, kaltes Prinzip auf. Sein Tao ist unendlich näher als der Gott mancher Theisten.

Schon die verschiedenen „Namen", die er ihm gibt, die mannigfaltigen „Funktionen", die er ihm zuschreibt, sind ein Beweis dafür, daß sein Tao viel mehr sein muß als ein bloßes Naturprinzip. Der mehrmals erwähnte Name „Mutter" würde nicht gut in eine reine Abstraktion eines bloß metaphysisch aufgefaßten Prinzips passen. Tao ist die „nährende Mutter" (c. 20), die Zuflucht der Einsamen, der Verlassenen (c. 20), der die Ehre gebührt. Es ist Mutter nicht infolge einer abstrakten „relatio", sondern kraft eines intimen Verhältnisses, das zwischen ihm und den Menschen besteht, d. h. kraft seiner Mutterschaft und kraft der Kindschaft aller Menschen

(c. 52). Diese Zuversicht gibt uns die Hoffnung und die Sicherheit, daß wir selbst „bei des Leibes Untergang“ ohne Gefahr sind (c. 52, 33, 50).

Das Tao ist selbstlos, „ist Verdienstliches vollendet, nennt es dies nicht sein. Es nährt alle Wesen und macht sich nicht zum Herrn“ (c. 34). Gerade darin sieht man deutlich sein „Te“ hervortreten, von welchem gesagt wird, daß es erzeugt, doch will es nicht darauf bestehen, wirkt, ohne etwas darauf zu geben, erhält und nicht beherrscht (c. 51). Lao-tzu sagt, daß ein Mann des Tao unmöglich den Krieg lieben kann (c. 31). Das hängt aber damit zusammen, daß der Krieg nicht nach dem Geiste des Tao ist. Der Effekt seiner Anwesenheit, seine Wirkung ist nicht der Streit, nicht der Krieg, nicht das Unglück zu bringen, sondern Stille, Friede, Ruhe und Harmonie. „Der Reine und Ruhige ist der Welt Richtmaß“ (c. 45). Befolgt man das Tao, so werden „Himmel und Erde sich vereinigen und erquickenden Tau herabsenken“ (c. 32), und die Welt hat ihre Ruhe (c. 32, 37). – Nicht schaden will es, sondern „wohltun“, nützlich sein (c. 81). Die Suchenden werden nicht abgewiesen, den Sündern vergibt es ihre Schuld; „darum ist es das Köstlichste in der Welt“ (c. 62). Lao-tzu vergleicht sein Tao mit dem Wasser, das für die Chinesen (für Konfuzianer ebenso wie für Taoisten) die höchste Form von Güte ist. „Wasser ist gut, allen Wesen zu Nutzen, und streitet nicht; darum ist es nahe dem Tao“ (c. 8). So ist das Tao für Lao-tzu das höchste Gut, die höchste Form von Güte, zwar eine verborgene, namenlose Güte, die aber sich gar groß erweist, wenn es darum geht, zu helfen und zu vollenden (c. 41).

Für Lao-tzu ist das Tao in seiner namenlosen Einfalt, in seinem seienden Nichtsein endgültig und unwiderruflich der Anfang schlechthin, der Ahn, die Mutter. Vor ihm gibt es nichts, es kann nichts geben. Es ist ja das

„semper maius", semper prius", was man sich auch ausdenken mag. Es ist vor Himmel und Erde; es ist auch vor „Ti", dem Urahn der chinesischen Ahnen (es ist eigentlich gleich, ob man diese Ahnen göttlich auffaßt oder nicht). Der Himmel symbolisiert somit den sichtbaren Aspekt des Tao, seinen erfahrbaren, spürbaren Kontakt mit der phänomenalen Welt. Der Punkt der Berührung (ethisch und existentiell gemeint), wo der Weg des Menschen sich mit dem Weg des Himmels schneidet, ist der entscheidende Punkt des Niederstiegs für das Tao, der Punkt des Aufstiegs für den Menschen: „der Vereinigungspunkt" der Welt mit dem Tao ... (c. 61).

IV. Teil
Das Weibliche der Welt (T'ien-hsia p'in)

1. Das Schwache besiegt das Starke

a. Der auffallendste Aspekt des Tao, so wie es uns im Tao-te-ching geschildert wird, ist ohne Zweifel sein „weiblicher“ Zug. Und wohlgemerkt: dabei hat er mit einem Gott oder mit einer Göttin der Mythologie ebensowenig zu tun wie etwa Jahwe, wenn dieser bald „Vater“ genannt (Jes. 63,16; 64,7), bald mit einer zarten, liebenden Mutter verglichen (Jes. 66,12–13) oder mit dem Muttervogel in Zusammenhang gebracht wird (Gen. 1,2; Deut. 32,11).

Noch eine Vorbemerkung sei hier gestattet: Wenn auch das Begriffspaar yin-yang *auch* das Weiblich-Männliche bedeuten kann, wobei dann das yin als das Weibliche, das Dunkle, das Schwächere dargestellt wird, so hat diese Auffassung auf den Taobegriff des Lao-tzu keinen direkten Einfluß. Erstens erscheint das bekannte Wortpaar im Tao-te-ching nur ein einziges Mal (c. 42); zweitens wird das Weibliche in bezug auf das Tao nirgends mit dem Gedanken des yin verbunden, und drittens handelt es sich in der Yin-yang-Theorie immer um eine Wechselwirkung, worin der Reihe nach bald das yin, bald das yang in dem sich zyklisch wiederholenden Prozeß die Oberhand gewinnt. Dagegen ist die Aussage des Tao-te-ching: „Das Weibliche, das Schwache besiegt immer das Männliche, das Starke“ (c. 36, 61, 78) als eine absolute Aussage zu verstehen. Und das ist ein großer Unterschied.

Der Gedanke, daß das Schwache das Starke überwindet, daß das Harte und das Starke dem Tod verschrieben, das Weiche und das Schwache aber Begleiter des Lebens ist, ist vielleicht der am meisten zitierte Satz des Tao-te-ching, „the best authenticated theory attributed to Lao-tzu (*5.70*, 349), eine der populärsten Ideen des berühmten Philosophen.

Auch die Materialisten haben diesen Gedanken willig aufgegriffen, um ihre Lieblingsthese zu unterstützen. Der Satz: „Die Schwachen besiegen die Starken" wird dann selbstverständlich auf die Herrscher, d. h. die Unterdrücker und auf die Unterdrückten angewendet (Yang, Der chinesische Philosoph Laudse, 64). Das Prinzip lautet also im Geiste des Marxismus: „Das Tao ist die unerbittliche Notwendigkeit der materiellen Welt, und seinen Gesetzen sind alle Wesen unterworfen. Auf seinem Weg vernichtet es alles, was ihm hinderlich ist" (*3.10*, 55). Das Thema der Überwindung des Starken durch das Schwache scheint in China eine lange Vergangenheit zu haben. Die folgende Anekdote illustriert den Kern der Sache in embryonalem Zustand. Lao-tzu suchte einmal Chang Yung auf. „Meister", fragte er ihn, „habt Ihr mir nicht noch Unterweisungen zu geben?" Chang Yung machte darauf seinen Mund auf: „Ist dort meine Zunge?" Lao-tzu antwortete: „Ja, sie ist da." „Und sind auch meine Zähne dort?" „Nein", erwiderte Lao-tzu. „Weißt du, was das bedeutet?" Worauf Lao-tzu zur Antwort gab: „Bedeutet es nicht, daß die Starken verschwinden und die Schwachen und Biegsamen bleiben?" – „Gut", sagte daraufhin Chang Yung, „damit haben wir alles, was es über das Universum zu sagen gibt, erörtert" (Hsi K'ang, Aus „Das Leben weiser Männer", in *6.37*, 145).

Diese Anekdote will bestimmt nur eine paradoxe Wahrheit anschaulich machen. Es ist ein argumentum ad hominem, das freilich einer kritischen Überprüfung kaum standhalten kann. Ähnlich ist es auch mit dem 76. Kapitel des Tao-te-ching: „Der Mensch tritt ins Leben weich und schwach, er stirbt hart und stark. Alle Wesen treten ins Leben weich und zart, sie sterben trocken und dürr. Darum: das Harte und Starke ist Begleiter des Todes; das Weiche und Schwache ist Begleiter des Lebens . . . Ist ein Baum stark, dann ist er am Fall."

Der starke Baum nämlich, weil er nützlich ist, wird gefällt und zu verschiedenen Zwecken verwendet, den schwachen dagegen läßt man stehen. So entgeht er der Vernichtung. Der starke, gesunde Bursche muß in den Krieg ziehen, wo er Gefahr läuft, getötet zu werden. Der schwache und kranke aber darf zu Hause bleiben, und so bleibt er am Leben. Zahlreiche ähnliche Beispiele findet man bei Chuang-tzu (IV, 4–7).

b. Doch wenn Lao-tzu sagt: „Schwachsein ist Taos Gepflogenheit" (Eigenschaft; wörtlich: „Brauchbarkeit", c. 40), meint er damit sicher mehr als einen biologischen Scheinsieg des Schwachen über das Starke. Eigentlich könnte man auch diesen Satz noch im Geiste der bereits zitierten Beispiele auslegen. Aber der Umstand, daß gerade in diesem kurzen Kapitel zwei metaphysische Aspekte des Tao mit angedeutet sind (seine Rückkehr und das Entstehen des Seins aus dem Nichtsein), legt die Vermutung nahe, daß auch mit dem Schwachsein des Tao mehr gemeint ist, als in den oben erwähnten Beispielen ausgedrückt war.

Es geht nicht um das Schwache schlechthin, es geht um das Weibliche. Denn das „Schwache" ist nur eine Vorstufe. Das eigentliche Anliegen oder die Vollendung ist der Sieg des Weiblichen. Das alles hängt mit dem Tao zusammen. Der Verbindungsglieder gibt es viele, die zugleich Gleichnisse des Tao sind: das Tal, das Wasser, das

Meer, das Tiefland, die Vogelmutter oder das Weibliche schlechthin (als Gegenpol des Männlichen).

Das Tal oder das Strombett (c. 28, 32, 39, 66) ist das Symbol der Empfänglichkeit und der demütigen Bereitschaft. Manchmal ist es das Sinnbild der Leere, der Unergründlichkeit (c. 6, 41).

Das Wasser versinnbildlicht die selbstlose Güte, die allgemeine Nützlichkeit der Dinge. Das Wasser sucht niedrige Plätze auf, die von den Menschen gewöhnlich gemieden werden. Es erfüllt gerade durch seine Erniedrigung seine Aufgabe (c. 8, 78). So wird es stark, ja das Stärkste, obwohl es das Schwächste dieser Welt ist.

Das Meer vermag durch seine „niedrige Lage" die Ströme und die Flüsse in sich aufzunehmen (c. 66). Das Tao wird darum mit dem Meer verglichen: Was das Meer für die Flüsse ist, dasselbe ist das Tao für die Welt (c. 32). Das Tiefland ist dem Meer ähnlich, es ist „des Reiches Band", das Weibliche der Welt (c. 61). Von diesem Weiblichen heißt es, daß es durch seine Stille, Ruhe das Männliche überwindet, indem es sich ruhig unterwirft (c. 61). Im 6. Kapitel wird es mit dem Talgeist identifiziert; es heißt das „tiefe Weibliche". „Des tiefen Weiblichen Pforte aber heißt des Himmels und der Erde Wurzel" (c. 6). Hier haben wir einen deutlichen Übergangspunkt vom Weiblichen zum Tao, das ebenso „Wurzel" aller Wesen genannt wird (c. 16).

Der letzte Ausdruck, der mit dem großen Thema des Weiblichen zusammenhängt, findet sich in den Kapiteln 28 und 10. In beiden Texten wird das Weibliche als das Ideal vorgestellt: Bewußt die Rolle des Weiblichen übernehmen, ohne dabei „seine Mannheit" zu vergessen. Der eigenen Hoheit bewußt sein, trotzdem die Erniedrigung wählen; seine eigene Helle kennen, doch im Dunkeln bleiben wollen. Darin besteht der Weg zur ersten Kindheit, zur ersten Einfalt, zurück in das „Unbefangene".

Ein solcher Mensch (der dieses Ideal erreicht hat) ist für die Welt dasselbe, was eine Talniederung ist für die Flüsse: „Wer seine Mannheit kennt, (aber) an seiner Weibheit hält, der ist das Strombett aller Welt" (c. 28). Auch im 10. Kapitel wird das „Weibliche-bewahren-können" mit der Kindheit und mit dem wu-wei auf die gleiche Stufe gestellt. „Wie-ein-Kindlein-sein-können", „des wu-wei-fähig-sein-können" wird ebenso gepriesen wie das „die-weibliche-Rolle-spielen" und das „Vogelmutter-sein-können". Lao-tzu vergleicht diese Haltung mit der bescheidenen, großzügigen Selbstlosigkeit: Beleben, ernähren, erzeugen, aber nicht besitzen wollen; wirken und nicht darauf geben; erhalten, ohne zu beherrschen, das ist tiefe Tugend (c. 10). Anders ausgedrückt: Das ist Taos Art und Weise.

2. *Die Tiergöttin-Hypothese*

a. Bis jetzt war es nicht schwer, diesem Gedankengang zu folgen und ihn zu verstehen. Die Bilder sprechen für sich. Die eigentliche Schwierigkeit liegt im 6. Kapitel und in den dort gebrauchten Bildern. Es gibt nämlich (hauptsächlich) im deutschen Sprachgebiet eine kleine Gruppe von Sinologen und Lao-tzu-Übersetzern, die glauben, vor allem aus dem 6. Kapitel des Tao-te-ching beweisen zu können,

1. daß das Tao ursprünglich eine Gottheit, und zwar eine Göttin, dazu noch eine Tiergöttin war;
2. daß diese vielleicht „aquatische" Gottheit entweder aus Südchina (bzw. aus Indien) oder aus dem babylonischen Gedankenkreis stammt;
3. daß in manchen Kapiteln des Tao-te-ching eine unverkennbare Nostalgie des Verfassers nach dem mutterrechtlichen Staat der Urzeit zum Ausdruck kommt;

4. daß Lao-tzu der Verfechter der Rückkehr zu diesem Urzustand und zugleich ein Verehrer der mütterlichen Tiergöttin war, der ihre Verehrung auch in China wieder einzuführen und zu verbreiten versucht;

5. daß manche Ausdrücke im Tao-te-ching deutlich eine erotisch-mythische Atmosphäre atmen (gerade in Zusammenhang mit der erwähnten Hypothese);

6. und daß man in der Verehrung, in dem bloßen Vorhandensein der Tiergöttin-Mutter im Tao-te-ching ein chinesisches Beispiel des allgemein verbreiteten Mythos von der „Weltmutter" vor sich hat.

Vor allem ist es E. Erkes, der unermüdlich die Ansicht vertritt, es habe in Südchina eine Muttergöttin gegeben, „das später zum abstrakten Weltprinzip gewordene Tao". Es wird bei Lao-tzu „Mutter" genannt. Erkes beruft sich auf Chuang-tzu, der über das Tao schreibt: „Es *gebiert* den Himmel und die Erde" – „also", bemerkt Erkes dazu, „eine am Anfang der Kosmogonie stehende Muttergöttin". Er argumentiert aus dem 6. Kapitel des Tao-te-ching, wo von dem „Talgeist" und von dem „Tierweibchen" die Rede ist. Die Talgeister seien phantastische Tiergestalten, die Quellgottheiten. Das Tao soll demgemäß eine Wassergöttin gewesen sein. Sie wird ja im selben Kapitel „dunkel" (hsüan; tatsächlich hat das Wort, das gewöhnlich mit „tief, tiefsinnig, geheimnisvoll" übersetzt wird, *auch* die Bedeutung „dunkel") genannt. Dunkel ist bekanntlich die Farbe des Wassers. Von den Taoisten wird das Wasser mit dem Tao gleichgestellt. Tao wäre also eine Art Personifikation des Urwassers, wie es zu der südchinesischen aquatischen Kultur paßt. Das Zeichen des Meeres besteht, wie wir wissen, aus „Mutter, Keim und Wasser", also „die das Wasser hervorbringende Mutter". Das alles deute zweifellos auf die Existenz einer Meergöttin hin. Erkes bekennt allerdings, daß von einer solchen und überhaupt von einem

Kult des Meeres im alten China gar nichts überliefert ist. Vielleicht hätten wir es mit einer anthropomorphen Form des Tao zu tun (*6.47*, 263). Er gibt auch das zu, daß „die philosophische Umdeutung der alten Mythologie es manchmal ungemein schwierig mache, ihren Ursprung herauszufinden" (265). Er behauptet dann, die Götter seien zuerst vor allem als Tiere und „durchweg als weiblich" dargestellt worden (261 f.). Das große Interesse des Lao-tzu drehe sich um die Verehrung dieser tierartigen Gestalt (die höchste Gottheit des südchinesischen Pantheons), augenscheinlich eine dem totemistischen Zeitalter entstammende Göttin. Lao-tzu erwarte alles Heil von ihrem Dienste und von der Rückkehr zu dem von ihr gewollten Urzustand. Und dieser Zustand sei offenbar der des Mutterrechtes (*6.47*, 151 f.).
E. Rousselle stimmt dieser Theorie bei. Er denkt dabei an eine hinterindisch-siamesische Beeinflussung der südchinesischen Kultur und Religion. Dort habe die Verehrung eines weiblichen Urgrunds von Welt und Leben immer eine wichtige Rolle gespielt (*4.79*, 58). Man spüre noch immer im Tao-te-ching „die furchtbare Erhabenheit der geistesgeschichtlichen Stunde des Übergangs von dem vom Mythos erfüllten Zeitalter zu dem des verstehenden Geistes" (62). Mit einem Wort: es handle sich um eine Göttin-Mutter, und der „Gang ins Innere" der menschlichen Seele sei nichts anderes als „der unausweichliche Gang zu den Müttern" (65). – Von diesem Betrachtungspunkt heraus gibt er eine psychologische Analyse der verschiedenen Zustände der Seele: Lao-tzu begegnet dem yin, dem weiblichen Schoße des Lebens, dem Ewig-Weiblichen, der Frauenseele. Seine Weisheit sei „eine Art aphoristischer Metaphysik mit genialen Durchblicken vom Urgrund her" (*5.100*, 179). Der Urgrund sei die Mutter-Göttin, ursprünglich eine Tiergöttin. Rousselle entdeckt bei Lao-tzu eine „wunderbar tiefe

altchinesische Madonnaverehrung der großen Tiergöttin“, bei der der Verfasser „Hilfe, Trost, Schutz und Heimkehr“ findet. Nach dem Tod sinkt der Mensch in den Arm der Mutter-Göttin, in das Tao zurück (193). Die Worte Lao-tzus im 20. Kapitel (über die nährende Mutter) würden nach Rousselle die Begegnung „mit der Frauenseele, mit der ‚soror mystica‘“, d. h. der „femme inspiratrice“ ausdrücken, inmitten einer ungeheuren Melancholie (194). Ebenso wie Erkes glaubt er, daß die Götter „als Tiere an der Wiege der verwandten Menschheit Pate gestanden haben“ (*5.103*, 12). Vor allem denkt er an die Stute, deren Verehrung mit der Göttin Lao-tzus zusammenhängen soll. Die „Pforte“ des 6. Kapitels wird darum bei Rousselle zum „Schoß“ der dunklen Tiergöttin (28), die er als die „schwarze Mutter Gottes“ bezeichnet (30).

Kremsmayer, unter dem Einfluß seiner Lektüre über die sumerisch-babylonische Mythologie, sucht in der Kuhverehrung (die dort als Himmelskönigin verehrt wurde) den Schlüssel zu diesen Kapiteln des Tao-te-ching. Er sieht überall Spuren der Ur- und Allmutterverehrung und sucht nach Parallelen zu der Muttergöttin, „Gebärerin der Götter“ in der nahöstlichen Mythologie und Religion (*4.58*, 116 f.; siehe noch *5.19*, 150–156; *4.3*, 109, 123).

Auch der Franzose Kaltenmark hält es für möglich (wenn auch mit Vorbehalt), daß das Tao vielleicht „est symbolisé par une femelle d’animal“ (*4.51*, 50). Er übersetzt den ersten Vers des 6. Kapitels mit „La divinité du Val ne meurt pas: c’est la Femelle Obscure.“ Er gibt dann einige kurze Hinweise auf mögliche Parallelen in der chinesischen Mythologie, wo man vielleicht den Ursprung dieses Symbols und seine Erklärung finden könne (50–54). So interessant auch seine Erklärung klingt, sie ist nicht sehr überzeugend. Man hat sogar den Eindruck, als ob ihm selbst mehr an der Originalität dieser Hypothese als an ihrem Inhalt liegen würde. Jedenfalls klingt die ganze Hypothese schon deswegen unglaubwürdig, weil nirgendwo der Beweis erbracht wird, daß man von vornherein einen solchen Prototyp, ein solches „Symbol“ des Tao gerade aus der Tierwelt annehmen müßte.

b. L. de Grandmaison schrieb einmal den klugen Satz nieder: „Comparaison n'est pas raison“ (Ein Vergleich ist noch kein Beweis). Mögliche oder zufällige Ähnlichkeiten zwischen Göttern und Göttinnen verschiedener Kulturkreise besagen an und für sich noch nicht viel. Außerdem führt ein langer Weg von der Feststellung solcher Ähnlichkeiten bis zum Beweisenkönnen der gegenseitigen Beeinflussung. Sollte es trotzdem gelingen, diesen Beweis zu erbringen, würde es noch zu beweisen sein, daß Lao-tzu tatsächlich unter einem solchen Einfluß gestanden hat.

In den meistbekannten Büchern, in welchen das schwierige Thema der „Großen Mutter“ ausführlich und eingehend besprochen wird[12], sucht man vergebens nach Parallelen zu einem tiergottähnlichen Tao. Hie und da findet man einzelne Elemente, die den Leser an die Hypothese von Erkes oder Rousselle erinnern, doch lassen sie sich nirgends in ein zusammenhängendes Bild einfügen, das auch nur entfernt dem Bild ähnlich wäre, das wir vom Tao bekommen haben.

Weder Erkes noch Rousselle vermögen den Grund anzugeben, warum für eine tierartige Göttin, dazu noch eine Wasser- (oder Meer-) Göttin gerade das Zeichen des „Weges“ gewählt wurde; und warum dieses Zeichen gerade bei Lao-tzu den von seiner ursprünglichen Bedeu-

[12] So z. B. Naumann, Ursprungsgeschichte des Bewußtseins, Die Große Mutter; E. O. James, The Cult of the Mother Goddess; Mircea Eliade, Traité d'histoire des Religions.

tung am weitesten entlegenen Sinn erhalten hat. Daß das Tao des Lao-tzu einer der tiefsinnigsten, metaphysischsten Begriffe der gesamten chinesischen Philosophie ist, wird von niemandem in Zweifel gezogen.
Der Kontrast zwischen einer tiergöttinähnlichen Figur und dem nüchternen „Weg“ (Tao) in seiner metaphysischen Verwendung durch Lao-tzu ist so groß, daß man sich ehrlich wundert, wie das Tao überhaupt mit einer mythologischen Tiergöttin (deren Existenz sehr fragwürdig ist) in Zusammenhang gebracht werden konnte. In der weltumfassenden Erscheinung der „Großen Mutter“ findet sich kein einziges Beispiel, das auch nur im entferntesten dem Tao des Tao-te-ching ähnlich wäre. Bekanntlich ist die Große Mutter nicht selten eine grausame, rachsüchtige, verschlingende, blutdürstige, erotische Gestalt in den mythologischen Erzählungen, „eine liebende und schreckliche Mutter; Güte, Leidenschaft und Finsternis“ umhüllen sie (die indische Weltmutter). Ihre hegende und nährende Güte, ihre orgiastische Emotionalität und ihre unterweltliche Dunkelheit fallen geradezu auf (vgl. Psychologische Aspekte des Mutterarchetypus, in Eranos Jb.: Gestalt und Kult, 413). Das gilt nicht nur von der indischen Weltmutter: dieselben Charakteristika passen überall in das uns bekannte Bild der Großen Mutter. Grausamkeit, Tod, Willkür stehen neben höchster Planung, vollendeter Sinnhaftigkeit und unsterblichem Leben (Neumann, Die Große Mutter, 263). Die Mutter-Göttin ist eben Mutter des Lebens, der Nahrung, der Fruchtbarkeit; sie ist aber zugleich wild, blutdürstig, fressend, furchtbar. Sie ist Raubtier, Zauberin, Hure, verderbenspendend, erotisch, exhibitionistisch; eine wahre Freudsche Figur des Unbewußten. – Was hat das alles mit Lao-tzu zu tun?

c. In China findet man kaum orgiastische, erotische Miß-

bräuche der Religion. Wahrscheinlich hat die große Ehrfurcht vor der Heiligkeit der Familie diese Gebräuche von vornherein aus der Religion gebannt. Im chinesischen Götterhimmel gibt es keine Aphrodite und keinen Eros. Kuan-Yin (in Japan „Kannon"), die Göttin der Barmherzigkeit, ist indischen Ursprungs. Sie war zuerst als männlich dargestellt; erst im 12. Jahrhundert wurde sie zur Göttin. Sie ist genau das Gegenteil einer Aphrodite und auch ein Gegenstück zu der taoistischen Mutter des Himmels, Hsi Wang Mu (geboren mit ihrem Gatten – Mu Kung – aus der Luft), Erzeugerin des Yin (vgl. Bredon-Mitrophanov, Das Mondjahr, S. 245, 197). Weder die eine noch die andere hat mit Tao etwas zu tun.
Der Mond, als Symbol des Yin, war Schutzpatronin der Frauen. Nur Frauen durften sie verehren. Der Kaiser allein bildete eine Ausnahme, da er in ihr seine „Schwester" verehrte (*7.1,* 407). Lao-tzu kennt keinen Unterschied zwischen Männern und Frauen, was die „Ehrung" des Tao angeht (c. 20). Nirgends wird das Tao weder mit dem Mond (der bekanntlich ein Symbol des Matriarchats war) noch mit irgendwelchen religiösen Festen und Riten verbunden.
Die Gottheit der Erde wird allzu oft von europäischen Sinologen hartnäckig die Erdgöttin, Mutter-Göttin, genannt, was nach Maspéro ein Anachronismus ist. Diese Betrachtungsweise stammt erst aus der Han-Zeit. Dieses Beispiel zeigt, wie schwer es ist „de chasser des esprits européens la hantise de la Terre-Mère du monde classique" (*7.18,* 134, Fußnote). Leider gilt diese Zurechtweisung des großen französischen Sinologen nicht nur für den Fall der Göttin der Erde: dieselbe Idee „spukt" auch in manchen Tao-te-ching-Kommentaren herum.
Eine ziemlich willkürliche Verbindung sehr sporadisch vorkommender, unzusammenhängender Elemente aus sehr verschiedenen Gebieten und aus sehr verschiedenen

Zeiten ist nicht nur ein kühnes Unternehmen, sie macht eine Hypothese noch unglaubwürdiger.
Was nun die Verbindung des Tao mit den „aquatischen" Gottheiten betrifft, ist folgendes zu sagen: Im kleinen Pantheon der Wasser- und Flußgötter bzw. -göttinnen finden wir keine einzige, die nur irgendwie in diese Theorie passen würde. Unter den zahlreichen Göttinnen gibt es zwar eine alte „Mutter der Gewässer", shui-mu-niang-niang. Sie verursacht Überschwemmungen, worauf man eine Strafexpedition gegen sie organisiert (*6.39 II, X*, 796–798). Sie paßt schlecht in das Weltbild von Lao-tzu. Andere Wassergöttinnen sind entweder späteren Ursprungs oder sie sind zur Strafe ins Wasser verbannt worden (789 f.). Um der Wahrheit willen muß noch Ku Shen erwähnt werden. Derselbe Name kehrt auch im 6. Kapitel des Tao-te-ching wieder. Die Erzählung von Ku Shen findet sich im „Buche der Berge und Seen" (9,2). Ku Shen wird auch T'ien Wu genannt. Er hat den Leib eines Tigers, neun Köpfe und ein menschliches Gesicht. Sein Vorname ist Ku Shen, der „Geist des Tales". Doch er ist nicht weiblich! (*6.39 II, X*, 762). Auf diese Gottheit verweist Kaltenmark in seinem Buch. Man findet bei ihm auf Seite 51 eine Abbildung dieses tierartigen Talgeistes. Ein flüchtiger Blick genügt, um den unvoreingenommenen Leser von der Ungereimtheit dieses Hinweises zu überzeugen.
Es bleibt trotzdem ein Rätsel, wie man solche vagen Assoziationen gerade mit dem uralten chinesischen Begriff des Tao (Weg) in Zusammenhang bringen kann. Ganz zu schweigen vom Tao dem „Namenlosen, Nichtwesen", das die Güte ist. Wenn schon ein Vergleich gemacht werden soll, dann mit einem solchen Bild des Tao! Ich glaube, daß diesmal der Vergleich wirklich ein Argument sein kann, ein Beweis der Unmöglichkeit der anderen Vergleiche zwischen dem Tao und der Tiergöttin ...

Die ganze merkwürdige Theorie der Tiergöttin hängt außerdem mit der unbegründeten Überbetonung der südlichen Abstammung des Lao-tzu zusammen. Diese südliche Abstammung ist ganz unsicher; sie ist überhaupt nicht bewiesen, so daß man daraus gewiß keine weittragenden Hypothesen herleiten kann (vgl. *7.18*, 404).

Was aber die Nostalgie nach dem Originalzustand des mutterrechtlichen Staates anbelangt, kann man folgendes sagen:

(a) Urmutter und Mutterrecht sind nicht unbedingt identisch. „Im Gegenteil, diese beiden Begriffe sind scharf voneinander zu trennen. Eine Urmutter kann sehr wohl da vorhanden sein, wo keine Spur von Mutterrecht zu finden ist" (*6.54*, 155).

(b) Im Tao-te-ching findet sich keine Spur von den späteren taoistischen Legenden, nach welchen man in der Urzeit wohl die Mutter, nicht aber den Vater kannte. Mit der Rückkehr, von der Lao-tzu spricht, ist die unkomplizierte, kindliche Einfachheit (c. 19, 28) und höchstens ein friedlich-idyllischer „patriarchaler" Zustand gemeint (c. 80).

Es besteht kein Zweifel darüber, daß das 6. Kapitel im Tao-te-ching nicht leicht zu erklären ist. Die Schwierigkeit in der Interpretation berechtigt uns jedoch noch keineswegs, die Echtheit des ganzen Kapitels in Frage zu stellen (wie es Zenker tut, *6.25*, 43). Würde die ungewöhnliche Terminologie dieses Kapitels im Tao-te-ching allein und isoliert dastehen, so könnte man noch an der Echtheit zweifeln. Doch ist eben diese Terminologie (Tal, Weibliches, geheimnisvoll, Wurzel des Himmels und der Erde) in ihm das, was das ganze Kapitel mit dem übrigen Teil des Buches verbindet. Das eigentliche Problem bildet der Ausdruck „Talgeist", von dem dann Lao-tzu behauptet, er sei das geheimnisvolle Weibliche. Ist mit dem Talgeist das Tao gemeint? Ist er ein Synonym für das Tao? Sollte es sich so verhalten, so wäre die Sache schon erledigt. Das übrige würde sich dann leichter mit den anderen Kapiteln in Einklang bringen lassen (c. 61, 28, 10). Am Ende dieses Kapitels finden wir jedoch den Vers: „Je und je ist er (der Talgeist) wie daseiend, in seinem Wirken mühelos" (c. 6), ein Ausdruck – eigentlich ganz unerwartet gerade hier –, der eher den metaphysischen Charakter des Tao andeutet.

3. Kommentare

a. Die überwiegende Mehrzahl der Kommentatoren denkt nicht einmal an die Möglichkeit, im Tao eine uralte Göttin zu finden. Für Julien ist das mysteriöse Weibliche einfach ein Synonymwort der „Mutter der Welt", „qui produit tous les êtres" (21–22). Forke vergleicht den Talgeist mit dem βυθός: „Tao als Geist schwebt über dem Abgrund der Leere, dem βυθός der Neuplatoniker und entfaltet in diesem Raum seine Schöpferkraft" (Die Gedankenwelt des chinesischen Kulturkreises, S. 46). In seiner „Geschichte der alten chinesischen Philosophie" gibt er eine kurze Übersicht über die chinesische Interpretation dieser Stelle. Keiner der chinesischen Kommentatoren kommt je auf die Idee, hinter den Bildern dieses Kapitels eine Tiergöttin zu suchen. Das Tal ist für sie Symbol der „Leere" (vgl. *6.5*, 265). Nach Su-tzu heißt das göttlich Weibliche Mutter, weil es alles vermag; weil es verborgen, tief und unauslotbar ist, nennt man es das dunkle Weibliche (zitiert von Rosny, *6.74*, 149). Das Tal bedeutet dementsprechend die Leere.

Duyvendak erblickt in dem ersten Vers (Der Talgeist stirbt nicht) „un vieux dicton populaire", vielleicht „une

superstition populaire, son véritable sens nous échappe“. Nach ihm sollte man diese Worte im Sinne der späteren Taoisten erklären, d. h. als „une femelle obscure, une bête femelle“ (wie auch im Kapitel 61). Das würde mit dem zweiten Hexagramm des I ching übereinstimmen (Kun, das Empfangende); nicht ohne sexuelle Note und mit einer doppelsinnigen Bedeutung (Tal, Öffnung, Schlüsselloch – weiblich, passiv, ruhig), also „une expression du language mystique des Taoistes“ (15).
Auf der anderen Seite bekämpft er die Ansicht von Erkes, der in der „Mutter“ des 20. Kapitels eine Göttin sieht. Er hält es für unrichtig, den Weg (Tao) zu personifizieren, wenigstens im klassischen Taoismus (45). Duyvendak zeigt sich also inkonsequent in seiner Stellungnahme; man sieht nicht ein, warum man ähnliche Ausdrücke in den Kapiteln 20 oder 52 nicht im Sinne der späteren Taoisten, den Ausdruck im 6. Kapitel aber wohl in ihrem Sinne nehmen sollte.
R. Wilhelm setzt den Talgeist nicht dem Tao gleich. Die ganze Konzeption – meint er – beruht wohl auf einem alten Zauberspruch zur Beschwörung des Geistes des Zeichens K'an (eines der acht Grundzeichen des I ching). Es bedeutet den Mond und das zwischen steilen Ufern fließende himmlische Wasser, das Dunkel-Geheimnisvolle, Gefährliche, Abgründige, das Unerschöpfliche. Ursprünglich war es weiblich gedacht, aber um die Wende des 2. Jahrtausends v. Chr. wurde es als männlich bezeichnet (*6.24*, 35).

b. Die ältesten chinesischen Kommentatoren machten sich anscheinend kein großes Problem aus dem Talgeist. Han Fei-tzu, der älteste unter ihnen, hat zu 22 Kapiteln des Tao-te-ching Kommentare geschrieben, nur zu den in Frage stehenden Kapiteln 6, 10, 28, 61 hat er keine einzige Zeile hinterlassen.

Ho Shang-kungs Kommentar aus dem 3. Jahrhundert n. Chr. zeigt schon den Einfluß der taoistischen Spekulationen. Er gibt eine recht merkwürdige Erklärung: Die Talgeister seien die fünf viscera des Menschen. Das Dunkle bedeute den Himmel und die Nase des Mannes; das Weibliche bedeute die Erde und den Mund des Mannes (vgl. *5.41*). Zu Kapitel 28 bemerkt er bloß, das Weibliche heiße untergeordnet sein. Wer diesen Zustand erreicht hat, zu dem wird das ganze Reich kommen, wie das Wasser, das in eine steile Schlucht herabstürzt (57). Noch vor Ho Shang-kung illustriert Lieh-tzu mit dem 6. Kapitel, was er eben über das „Unerzeugte" gesagt hat: „Es ist ein Zeugendes, das nicht erzeugt ist; es ist ein Wandelndes, das sich nicht wandelt . . . Das Unerzeugte ist vermutlich einzig . . . Im Buch des Herrn der Gelben Erde (Huang-ti) steht . . ." Es folgt das ganze 6. Kapitel aus dem Tao-te-ching. Gleich nach dem Zitat heißt es: „Darum ist das, was alle Wesen erzeugt, unerzeugt; was alle Wesen wandelt, unwandelbar. Von ihm geht in Freiheit alles Zeugen aus, von ihm alle Wandlung, von ihm alle Form, von ihm alle Farbe, von ihm alle Erkenntnis . . . Wollte man es aber als Zeugen, Wandlung, Form, Farbe, Erkenntnis, Stärke, Abnahme, Ruhe bezeichnen, so wäre das falsch" (*2.12*, I/1, 1 f.). Jetzt kommt wieder ein Zitat aus dem Tao-te-ching, das 40. Kapitel (Alles Körperliche [Sein] entsteht aus dem Unkörperlichen [Nichtsein]) und das 14. Kapitel (Schaut man danach, so sieht man nichts, usw.) (vgl. *2.12*, I/2, 2). Dieser Kommentar ist gewiß kein Kommentar im eigentlichen Sinn zum 6. Kapitel des Tao-te-ching. Das 6. Kapitel dient nur als eine Illustration. Das Wichtigste an diesen Zitaten ist nicht die Form, wie sie verwendet werden, sondern die Assoziation des Verfassers des Lieh-tzu, die er bei der Lesung dieses Kapitels bekommt. Keine Spur von irgendeiner Tiergöttin; das Kapitel weckt lauter metaphysische Assoziationen. Der Talgeist ist für Lieh-tzu das nichtseiende Tao.

Auch manche moderne chinesische Autoren, wie Wu, erblicken sowohl im Weiblichen als auch im Talgeist ein Sinnbild des Tao (*8.9*, 138). Die Chinesen bilden im allgemeinen drei Gruppen: entweder übergehen sie den Text, ohne sich darüber den Kopf zu zerbrechen, oder sie erklären ihn, wie es Lieh-tzu und Su-tzu tun. Die dritte Gruppe besteht aus den späteren Taoisten, die aber sehr oft nur dem Namen nach „Tao"isten sind. Die einzige Beziehung, die sie zu Lao-tzu haben, ist oft nur der Name und die Berufung auf seine Autorität.

Wang-Pi gehört zu der zweiten Gruppe. Er interpretiert den Geist des Tales im Sinne der Talmitte: „das Zentrum" des Tales, d. h. seine Leere (formlos, gestaltlos)[13]. Die Japaner verbinden den Talgeist und das geheimnisvolle Weibliche mit dem Tao. So Óhama: Der Talgeist (Tao) lebt ewig. Er ist das geheimnisvolle Weibliche, das alle Wesen durch seine Kraft erzeugt (*3.7*, 103, 185). Kannó identifiziert das Tal mit der Leere und den Talgeist mit dem Tao. Sehr konsequent erklärt er das Weibliche, das Tor, Himmel und Erde, die in diesem Kapitel aufgezählt werden, mit Hilfe der Parallel-Texte des Buches (*3.5*, 38 f.; vgl. noch Kimura, *3.6*, 300, 339).

4. Ergebnisse

a. Wie aus den angeführten Beispielen hervorgeht, stehen Erkes, Rousselle, Conrady mit ihren unbegründeten Hypothesen der dunklen Tiergöttin ziemlich allein da. Namhafte Sinologen, wie Julien, Strauss, Legge, Wil-

[13] Yang übersetzt den ersten Vers des 6. Kapitels (indem er sich auf Wang-Pis Erklärung stützt): „Die Leere (Tao) ist unsterblich und ich nenne es den tiefsten Urgrund" (*3.10*, 136, Anm. 107).

helm, um nur einige von ihnen zu nennen, folgen anderen Wegen. Abgesehen von den späteren taoistischen Spekulationen (die man nur im äußersten Fall und mit sehr großem Vorbehalt zu Rate ziehen soll), gehen viele chinesische und japanische Kommentatoren[14] andere Wege, die mit dem Ganzen des Tao-te-ching besser in Einklang stehen. Daraus ergibt sich das Folgende:

Unter dem Tal, beziehungsweise dem Talgeist, ist das Tao, oder die Leere, die Empfänglichkeit (eine Eigenschaft des Tao) zu verstehen. Das tiefe Weibliche ist ein Synonym für das Erzeugende, für die schöpferische Kraft, für die Mutter. Auch die Worte Tor, Wurzel müssen im Lichte der Paralleltexte im ganzen Tao-te-ching beurteilt werden. Auf Grund der so gewonnenen Einsichten läßt sich das Problem des „Weiblichen" folgendermaßen erklären:

(1) Es werden im Tao-te-ching zwei verschiedene Zeichen verwendet, um das Weibliche auszudrücken: „p'in" und „tz'u". Das erste bedeutet das „Weibchen" (Vögel oder Tiere im allgemeinen). Das zweite wird oft für das Huhn, für die Vogelmutter gebraucht. Der Sinn hängt jeweils von dem Gebrauch solcher Wörter ab. Auch in europäischen Sprachen sind ähnliche Ausdrücke im Umlauf (männlich, weiblich, masculin, feminin usw.), die genau wie im Chinesischen auf eine biologisch-animalisch bedingte Vergangenheit zurückzuführen sind. Dieser animalisch-biologische Ursprung braucht nicht notwendig in der Interpretation späterer philosophischer Begriffe eine bestimmende Rolle zu spielen. Ausdrücke wie „weibliche Tugend, weiblicher Reiz, weibliche An-

[14] Ich kenne unter den Japanern nur T. Kató, der das Tao-te-ching auf eine geradezu phantastisch-erotische Weise zu erklären versucht. Er identifiziert das Tao und das Te schlechthin mit den männlichen und weiblichen Genitalien (T. Kató, Róshi no gengi no kenkyú Tókyó 1966, 181).

mut" haben schon längst ihren etymologischen Ursprung überholt und vergessen. Oder, falls sie ihn noch bewahrt haben, wollen sie gerade dadurch als Urwörter verstanden werden, welche uns durch ihre psychologische Wirkung weit über die banale Bedeutung der zerredeten Wörter hinaus zum Wesen der Dinge zurückbringen. So verstanden, sind die oben genannten Ausdrücke im Tao-te-ching keineswegs anstößig. Geläufig sind sie bestimmt auch nicht, statt dessen aber sind sie desto urwüchsiger.
(2) „Tz'u" bedeutet soviel wie „das Weibliche". Im Kontext ist hier sicher eine Eigenschaft, eine innere Haltung gemeint. Sein komplementärer Begriff ist nicht „Unweiblich", sondern das „Männliche", ebenso als Eigenschaft zu verstehen. Das Wort kommt nur zweimal im Tao-te-ching vor, im 10. und im 28. Kapitel. Aus dem Zusammenhang geht deutlich hervor, daß mit diesem Ausdruck eine bewußte Haltung gemeint ist. Es ist keineswegs die Verneinung, die Ablehnung des Männlichen. Diese bewußt angestrebte Haltung ist der Haltung des „wu-wei" ähnlich. Auch das wu-wei bedeutet etwas ganz anderes als das Ablehnen oder das Verurteilen des sinnvollen Handelns. Im 28. Kapitel wird der Inhalt des „tz'u" durch zwei weitere Beispiele beleuchtet: „Wer seine Helle kennt, (doch) sich in sein Dunkel hüllt", und „Wer seine Hoheit kennt und (doch) sich in Erniedrigung hält". Ein solcher: „Lichthell alles durchdringend, kann er ohne Wissen sein". Der folgende Vers läßt keinen Zweifel mehr übrig hinsichtlich der wahren Bedeutung des Wortes „tz'u": „Er belebt und ernährt, erzeugt und besitzt nicht, wirkt und gibt nichts darauf, erhält und beherrscht nicht."
Bei voller Anerkennung der Rolle des Männlichen, des Tuns, des Erzeugens, wird dem Weiblichen spürbar der Vorrang gegeben. Es wird als das Ideal dargestellt. Darum geht es in diesen Texten. Lao-tzu erkennt das

Sein, das Tun des Tao bereitwillig an; dennoch gibt er dem Nicht-Tun, dem Nicht-Sein, der Namenlosigkeit den Vorrang. Ähnlich macht er es auch mit dem Männlichen. Dabei soll man sich stets vor Augen halten: Männlich und Weiblich sind komplementär, sie sind Korrelate, genauso wie das Weiße und das Schwarze, das Dunkle und das Lichte, das Sein und das Nicht-Sein. Das Männliche behält seine Vollbedeutung. Trotzdem hat das Weibliche den Vorrang. – Nichtsein, Nichttun, Namenlosigkeit, Einfalt, Weibliches: sie gehören alle auf dieselbe Wertskala.

In dieser Richtung muß also die letzte Bedeutung des Weiblichen gesucht werden. Im 61. Kapitel heißt es ausdrücklich: „Das Weibliche überwindet stets mit Ruhe das Männliche". In der später entstandenen Yin-yang-Theorie könnte man es nicht behaupten. Dort endet der gegenseitige Wechselgang des yin und des yang nie in einem endgültigen Sieg des einen über das andere. Das Vorherrschen des yin bzw. des yang (je nach den Jahreszeiten) ist immer nur vorübergehend, nie endgültig. Denn sobald der in dieser Wechselwirkung mögliche Höhepunkt erreicht ist, kehrt sich der ganze Prozeß um in die andere Richtung. Von einem echten Sieg kann also keine Rede sein.

Noch ein Beispiel soll dieses Prinzip veranschaulichen, das Beispiel des Schwachen und des Starken. „Weich und Schwach überwindet Hart und Stark" (c. 36). „Schwaches überwindet das Starke, Weiches überwindet das Harte" (c. 78). Beide, sowohl das Weiche als auch das Schwache, gehören in den Bereich des Weiblichen. Allem Anschein nach geht es hier um ein allgemeingültiges Prinzip, vielleicht um ein metaphysisches Prinzip überhaupt, welches nur aus dem Begriff des Tao völlig und richtig verstanden werden kann.

b. Das Tao tritt uns im Tao-te-ching als ein äußerst schwaches Wesen entgegen: unanschnlich (c. 41), namenlos, tonlos, unsichtbar, niedrig, ordinär (worüber man lacht), leer, formlos, als ein „Nichtwesen“, ein „Nichttun“ (c. 4, 14, 21). Kein Wunder, wenn Lao-tzu sein Tao mit Vorliebe die „Mutter“ nennt.

Er hat das Tao schon mit dem Wasser verglichen: „dem Schwächsten und Weichsten in der Welt“ (c. 78), dem Sinnbild der Erniedrigung (c. 8). Das ganze 28. Kapitel kann ohne weiteres dem Tao angepaßt werden; denn es, das Tao, kennt seine Helle, doch hüllt es sich in sein Dunkel; es kennt seine Hoheit, hält trotzdem zur Erniedrigung. Darum ist es das Strombett (Tal) aller Welt; der Welt Musterbild, Talniederung der Welt. Dann aber müssen wir den Vergleich konsequent weiterführen: Das Tao kennt seine Mannheit, aber es hält an seiner Weibheit.

Und gerade durch diese „Weibheit“ überwindet es das Starke und das Harte, dadurch, daß es mit „Ruhe“ untertan ist (c. 61). Nicht mit Gewalt, nicht mit Zwang, nicht mit Kraftanwendung. Das ist nicht Taos Art, das ist nicht seine Methode. Es ist vielmehr das Weiche, das Schwache, das Weibliche. Es ist wie das Wasser, das die höchste Form der Güte versinnbildet (c. 8).

Will das nun heißen: „Das Tao überwindet das Starke, das Harte“ im Sinne von „vernichten“, „verdemütigen“, wie der Marxist Yang diesen Satz interpretiert? Er spricht von einer „unerbittlichen Notwendigkeit“ und von einer Vernichtung durch das Tao. Das Tao soll alles, was ihm im Wege steht, unbarmherzig vernichten.

Auch der große Sinologe, der Jesuit Wieger, versteht manche Sätze im Tao-te-ching in diesem Sinne. Er beruft sich auf das 5. Kapitel, wo Lao-tzu behauptet: Himmel und Erde haben keine Menschenliebe; sie nehmen alle Wesen für einen Heuhund (Strohhunde wurden in religiösen Zeremonien verwendet und nach dem Ablauf der Feierlichkeiten vernichtet). Er nennt das System Lao-tzus ein brutales System und interpretiert die schönsten Aussagen des Tao-te-ching über Demut und Liebe als getarnte Formulierungen eines „égoisme intéressé" (*6.82*, 148, 151 f.). Er kann nur schlecht seine offensichtliche Abneigung gegen Lao-tzu verbergen. Seine einseitige prokonfuzianistische Sympathie mag daran schuld gewesen sein.

Abgesehen von dem bei Wieger zitierten Satz des 5. Kapitels (der auch eine andere, sehr befriedigende Erklärung zuläßt) sehe ich keinen Anlaß zu solchen Behauptungen. Das Tao-te-ching spricht sich nicht undeutlich über die Art und Weise der „Überwindung" durch das Schwache, das Weibliche aus, wovon hier die Rede ist.

Das Prinzip und die Norm dieser Überwindung ist die Güte: allen Wesen nützlich zu sein (c. 8), ihnen zu ihrer Freiheit, zu ihrer wahren Natur zu verhelfen (c. 64). Vom Tao des Himmels gilt: „Es streitet nicht und weiß zu überwinden, es redet nicht und weiß Antwort zu finden, es ruft nicht und man kommt von selbst zu ihm" (c. 73). Weil es nicht darauf besteht, Herr über die Wesen zu sein; weil es nicht auf seine Güte pocht, wird es von allen geehrt. „Taos Verehrung, seiner Tugend Wertschätzung ist niemandes Gebot und immerdar freiwillig" (c. 51).

Es überwindet also grundsätzlich und immer durch seine Güte, die keine Ausnahme kennt. „Gute behandle ich gut, Nichtgute behandle ich auch gut. Tugend ist Güte" (c. 49)[15]. Es besiegt durch seine ruhige Unterwürfigkeit (c. 61), durch seine selbstlose Erniedrigung (c. 28), durch

[15] „Te shan". In diesem Punkt übertrifft Lao-tzu Konfuzius, der den Nichtguten gegenüber gerechte, korrekte Haltung, nicht aber Güte verlangt.

sein alle Wesen nach ihrer Weise zur Vollendung kommen Lassen.
Das Weiche bewahren, an dem Zarten festhalten, heißt stark sein (c. 52). Und eben in diesem „Schwachsein" besteht „Taos Gepflogenheit", d. h. seine allgemeine Nützlichkeit (c. 40). Diese Worte stehen mit dem folgenden Satz in direkter Verbindung: „Alle Wesen entstehen aus dem Sein, das Sein entsteht aus dem Nichtsein", und: „Rückkehr ist Taos Bewegung" (c. 40).
Aus Kapitel 11 erfahren wir, wie der Gebrauch, die Nützlichkeit eines Gegenstandes gerade im Nichtsein, in der Leere bestehen kann. Leere, Nichtsein, Schwachsein sind Synonyme. Auch das Tal ruft in uns das Bild der Leere hervor. Von ihm wird gesagt, es heiße das tiefe Weibliche (c. 6).
Der Kreis schließt sich. Wir sind wieder am Ausgangspunkt angelangt; beim Tao, der Wurzel des Himmels und der Erde. Der Eingang zu dieser Wurzel ist die Pforte, das Tor des tiefen Weiblichen (c. 6).
Es gibt viele Bezeichnungen, viele Andeutungen, viele Metaphern des Tao; die „Namen" sind zwar verschieden, doch sind sie alle „desselben Ausgangs". Zusammen heißen sie tief, des Tiefen abermals Tiefes, aller Geistigkeiten Pforte" (c. 1).
Zum Abschluß dieses lang gewordenen Abschnittes nur noch eines: es gibt vielleicht kein zweites Beispiel in der Geistesgeschichte dafür, daß ein so metaphysisches Prinzip wie das Tao mit einer solchen Konsequenz mit dem „Weiblichen" verknüpft wurde. Das Auffallendste dabei ist nicht so sehr die Tatsache, daß das Weibliche mit ihm einfach assoziiert wird, sondern daß auch das Weibliche, durch und durch metaphysisch verstanden, mit in die Wesensbestimmung dieses Prinzips einbezogen wird. Wenn es wahr ist, daß das Tao nur durch Kongenialität (mit ihm), durch Meditation und durch Intuition erlangt

werden kann, so ist es bestimmt nichts Außergewöhnliches, daß es gerade die „Mystiker" des Orients, die Künstler und die Dichter waren, die durch des „tiefen Weiblichen Pforte" in den Geist des Tao eingetreten sind. Die hauchzarten Bilder der chinesischen und japanischen Malerei; die beinahe überirdischen Feinheiten der bildenden Kunst, die mit einem Minimum von Aufwand und Material etwas Unaussprechliches ausdrückt (oder besser suggeriert); die unübertroffene Farbmischung eines Kimonos; der überaus zarte Glanz des chinesischen Porzellans; die verschwommene Vollkommenheit eines Zen-Gemäldes und noch viele andere Erscheinungen aus der Geschichte Chinas und Japans, sind ohne das Tao nicht denkbar. Sie alle stehen im Banne des Wesenlosen, in ihnen wirkt unauffällig die zarte Kraft Taos, des Tief-Weiblichen.

C. Schluß

1. Das Tao und das Tao des Lao-tzu

a. Das Tao ist einer der wichtigsten Schlüsselbegriffe der gesamten chinesischen Philosophie. Granet nennt ihn den „obersten Sammelbegriff“, den „Mittelpunkt der Verantwortlichkeit“ oder auch „ein verantwortliches Medium“ (*6.9*, 60, 252). Chow umschreibt es als „un milieu mystique“, „un contenu cosmique“ (*6.2*, 38), wofür es keine Definition gibt.
Die verschiedensten Schulen und Richtungen berufen sich auf das Tao, doch fällt es niemandem ein, es definieren zu wollen. Das ist auch nicht notwendig. Das Tao ist ja für die Chinesen die höchste Instanz, die letzte Realität überhaupt. Es hat keinen Rivalen. Wollte man es doch definieren, so würde es völlig mißlingen, denn das Tao entgeht jeglichem Versuch, es in eine Definition einzufangen, es widersetzt sich jeglichem Bestimmenwollen durch Verstandesbegriffe. Es ist, um mit Liou Kia Hway zusprechen, „le sans-jugement ontologique“ (*6.66*, 171).

b. Sein Ursprung liegt im dunkeln. Auch das chinesische Zeichen „tao“ gibt uns keinen Schlüssel zum Aufschließen seines Geheimnisses in die Hand. Es erklärt zwar befriedigend den ethischen Aspekt des Tao, sagt aber nichts über sein inneres metaphysisches Wesen aus. Das ist verwunderlich. Bckanntlich ist die chinesische Sprache eine Bildsprache und die Schrift eine Bildschrift. Beide stellen hohe psychologisch-ästhetische Forderungen an den Leser; beide vermitteln infolge der anschaulichen Ausdrucksmöglichkeiten der chinesischen Zeichen den tiefen Sinn und den ganzen Reichtum eines Begriffes viel lebendiger und unmittelbarer, als es in den europäischen Sprachen möglich ist, in welchen Zeichen und Bild schon lange voneinander getrennt wurden.

Nichts ist dem chinesischen Zeichen des „Weges“ (Tao) etymologisch entfernter als der reiche Inhalt und der tiefmetaphysische Sinn des Tao von Lao-tzu. Er betont ja auch ausdrücklich, das Tao sei nur ein Notbehelf für ihn, er bediene sich dieses Wortes nur mangels eines mehr entsprechenden Wortes (c. 25).

Das Tao ist auch durch ein System nicht zu erfassen. Wir suchen vergeblich bei Lao-tzu nach einem Denksystem. Aber nicht nur bei ihm, bei den Chinesen überhaupt. Nichts ist unchinesischer als philosophische Denksysteme. Kein Chinese würde auf den Gedanken kommen, „eine ausführliche Analysis der ganzen menschlichen Erkenntnis apriori“, „ein vollständiges System“ zu konstruieren (Kant, Kritik der reinen Vernunft, A 13, B 27). Keinem würde es einfallen, den folgenden Satz ernsthaft niederzuschreiben: „Ich erkühne mich zu sagen, daß nicht eine einzige metaphysische Aufgabe sein müsse, die hier nicht aufgelöst oder zu deren Auflösung nicht wenigstens der Schlüssel dargereicht worden“ ist (A XIII). Die Chinesen fassen die Realität als etwas Ganzes auf, das nicht aus Gegensätzen, noch weniger aus Widersprüchen, sondern aus gegenseitigen Entsprechungen zusammengesetzt ist. Treffend charakterisiert Needham diese Art von Denken als eine „korrelate Logik“, in welcher die Bedeutung eines Begriffes durch sein Korrelat voll ausgedrückt wird (*6.18*, 199). In diesem Denksystem haben die Wechselbeziehungen, die Relationen jeder Art (meistens kosmisch gemeint) oft den Vorrang vor den menschlich-persönlichen Beziehungen selbst im religiösen Bereich.

Lao-tzu beschreibt das Tao nicht so sehr in Begriffen als in Bildern. Das Tao ist bei ihm etwas Neues. Es ist durch und durch chinesisches Erbgut und doch steht es in seiner metaphysischen Fülle sozusagen isoliert in der chinesischen Philosophie da. Sein plötzliches Erscheinen im Tao-te-ching ist dem unerwarteten Erscheinen eines Genies in einer bis jetzt unbekannten Familie zu vergleichen.

Allein schon die Tatsache, daß das Tao-Bild des Tao-te-ching in keines der konventionellen Tao-Bilder der früheren oder der späteren Spekulationen über das Tao paßt, ist ein sprechendes Beispiel, ein klarer Beweis der geistigen Größe des Verfassers und der Einmaligkeit des Werkes. Beide, sowohl der Autor als auch sein Büchlein, sind im höchsten Maße originell und original.

Wenn nun in dieser Arbeit trotzdem der Versuch gemacht worden ist, das Tao systematisch auszulegen, so geschah es aus rein praktischen und methodologischen Gründen, um auf diese Weise, soweit es möglich ist, den Inhalt und den großen Reichtum des Tao einigermaßen zu erschließen.

2. *Das Tao des Tao-te-ching*

a. Im ersten Teil unserer Arbeit ist deutlich geworden, daß das Tao im Tao-te-ching zwei verschiedene komplementäre Aspekte hat, die sich zueinander als Korrelate verhalten. Der erste, der innere, der unsichtbare Aspekt des Tao ist seine Namenlosigkeit. Es ist das Nichtseiende, das Nichttun, die Nichttugend. Es verharrt ewig in seiner Namenlosigkeit und in seiner namenlosen Einfalt. Als solches ist es der unsichtbare, ungreifbare Ursprung aller Realität, die letzte Wurzel des Seins.

Der andere, der sichtbare Aspekt des Tao, hängt mit der phänomenalen Welt zusammen. Für diese Welt der Erscheinungen ist es ein Wesen, es hat einen Namen, es ist die Mutter aller Wesen. Seine Wirkung, sein in allen Wesen anwesendes Mysterium heißt „Te". – Diese beiden Aspekte sind letzten Endes desselben Ursprungs. Sie sind komplementär. Aber – und das ist ein Wesenszug des Tao bei Lao-tzu, er zieht wie ein roter Faden durch das ganze Tao-te-ching hindurch – der erste Aspekt hat immer und überall den Vorrang vor dem zweiten.

Sein und Nichtsein sind keine getrennten Realitäten. Im Tao gibt es keine Verschiedenheit, keine Vielfältigkeit, keinen Dualismus.

Nichtsein und Nichttun gehören in dieselbe Kategorie. Das Nichtsein ist keineswegs gleichbedeutend mit dem (absoluten) Nichts; das Nichttun ist etwas ganz anderes als passive Tatlosigkeit. Beide zusammen bilden die höchste Form einer unaussprechlichen Realität, die infolge ihrer Vollkommenheit einerseits und infolge unseres Unvermögens (es auch nur zu denken) anderseits durch die Kategorien der phänomenalen Welt nicht einzufangen ist. Das Tao kann (und muß) „unserer Bestimmungswelt nur als das ‚Nichts', das heißt als ein unbestimmbares Wesen erscheinen" (vgl. *8.3*, 92).

Das Nichtsein ist eigentlich das Sein „par excellence", doch paßt auch diese Bezeichnung schlecht zu dem Tao. Alle Seinsformen, die uns bekannt sind, sind begrenzt, unbeständig und unvollkommen. Tao ist „Nichts" von denen, keines von ihnen. Es ist ein wahres Nichtsein; ein „Nichtsein" in diesem Sinn. Trotzdem ist das Tao unendlich mehr als eine bloße Negation seiner Zugehörigkeit zur phänomenalen Welt. Das Wort „Nichtsein" ist eigentlich das Symbol – aus heiliger Ehrfurcht vor der Einmaligkeit des Tao geboren – der Unaussprechlichkeit, die aber zugleich die volle Bejahung der unbekannten Größe des Tao ist.

b. Die Frage nach dem Verhältnis des Tao zur phänomenalen Welt wirft manche schwierigen Probleme auf. Im Gegensatz zum ersten Teil, wo sowohl die Fragen als auch die Stellungnahme des Autors zu diesen Fragen ziemlich eindeutig aus den Texten hervorleuchten, werden in diesem Abschnitt einige Probleme nur angeschnitten, angedeutet, ohne daß man darauf eine befriedigende Antwort bekommen könnte. In seinen Einzelaspekten war die Lösung nicht so schwer (wie z. B. im Falle des tz'u-jan, der Rückkehr). Aber das Gesamtbild ist nicht mehr so einheitlich.
Das Tao „wirkt" in der phänomenalen Welt durch sein „wu-wei" und durch das „tz'u-jan", d. h. durch seine schöpferische Spontanität. Aus der Analyse des letzteren könnte man die Rolle und das Wesen des „wu-wei" ziemlich eindeutig bestimmen: Es ist keineswegs das Ziel, sondern bloß ein Mittel zum Ziel, zum Erlangen des „tz'u-jan". „Tz'u-jan" ist die schöpferische Spontaneität des Tao und als solche die höchste Form von Selbstrealisation. Bei Tao fallen Wesen und Spontaneität zusammen, daher ist Tao ewig Nichttun.
Die Frage nach der Weise und der Natur der praktisch-konkreten Beeinflussung der phänomenalen Welt durch das Tao ist ebenfalls eine komplexe Frage gewesen. Tao ist das Eine, das hinter der Vielfalt des schöpferischen Prozesses steht. Es hat in allem die Initiative, es ist der Anfang schlechthin. In großartigen, nicht selten in dunklen Bildern entrollt sich vor unseren Augen ein grandioses Bild des Weltgeschehens. In diesem stillen Dunkel des Werdens sehen wir das Tao aufleuchten; in dem Tonlosen horcht man nach seiner Wirkung. Es ist der Ahn, die Mutter, der Anfang der Welt; es erzeugt, er-

hält, ernährt, lenkt alle Wesen durch sein „Sich-nicht-einmischen-wollen“, durch sein „alle Wesen ihre eigene Natur finden lassen“.

Leider ist dieser Teil des Tao-te-ching am schwierigsten zu erfassen; er läßt manche Fragen offen und unbeantwortet. Schon die Rolle des „Einen“ (abgesehen vom Begriff des Einen hinsichtlich des Tao im ersten Teil) ist ziemlich vage und verschwommen. Auch die letzte Frage, ob das Tao „Schöpfer“ der Welt ist, ist praktisch nicht zu beantworten. Dennoch ist gerade dieser Teil des Tao-te-ching einer der kühnsten und großartigsten Versuche des vorchristlichen Jahrtausends, die Tatsache einer vielfältigen Welt auf das Eine als Ursache zurückzuführen und so die Welt mit Hilfe des Einen zu erklären. (Dabei muß man bedenken, daß Lao-tzu gerade in dieser Hinsicht so gut wie keine Vorgänger hatte und daß ihm so gut wie keine entsprechende Terminologie zur Verfügung stand.)

Einer der originellsten Gedanken Lao-tzus ist sein Rückkehrgedanke: Alle Wesen kehren zu dem Tao als zu ihrem Ursprung, ihrer Wurzel und Mutter zurück. Es aber „kehrt“ in seine ewige Namenlosigkeit, in seine namenlose Einfalt, in sein Nichtwesen zurück. – Das Problem des Hervorgehens aller Wesen aus dem Tao und ihrer Rückkehr zu ihm hin wirft die sehr wichtige Frage nach dem „Anfang“ und nach dem „Ende“ der phänomenalen Welt auf. Sicher ist nur, daß das Tao, ontologisch betrachtet, sowohl der Ursprung als auch das Endziel (Rückkehr) der Zehntausend Wesen ist. Ob nun die Welt auch zeitlich einen abgrenzbaren Anfang und ein ebenso zeitlich bestimmbares Ende hat oder nicht, wird im ganzen Buch nirgends angedeutet (wie auch das persönliche Schicksal des Menschen eine offene Frage bleibt). Im Tao-te-ching geht es in erster Linie um die großen metaphysischen Prinzipien im allgemeinen.

c. Der dritte Teil ist mehr konkret-historischer Natur, nämlich wie das Tao sich zum Gott („Ti“) der klassischen Zeiten und zum Himmel verhält. Die Beantwortung dieser Frage hängt auch von der Lösung des Problems des genauen Inhalts der Ausdrücke „Ti“ und „Himmel“ ab. Aufgrund der Tao-te-ching-Texte und des uns bekannten Materials aus der Religionsgeschichte Chinas über dieses Thema kann man zur Zeit noch keine endgültigen Aussagen machen. Aber auch die Behauptung, Lao-tzu sei ein Atheist gewesen, scheint gerade aufgrund des vorhandenen Beweismaterials unbegründet zu sein. Seine einzige Aussage über „Ti“ (im vierten Kapitel) reicht nicht aus, ihn zu einem Atheisten zu stempeln. Zu einer entgegengesetzen Behauptung sind wir sicher mehr berechtigt. Was seinen Himmelsbegriff angeht: der Himmel repräsentiert für Lao-tzu die „persönlichen“ Züge des Tao. Tao und der Himmel sind keine Rivalen. Da auch „Ti“ als Rivale des Tao nicht in Frage kommt, bleibt als einzig mögliche Frage: ob nicht das Tao als „Gott“ betrachtet werden müsse.

d. Das weibliche Element im Tao-Begriff wurde im 4. Teil der Untersuchung behandelt. Auch dieser Wesenszug des Tao ist sehr typisch, ja einmalig für den Tao-Begriff Lao-tzus. Trotz der dunklen und leicht mißzuverstehenden Gleichnisse (Weibchen, Vogelmutter, das Weibliche, Talgeist) ist gerade dieser Zug am Tao durchaus metaphysisch zu deuten als ein symbolischer Ausdruck seiner Leere, seiner Entäußerung, seiner Erniedrigung und seiner Güte. Das Weibliche vollendet das Bild des wesenlosen, bildlosen und des nichttuenden Tao. Zu gleicher Zeit ist es das, was das Tao der phänomenalen Welt am nächsten bringt, was seinen „Geist“ am schönsten zum Ausdruck bringt.
Der weibliche Wesenszug des Tao läßt aus sich eine ganz

eigenartige Kunst (Malerei, Dichtung) und Mystik herauswachsen. In den Zen-Gemälden[1], besonders des japanischen Malers Sesshu (1420–1506), können wir den Höhepunkt bewundern. Es ist eine durch und durch geistige, immaterielle, ja eine geradezu metaphysische Kunst. Sie ist der metaphysische Ausdruck des Unausdrückbaren; sie versucht m. a. W. eine unpersönliche Manifestation der unpersönlichen Person. Dieser merkwürdige Umstand der geschichtlichen Entwicklung des Tao-Bildes ist eine weitere direkte Widerlegung der sonderbaren Theorie von Tiergöttinnen. Es ist undenkbar, daß die Verkörperung einer so groben und unästhetischen Mythologie eine Welt von solch ungeahnter Schönheit, Zartheit und Tiefe hätte inspirieren können. Tao steht höher als der unmythologische „Ti" des alten China, um so mehr übersteigt es alle Götter und Göttinnen der populären Mythologie.

3. Wesensbestimmung der letzten Wirklichkeit

a. Die große Frage, die uns Abendländer bewegt, lautet: Was soll man vom Tao denken? Ist dieses „Etwas" ein „Ding", ein Prinzip oder eine „Person"?

Ein Ding wie die anderen Dinge der phänomenalen Welt ist es ganz gewiß nicht. Um es ja nicht mit solchen Dingen zu verwechseln, nennt Lao-tzu es ein „Nichtding" (wu-wu).

Ein Prinzip? Die Chinesen haben nicht viel für abstrakte Prinzipien übrig. Das Tao, das wir aus dem Tao-te-ching kennengelernt haben, ist viel zu konkret, viel zu „warm", um nicht zu sagen „persönlich", um es als ein

[1] Das Zen hat zwar direkt kaum etwas mit Lao-tzu zu tun, aber seine geschichtliche Entwicklung führt uns über den chinesischen Taoismus zum Tao von Lao-tzu zurück.

abstraktes Prinzip zu fassen. Ist es also als eine Person aufzufassen?

Es ist keine Person nach unserer abendländischen Terminologie. Es ist auch keine Person, die uns aus dem Kontakt mit vernunftbegabten Wesen bekannt ist.

Die Existenz dieser Welt, ihr Tun und Handeln wird im Tao-te-ching auf das Sein und auf die Namenhaftigkeit des Tao bezogen. Also auf seinen „phänomenalen“ Aspekt. So auch der Mensch in seiner Personhaftigkeit. Die menschliche Person, in bezug auf das Tao, drückt für Lao-tzu nicht sein innerstes Wesen aus; sie erfaßt nur seinen äußeren, raum-zeitlich bedingten, phänomenalen Aspekt. Für ihn ist nicht die menschliche Person die Brücke zum nichtwesenden, nichtpersonhaften Tao, sondern Himmel und Erde in ihrer allgemeinsten Bedeutung, in ihrem unpersönlichen Ausdruck, so wie etwa die Natur. Die Natur kennt weder Menschenliebe noch persönliches Anliegen. Der Himmel hat keine Günstlinge. Ich glaube sogar, den auf den ersten Blick anstößigen Satz des 5. Kapitels in diesem Sinne befriedigend erklären zu können (Himmel und Erde haben keine Menschenliebe)[2].

Denkt man aber den Satz konsequent weiter, so muß man dasselbe – aliquo modo – auch vom Tao sagen, es sei unpersönlich. Das besagt noch nicht unbedingt die Negation seiner eventuellen Personhaftigkeit. Weil aber für Lao-tzu das Nichtsein vor dem Sein, die Namen-

[2] Der „wahre“ Mensch, der Mensch des Tao, nimmt sich in allem die Natur zum Vorbild. Er ist Herr über seine Gefühlsäußerungen. Ist er kühl, so ist es „wie die Kühle des Herbstes“, ist er warm, so ist es „wie die Wärme des Frühlings“. All seine Gefühlsäußerungen sind „wie die vier Jahreszeiten“, d. h. (in diesem Sinne) unpersönlich (Chuang-tzu, VI/1). Dieses Ideal gilt im Osten (wie z. B. in Japan) noch immer als das Ideal des gebildeten, ethischen Menschen. Die letzte Erklärung dieser Haltung ist in der ebenso „unpersönlichen“ Haltung des Tao zu suchen.

losigkeit vor der Namenhaftigkeit, das Nichttun vor dem Tun, die ursprüngliche Einheit vor der Vielheit unverkennbar den Vorrang hat, so hat auch die unpersönliche Natur (konkret Himmel und Erde) den Vorrang vor dem personhaften Menschen. Wenigstens in der Bestimmung des Tao.

So ist es nicht zu verwundern, daß dieselbe „Natur" auch in der Wesensbestimmung des Menschen die Hauptrolle spielen wird. Die ganze Kultur und das ganze Denken Chinas und Japans stehen im Zeichen dieser nicht unbedeutsamen „Akzentverschiebung".

Praktisch ausgedrückt heißt diese „Natur" in Japan „shizen", ein Wort, das der Form nach mit dem chinesischen Wort „tz'u-jan" (Spontaneität) vollkommen übereinstimmt, dem Inhalt nach aber dem ersten Aspekt des Tao von Lao-tzu näher steht. Und eben dieses „shizen" wird in Japan als das wichtigste Kriterium in der Wesensbestimmung des Menschen (und auch des „Gottes") verwendet.

b. Lao-tzu wurde schon wiederholt mit verschiedenen europäischen Denkern verglichen, so z. B. mit den Vorsokratikern, mit Plato, Aristoteles, mit den Neuplatonikern, Epikureern, mit Spinoza, Schelling, Hegel . . .

Es liegt eigentlich außerhalb der Zielsetzung dieser Arbeit, einen eingehenden Vergleich zwischen dem Taobegriff des Lao-tzu und der abendländischen Philosophie anzustellen. Wenn trotzdem auf gewisse Ähnlichkeiten hingewiesen wird, so geschieht es ausschließlich darum, um durch die vorhandenen Ähnlichkeiten bzw. Unähnlichkeiten einige Wesenszüge des Tao schärfer zu beleuchten.

Von den vielen möglichen Beispielen sei nur der christliche Neuplatonismus und einer seiner mittelalterlichen Repräsentanten, Meister Eckhart, erwähnt.

Die großen Vorgänger und Vorbilder Eckharts waren (neben anderen) Plotin und vor allem Pseudo-Dionysius. Das „Eine“ (τὸ ἕν) des Plotin läßt sich einigermaßen mit dem „Einen“ des Lao-tzu vergleichen. Plotin beschreibt es als „weder ein Etwas noch ein Wiebeschaffen“, weder Dieses noch Jenes (Das Eine, 9). Es ist „jenseits der Seinsheit“ (39, Übersetzung von R. Harder).
Pseudo-Dionysius nennt es (es handelt sich um Gott) „ein Nichtwesen, Nichtname“ (I, 1). Es ist „Der Grund des Seins für alle Dinge und doch selbst nicht Ding und nichts Seiendes, denn es stellt sich nicht dem Endlichen ... jenseits von allem So- und Nur-So-sein“ (I, 1). Es ist „der Name über alle Namen, der namenlose Name“ (I, 6), gleichzeitig aber „das Leben, das Wort oder der Einzige, der Gott, die Wirklichkeit“ (I, 6. Vgl. Vorländer, Phil. des Mittelalters, Anhang, Quellentexte. Übersetzung von W. Tritsch, S. 202, 203, 206, 207).
Meister Eckhart betrachtet die Einfachheit des Seins als die eigentliche Ursache der Verschiedenheit der Dinge (Predigten und Schriften, 120). Er zieht eine auffallend scharfe Unterscheidungslinie zwischen Gott und der Gottheit. Man denkt unwillkürlich an den Unterschied zwischen dem Seienden und Unseienden Tao. Er stellt den Unterschied zwischen Gott und Gottheit dem Tun und Nichttun Gottes gegenüber. „Gott und Gottheit sind so verschieden wie Himmel und Erde ... Nur Gott tut etwas; die Gottheit tut nichts ... Gott und Gottheit sind unterschieden als Tun und Nichtstun“ (Von des Geistes Ausgang und Heimkehr, Schriften, 134). Das gleicht haargenau den zwei Aspekten und ihren „Funktionen“ des Tao bei Lao-tzu. „Gott wirkt, aber die Gottheit wirkt nicht ... Gott und Gottheit sind unterschieden, wie Wirken und Nichtwirken“ (Predigten und Schriften, 163; über Matth. 10,28).
Für Eckhart hat die „Gottheit“ immer und überall den

Vorrang vor „Gott"; die Gottheit, „wo es weder Wirken noch Gestalten mehr gibt" (über Johannes 15,7, Predigten und Schriften, 183), wo alle Dinge und auch der Mensch waren „als sie noch nicht waren". Beide Gedanken kehren bei Eckhart in seinen Predigten so häufig wieder, daß man sie geradezu als seine Lieblingsgedanken und damit als seine Hauptideen betrachten kann.

Für ihn gilt vor allem die nackte, „wüste Gottheit" (Predigt über Johannes 15/7, Predigten und Schriften, 183); das „unseiende Sein", das „jenseits von Gott" ist (Schriften, über Matth. 5.3, S. 152); der „übergotte Gott" (Von der ewigen Geburt, Schriften, 62); ohne Name und ohne Form, ohne Bild, jenseits aller Weisen und allen Seins. Diese Gottheit steht „wie ein Nichtgott, ein Nichtgeist, eine Nichtperson, ein Nichtgestaltetes" da (über Eph. 4.23, Schriften, 147).

c. Trotz der überraschenden materiellen Übereinstimmung zwischen Eckhart (bzw. Neuplatonismus) und Lao-tzu gibt es ebenso viele Verschiedenheiten zwischen ihnen, und zwar in wesentlichen Punkten.

Bei Eckhart entkleidet die „Vernunft" (die später im deutschen Idealismus eine so wesentliche Rolle spielen wird) Gott aller seiner Zutaten, selbst seiner Güte und aller Namen. Sie dringt in den „Grund" hinein, aus dem Güte und Wahrheit herausbrechen in dem Urbeginn, „wo Güte und Wahrheit ihren allerersten Ausgang nehmen, noch ehe sie überhaupt einen Namen gewinnen, noch ehe sie herausbrechen" (über Joh. 16/17–19, Predigten und Schriften, 160; vgl. noch über Jesus Sirach, 50/6, S. 188).

Gott ist für Eckhart „Vernunft": „Nicht davon bin ich selig, daß Gott Gott ist, sondern allein davon bin ich selig, daß Gott Vernunft ist, und daß ich das erkenne" (über Jesus Sirach, 50/6, 188). Das Erkennen dieser Wahrheit und somit der „Durchbruch“ zum Gott geschieht durch die menschliche Vernunft und durch den Geist. Der Geist dringt „bis in den Wirbel und Urquell“ vor, aus dem er seinen Ursprung genommen hat (Von der Verheißung des Vaters, Schriften, 127). Die Seele muß ohne die Kreatur, „ohne die Materie“ zu ihm gelangen (über Joh. 15/7, 183).

Im neuplatonischen Weltbild erzeugt das „Eine“ (Gott) den Nous (Geist, Vernunft). Die Materie stellt die unterste Stufe der „Ausstrahlung“ (Emanation) dar. Der Kosmos spielt keine nennenswerte Rolle in diesem Prozeß, der übrigens durch Zweiheit und abnehmende Vollkommenheit (Schein, Nichtigkeit, das Kraftlose, das Böse, die verlorene Freiheit) verdunkelt wird. Es bedarf daher einer Umkehr zum Besseren, einer Läuterung durch die Loslösung von der stofflichen Welt.

Bei Lao-tzu erzeugt das „Eine“ Himmel und Erde und diese bringen alle Wesen hervor. Der Mensch bildet eine innere Einheit mit dem Kosmos (freilich nicht im Sinne einer numerischen Einheit). Nicht der „Geist“ oder der Mensch als Geist (im Gegensatz zur stofflichen Welt), sondern der Kosmos – der als eine einzige, einheitliche Wirklichkeit gedacht wird – gibt den Grundton an. Der Mensch begreift sich in dem Kosmos und durch den Kosmos als ein mit ihm auf das innigste verbundenes Wesen. Er kann nur in Zusammenhang mit dieser einheitlich gedachten Wirklichkeit seine wesentliche Funktion als Mensch erfüllen. Das Tao aber gilt als der letzte Grund dieser Wirklichkeit.

Im Weltbild des Lao-tzu ist keine Rede von Gespaltenheit, von abnehmender Vollkommenheit, von einer immer größer werdenden Verdunkelung des Prozesses durch eine zunehmende Entfernung vom Tao. Es kann keine „Entfernung“ dort geben, wo das Tao alles durchdringt, alles erhält und durch die Wechselwirkung der gegenseitigen Entsprechungen die Welt der grundsätzlich *einen* Wirklichkeit in vollkommener Harmonie zusammenhält. So betrachtet, ist das Weltbild des Tao einheitlicher, ganzheitlicher, harmonischer und konsequenter als das des Plotin.

Im alten griechischen Denken wurde der Ausdruck „Gott" (wie auch Physis und Kosmos) nicht „substantivisch, sondern prädikativ" (das „Göttliche Geschehen") gebraucht. Der Kosmos war göttlich gedacht, welcher Umstand einen überkosmischen Schöpfergott zwar überflüssig machte, aber ein einheitliches Weltbild ermöglichte (vgl. Mayr, Genos und Geschlecht, 580, Anm. 63). In der späteren philosophischen Reflexion wurde dieses einheitliche Wirklichkeitserlebnis durch die Lehre des Hylemorphismus und durch die Genos-Eidos-Lehre aufgebrochen. Als Folge davon gewann der Nous (Geist, Vernunft) im Gegensatz zum Kosmos (oder zur Physis) die Oberhand und die Materie sank zum „bloß Weiblichen" herab. Durch diesen Doppelprozeß übernahm das Männliche im philosophischen Denken, ja selbst in der Gotteserfahrung und damit in der Wesensbestimmung der letzten Wirklichkeit die führende Rolle.

Die Entwicklung des christlichen Neuplatonismus über Eckhart (um nur einen Namen zu nennen) bis zum deutschen Idealismus ist ein sprechendes Beispiel dafür, wie die Vernunft (das rein Geistige, die „Seele") durch diesen Prozeß die ursprünglich einheitliche Wesenschau der Wirklichkeit aufgehoben und das weibliche Element aus dem metaphysischen Denken und damit aus der Wesensbestimmung der letzten Realität verdrängt hat.

Das Weibliche bedeutete auch für Eckhart das Hinfällige, das Schlechte, das Wandelhafte in der Natur. Der edle Mensch, schreibt er, entzieht sich auf der Höhe seiner Vollkommenheit mehr und mehr der Mutter und bleibt ihrem Schoße fern, „er kriecht der Mutter vom Schoß und lacht den himmlischen Vater an“ (Vom Edlen Menschen, Luk. 19,12. Schriften, 242). Für Lao-tzu besteht die Vollendung aller Wesen in ihrer endgültigen Zurückkehr zur Mutter[3].

Ist das Tao des Lao-tzu persönlich oder unpersönlich? Ist sein Weltbild monistisch oder pantheistisch? Nach diesem Vergleich zweier sehr typischer Erscheinungen der Geistesgeschichte kommt man zu der fast unglaublichen Konklusion, daß das Tao des Lao-tzu mehr Konkretes, ja sogar mehr Persönliches und vielleicht weniger Pantheistisches in sich hat als die entblößte Gottheit Eckharts. Mehr würde man über das Wesen des Tao nicht behaupten können.

d. Wir wissen, daß das Wasser für Lao-tzu das Sinnbild höchster Güte ist. Im I ching ist das Zeichen des Wassers mit zwei unterbrochenen und mit einer gerade durchgehenden Linie angegeben: Die durchgehende Linie ist das Symbol des yang, die unterbrochene Linie versinnbildlicht das yin. Also ein yang zwischen zwei yin. Das bedeutet aber in der Sprache des Tao-te-ching, daß das yang (das männliche Prinzip im Sinne des Schöpferischen, Starken) nur inmitten der zwei yin (das Empfangende, das Schwache) die Welt in Frieden und Harmonie zu erhalten vermag. Im Abendland würde

[3] Das „Weibliche“ ist somit keine Projektion von außen her, es gehört vielmehr zum inneren Wesen des Tao. Das müssen wir vor Augen halten, um Mißverständnisse zu vermeiden. – Die chinesische Sprache kennt kein „Geschlecht“ (der Wörter); auch das Wort „Tao“ ist geschlechtslos. Also auch in dieser Hinsicht gibt es einen nicht geringen Unterschied zwischen dem „Weiblichen“ im Tao und dem „Weiblichen“ im griechischen Denken. Nur unter Berücksichtigung dieses Umstandes ist ein Vergleich zwischen ihnen berechtigt. Diese Bemerkung soll auch für die Schlußworte auf S. 207 von F. K. Mayr gelten.

man es genau umkehren: ein yin zwischen zwei yang (oder im besten Fall ein yang und ein yin), was auf chinesisch Feuer bedeutet (Nr. 29, 30 im I ching). Das Vorherrschen des Weiblichen im Osten, das Vorherrschen des Männlichen im Westen: da liegt der größte und wesentlichste Unterschied beider Welten.

Dieser Unterschied spielt nun auch in der Wesensbestimmung des letzten Grundes der Realität (Tao, bzw. Gott) eine entscheidende Rolle. Im Abendland wurde unter dem Einfluß des griechischen Denkens und der christlichen Bibelexegese der „männliche" Aspekt entscheidend in der Wesensbestimmung Gottes. Rein theoretisch betrachtet könnte man sich die Frage stellen, ob diese Wesensbestimmung vom väterlichen Prinzip her ontologisch mehr zum Wesen Gottes gehört als seine etwaige Wesensbestimmung vom mütterlichen Prinzip her (oder von beiden)?

Thomas begründet die christlich-abendländische Ansicht folgendermaßen: Die Zeugung ist teils vom Vater, teils von der Mutter her. Was nun das Hervorgehen des Wortes aus dem Vater betrifft, so begreift sich Gott nicht als passive Wirkkraft (virtus passiva) – damit ist die Rolle der Mutter gemeint, das Empfangen und Gebären –, sondern als eine gewissermaßen aktive Wirkkraft (virtus activa), weil sich der göttliche Intellekt nicht in der Potenz, sondern nur im Akt befindet. Darum kann man bei der Zeugung des Wortes Gottes nicht von Mutterschaft, sondern nur von Vaterschaft reden (ausgedrückt in der Sprache Eckharts: Nur das Männliche [d. h. das Vollkommene] kann das Vollkommene erzeugen. Das Vollkommene aber zeugt an sich nur Männliches). – Daher schreibt die Hl. Schrift alles, was sonst an Vollkommenheit von der Mutter ausgesagt wird, dem Vater zu (vgl. Contra Gent. IV, De generatione Verbi, cap. 11/20).

Kann diese Einsicht als ein Gewinn für die Gotteserfahrung und für die Wesensbestimmung der letzten metaphysischen Wirklichkeit betrachtet werden, oder ist sie vielleicht vielmehr als ein „Verlust" aufzufassen? Wurde nicht die ursprüngliche (matriarchal-genoshafte) Gotteserfahrung durch eine patriarchal-eidoshafte Gotteserfahrung abgelöst und ist damit „gegenständlich, verobjektivierend und formalistisch" geworden? ... „Wäre es dann nicht an der Zeit, über die Grundworte der Metaphysik erneut nachzudenken und die Frage am überlieferten Satz: ‚ens transcendit omnia genera' anzusetzen. Das philosophische Seinsproblem triebe so in das religiöse Transzendenzproblem – und dieses in das erst wieder von neuem zu stellende Gottesproblem zurück" (F. K. Mayr, Genos und Geschlecht. Zum Problem der Metaphysik, 583–584, in: „Tijdschrift voor Filosofie", 29 [1967]).

Epilog

In einer reizenden Kurzgeschichte „Der Aufbruch des Lao-tzu“ läßt P. Claudel Lao-tzu also sprechen: „Er habe selbst den Weg (Tao), die Straße am liebsten in Brand stecken wollen, wie andere die Brücke hinter sich verbrennen. Er befiehlt dem Grenzwächter (es handelt sich um den berühmten Paßübergang Lao-tzus), er solle nur den Titel, die Seitenzahl, das Jahr notieren und die Bücher, die er geschrieben habe, verbrennen.“

„Was bleibt von einem Freunde, wenn er entschwunden ist?“ fragt Lao-tzu nachsinnend. „Nicht seine ganze Biographie und die dickleibigen Erinnerungen an ein vielschichtiges Dasein, sondern eine vertraute Episode, ein Satz, an dessen Schluß man sich nicht mehr entsinnen kann, nichts als ein Tonfall, und das genügt, damit er vor uns erneut entsteht“ (Kleine Schriften, 508).

Auch die Geschichte des Tao ist wie eine vertraute Episode, ein Satz, an dessen Schluß man sich vielleicht nicht mehr entsinnen kann, nichts als ein Tonfall ...

Aber das genügt. „Ein großes Bildnis ohne Gestalt“ (c. 41). Und wer dieses große Bild festhält, zu dem kommt alle Welt. Sie kommt – da ist kein Wehklagen, nur Friede, Ruhe und Glückseligkeit (c. 35).

> „Ein milder Hauch weht durch den klaren Himmel
> und alle Menschen sind einander gut.
> Im Abendschein erklingen Flötentöne
> und mancher Kahn zieht heimwärts durch die Flut.“

(Sü Yüan Giä)

Grundworte des Tao-te-ching

Tao	道	*Shen* Geist	神
Te	德	„Radikal“ für Opfer	示
Ti Ahn Kaiser Gott	帝	*I* Wandlung	易
Shang-Ti Aller- höchste	上帝	*Wu* Ding Etwas Wesen	物
T'ien Himmel	天	*Yu* Sein	有
Ch'ang ewig beständig	常	*Wu* Nichts Nein	無

Chronologische Übersicht

a. Dynastien

Hsia, 2183–1752 (?) v. Chr.
Shang, 1751–1112 oder 1765–1112 v. Chr.
Chou, 1111–249 oder 1027–249 v. Chr.:
722–481 v. Chr. „Frühling-Herbst"-Periode,
(480–)403–222 v. Chr. „Die-kämpfenden-Staaten"-Periode.
Ch'in, (255–)221–206 v. Chr.
Han, 206 v. Chr. – 24 n. Chr. Früh-Han,
24 n. Chr. bis 220 n. Chr. Spät-Han.
Sung, 960–1279 n. Chr.
Ming, 1368–1644 n. Chr.

b. Die „Klassiker" und andere Schriften

Shi-ching, Das Buch der Lieder, eine der ältesten Schriften des alten Chinas. Es umfaßt 305 Lieder aus sehr verschiedenen Zeiten.
I-ching, Das Buch der Wandlungen. Vielleicht Anfang der Chou-Dynastie. Die sogenannten „Flügel", Kommentare, sind späteren Ursprungs, um das Jahr 200 herum. Chan setzt sie zwischen dem 6. und 3. Jh. v. Chr. an.
Shu-ching, Chroniken. Dem Inhalt nach aus dem ersten Jahrtausend v. Chr.
Ssu Shu, Die vier Bücher der Konfuzianer (Ta Shio, Die Große Lehre. Heute bildet es das 39. Kap. des Li Chi. –

Chung Yung, Die Rechte Mitte; das 28. Kap. des Li Chi. – Lun Yü, Die Gespräche des Konfuzius – Mencius (Meng-tzu). – Alle diese Bücher sind aus der Zeit nach Konfuzius.

Li Chi, Das Buch der Riten.

Lü-bü-wei, genannt „Frühling und Herbst“ (Lü-shih ch'un – ch'in), abgefaßt zirka 235 v. Chr. von Lü-bü-wei.

Shi Chi, Das Buch der Geschichte, verfaßt von Ssu Ma'-ch'ien und von seinem Sohn im 1. Jh. v. Chr. bzw. im 1. Jh. n. Chr. Es enthält die bekannte Erzählung über die Begegnung des Lao-tzu mit Konfuzius.

c. Philosophen, Kommentatoren (des Tao-te-ching)

Kung Fu-tzu (Konfuzius), 551–479 v. Chr.

Mo-tzu, 479 v. Chr. (sein Todesjahr ist unsicher).

Lao-tzu, Wende vom 4. zum 3. Jh. v. Chr. (Fung).

Lieh-tzu, 5 Jh. v. Chr. Das ist die allgemeine Auffassung. Fung Yu-lan hält ihn für eine legendenhafte Figur, für eine literarische Fiktion (eingeführt von Chuang-tzu). Das Buch soll erst nach Christus (3.–4. Jh.) abgefaßt worden sein.

Chuang-tzu, zwischen 369 und 286 v. Chr.

Mencius, (Meng-tzu), 372–? v. Chr.

Hsün-tzu, 298–238 v. Chr.

Han Fei-tzu, gest. 233 v. Chr.

Huai Nan-tzu, gest. 122 v. Chr.

Ssu Ma'ch'ien, 145–86 v. Chr. Geschichtsschreiber.

Ho Shang-kung, gegen das Ende des 2. Jahrhunderts n. Chr. Er hat einen Lao-tzu-Kommentar geschrieben.

Wang Pi, 226–249 n. Chr. Ein tiefsinniger Denker: er verfaßte sehr wertvolle Kommentare zum I-ching und zum Tao-te-ching.

Chu Shi, 1130–1200 n. Chr. der bedeutendste Philosoph der nachklassischen Zeit.

Die Angaben sind der Philosophiegeschichte des Fung-Yu-lan *(6.6)* und dem Quellenbuch von Chang Wing-tsit entnommen. Vgl. noch *(1.6*, 530). Auch die englische Ausgabe der Philosophiegeschichte des Fung-Yu-lan stützt sich meistens auf die Angaben von *1.6*.

Bibliographie

Diese Bibliographie verzeichnet die wichtigsten europäischen und amerikanischen Veröffentlichungen zum Thema. Für die chinesischen, japanischen usw. Publikationen sei besonders auf 0.1 und 0.10 verwiesen.

0. Bibliographien

0.1 Bungaku, tetsugaku, shigaku bunken mokuroku, Tókyó 1959. (Literarisch-philosophische Bibliographie. Bd. X enthält die Publikationen über chinesische Philosophie.)

0.2 Chan, Wing-tsit, An Outline and an Annotated Bibliography of Chinese Philosophy, New Heaven 1961.

0.3 –, Chinese Philosophy 1949–1963, Honolulu 1967. (Eine mit Anmerkungen versehene Bibliographie der Mainland China Veröffentlichungen.)

0.4 Cordier, Henri, Bibliotheca Sinica, Paris 1904–1908. Supplement, Paris 1922–1924.

0.5 –, China in Western Literature. A Continuation of Cordier's Bibliotheca Sinica, von Tung-Li Yuan (Hg.), New Heaven 1958.

0.6 Franke, Otto, Die religionswissenschaftliche Literatur über China seit 1909, in Archiv für Religionswissenschaft 18 (1915), Leipzig.
–, Aus Kultur und Geschichte Chinas. Vorträge, Peking 1945, S. 13–40 und 109–168.

0.7 Maceron, D., Bibliographie du Taoisme, Paris 1898. (Es enthält die Lao-tzu-Publikationen bis 1898.)

0.8 Soymié, M. und Litsch, F., Bibliographie du Taoisme,

Études dans les langues occidentales, Paris-Tókyó 1968, S. 279–301. (Eine der vollständigsten Bibliographien über Lao-tzu u. Tao-te-ching in europäischen Sprachen.)

0.9 Wieger, Léon, Taoisme, T. I. Bibliographie Générale, Ho-kien-fou 1911. (Es enthält die wichtigsten chinesischen Publikationen über Taoismus.)

0.10 Yen Ling Feng, Lao-Lieh-Chuang san-tzu chih-chien-shu-mu, I–III, Taipei 1965. (Eine vollständige Bibliographie der chinesischen und japanischen Publikationen über Lao-tzu, Lieh-tzu und Chuang-tzu. Der 2. Band enthält die Publikationen über Lao-tzu. Auch die koreanischen und europäisch-amerikanischen Veröffentlichungen sind kurz angegeben.)

1. Lexika, Nachschlagewerke

1.1 Blakney, R. B., A Course in the Analysis of Chinese Characters, Shanghai 1924.

1.2 Couvreur, F. S., Dictionnaire classique de la langue chinoise, Ho-kien-fou 1904.

1.3 Devloo, Edmond, An Etymological Chinese-English Dictionary, Taipei 1969.

1.4 Karlgen, Bernhard, Grammata Serica, Stockholm, Antiquities Bulletin 29 (1957) S. 1–332.

1.5 Matheuws, R. H., A. Chinese-English Dictionary, Shanghai 1947.

1.6 Tchang, Mathias, Synchronismes Chinois, Chang-hei 1905.

1.7 Wieger, Léon, Caractères chinois, Hien-Hien [4]1924.

2. Chinesische Klassiker

2.1 Shi King, Das Buch der Lieder, in der Ausgabe von Couvreur, H., Cheu-King, Ho-kien-fou, Taichung (Formosa) [4]1967 (chinesisch-französisch-lateinisch).

2.2 I Ching, in der Übers. v. J. Legge: The Sacred Books

of the East, Oxford 1889 und New York 1963. (Eine der zuverlässigsten Ausgaben des I Ching.)

2.3 –, in der Übers. v. Richard Wilhelm: I Ging, Das Buch der Wandlungen, Jena 1924, Neuaufl. Düsseldorf 1967.

2.4 –, in der Übers. v. Emil Hugo Gräfe: I Ging, Buch des Stetigen und der Wandlung, Philosophia perennis, Oberstedten bei Oberursel (Ts.) 1967. 176 Seiten.

2.5 Les Quatres Livres (Die vier konfuzianischen Klassiker: Ta Shio, Die große Lehre; Chung Yung, Die rechte Mitte; Lun Yü, Die Gespräche des Konfuzius; Mencius) Übers. v. H. Couvreur, Ho-kien-fou 1895 und Paris 1965 (chinesisch-französisch mit Kommentaren).

2.6 Szu Shu, The four Books, Hg., Übers., Komm. O. Shimizu, M. Hirose, J. Legge. The original Chinese text of the Confucian Annales: The Great Learning, The Doctrine of the Mean, The Work of Mencius, Tókyó-London 1936. (Japanisch mit den englischen Kommentaren von Legge.)

2.7 Lun Yü (Kungfutse, Gespräche). Übers. v. Richard Wilhelm, Jena 1923, Neuaufl. Düsseldorf 1968.

2.8 Mê Ti: Philosophische Werke des Sozialethikers und seiner Schüler. Übers. v. Alfred Forke, Berlin 1922. (Es handelt sich um Mo-tzu.)

2.9 Lü Bu We, Frühling und Herbst (Annalen) Übers. v. Richard Wilhelm, Jena 1928.

2.10 Chuang-tzu, Lieh-tzu, in der Übers. v. J. Legge: The Texts of Taoism, New York 1959.

2.11 –, in der Übers. v. L. Wieger, Les pères du système taoiste, Paris 1951, vgl. *3.8*.

2.12 –, in der Übers. v. Richard Wilhelm: Dschung Dsi, Das wahre Buch vom südlichen Land, Jena 1923 und Liä Dsi, Das wahre Buch vom quellenden Urgrund, Jena 1921, Neuaufl.: Liä Dsi, Das wahre Buch vom quellenden Urgrund. [Vgl. noch: Die Lehren der Philosophen Liä Yü und Yang Dschu. Düsseldorf. Diederichs Taschenausgaben Bd 37, 1968.]

2.13 Textes taoistes, in der Übers. v. Harlez, t. XX, Paris 1881.

2.14 Han Fei-tzu: The complete Works of Han Fei-tzu, Übers. v. W. K. Liao, London 1939.

2.15 Wieger, Léon, Textes philosophiques, Hien-hien [2]1930 (chinesisch-lateinisch).

3. *Textausgaben des Tao-te-ching*
(unter den Namen der Übersetzer)

3.1 Duyvendak, J. J. L., Lao-tze, Tao tö king. Le livre de la voie et de la vertu. Texte chinois, établi et traduit, Paris 1953.

3.2 Elorduy, Carmelo, Tao Te Ching. La gnosis taoista, Oña 1961. (Chinesischer Text in moderner Transkription mit der spanischen Übersetzung. Im ersten Teil des Buches zieht der Autor zahlreiche Parallelen zwischen dem Taoismus und der griechischen Gnosis.)

3.3 Hara, Tomio, Gendaigo-yaku Róshi, Tókyó 1964. (Chinesischer Text mit japanischer Übersetzung und Kommentaren.)

3.4 Julien, Stanislas, Lao-Tseu. Le livre de la voie et de la vertu, Paris 1842. Neuausgabe Paris 1967. (Eine sehr geschätzte Übersetzung mit wertvollen Kommentaren aus chinesischen Autoren. Chinesisch-französisch.)

3.5 Kannó, Michiaki, Róshi kaigi, Tókyó [29]1965. (Chinesisch-japanischer Text mit ausgezeichneten Kommentaren.)

3.6 Kimura, Eichi, Rôshi no shinkenkyú (Ein neues Laotzu-Studium), Tókyó 1959 (Der rekonstruierte chinesische Text mit japanischer Übersetzung und mit sehr ausführlichen Kommentaren, ausschließlich aus chinesischen Quellen.)

3.7 Óhama, Akira, Róshi no tetsugaku (Die Philosophie des Lao-tzu), Tókyó 1966. (Eine der brauchbarsten Abhandlungen über die Ideen des Tao-te-ching. Es enthält den chinesischen Text mit japanischer Übersetzung.)

3.8 Wieger, Léon, Les pères du système taoiste. t. II: Laotzeu, Paris 1951.

3.9 Wu, Kien-yong, John, Tao-Teh-Ching hg. v. K. T. Shih, New York 1961. (Chinesisch-englisch ohne Kommentar. Leicht verbesserte Reproduktion der Wang-Pi-Ausgabe.)

3.10 Yang, Ching-Shun, Kahlenbach, G., Der chinesische Philosoph Laudse und seine Lehre. Aus dem Russischen übersetzt, Berlin 1955. (Trotz der Übersetzung einer Übersetzung ist dies eine der zuverlässigsten Übersetzungen in deutscher Sprache. Mit chinesischem Text. Die Kommentare sind vom Marxismus inspiriert.)

4. *Übersetzungen und Kommentare des Tao-te-ching*

(unter den Namen der Übersetzer bzw. Herausgeber)

4.1 Ágner, Lajos, Tao Te King, Budapest 1943.

4.2 Alexander, G. G., Lao-tzse, the great thinker, New York – London 1917.

4.3 Backofen, Rudolf, Lao-tse, Tao-te-king, Thielle (Schweiz) 1949.

4.4 Bahm, A. J., Tao Teh King, Interpreted as Nature and Intelligence, New York 1958.

4.5 Blakney, R. B., The Way of Life, New York 1955.

4.6 Blok, J. A., Tau Teh Tsing, Deventer-Kluwer [4]1948 (holländisch).

4.7 Borel, H., Wai-tao, B., Dwight, G., Laotzu's Tao and Wu-wei, Santa Barbara (California) [2]1935.

4.8 –, Wu-wei, Laotse. Ein Wegweiser, München 1948.

4.9 Brahm, A., Lao Tzu, Tao Teh King, 1959.

4.10 Brasch, Robert, Laotse, Tao te king. Das Buch vom rechten Weg und Sinn. Wien 1932. (Eine „Nachdichtung" nach Alexander Ular, Wilhelm Weiß, Carl Dallago.)

4.11 Bynner, Witter, The Way of Life according to Laotzu, New York 1944.

4.12 Carus, Paul, Lao-tses, Tao-teh-king, Chicago 1898; neueste Ausgabe 1954.

4.13 Castellani, Alberto, La regola celeste de Lao-tse. Prima traduzione integrale italiana del testo cinese, Firenze 1927.
4.14 Chan, Wing-tsit, The Way of Lao Tzu, New York 1963 (mit Kommentaren).
4.15 –, The natural Way of Lao Tzu, eine andere vollständige Übersetzung in: A Source book in Chinese Philosophy, S. 136–176 (vgl. 6.1).
4.16 Cheng, Lin, The Works of Lao Tzy, Truth and Nature, populary known as Daw-Der-Jing by Lao Dan, Shanghai 1949 und Taipei 1953.
4.17 Ch'u Ta-kao, Tao Te Ching, a New Translation, London [5]1959 und New York 1959.
4.18 Dallago, Carl, Laotse, Der Anschluß an das Gesetz, oder: der große Anschluß, Heidelberg 1953 (Neudruck der 3. Aufl.).
4.19 Dantzer, V., Lao-Tse, Tao Te King, Kopenhagen 1952.
4.20 Debon, Günther, Tao-Tê-King, Das heilige Buch vom Weg und von der Tugend, Stuttgart 1961.
4.21 Derain, P., Lao-Tseu, Tao Te King, le livre du Tao et de sa Vertu, Lyon 1962.
4.22 Duyvendak, J. J. L., Lao Tzu, Arnhem 1942 (holländisch).
4.23 –, The Book of the Way and its Virtue, London 1954.
4.24 Dvorak, R., Lao-tse und seine Lehre, Münster 1903, in: Chinas Religionen 2. Teil (Ein „Notizbuch" zum Tao-te-ching, mit reichem Material, aber ein bißchen unübersichtlich. Trotzdem sehr brauchbar.)
4.25 –, Laotsi-ova kniha o taua ctnosti (Tao-teh-King), Kladno 1920.
4.26 Eckardt, André, Das Buch von der großen Weisheit (Unvergängliche Weisheit), München-Basel-Frankfurt 1957 (nur Übersetzung).
4.27 –, Laotse's Gedankenwelt. Nach dem Tao-te-king, Kommentar, Frankfurt 1957.
4.28 Ernst G., italienische Übersetzung des Tao-te-ching, 1922.

4.29 Esser, Franz, Dao Do Djing, des Alten Meisters Kanon vom Weltgesetz und seinem Wirken, Peking 1941.
4.30 Evans, G., italienische Übersetzung, 1922.
4.31 Evola, italienische Übersetzung, 1924.
4.32 Evrad, de Rouvre, Tao tö king, 1952.
4.33 Federmann, H., Lao-tse, Tao-teh-king, München [4]1926.
4.34 Folke, Erich, Lao-Tzu, Tao têh ching, in: Religionens människor och dokument 7 (Stockholm 1927).
4.35 Folkert, W., Taoteking, Ulm 1963.
4.36 Giles, Lionel, The Sayings of Lao-Tzu, London 1937.
4.37 –, Ch'u Ta-kao, Lao-Tzu, Tao-te-king, London-New York 1959.
4.38 Gorn, Old, W., The simple Way of Laotse, London 1905.
4.39 Grill, J., Tao te king. Laotses Buch vom höchsten Wesen und vom höchsten Gut, Tübingen 1910.
4.40 Guerne, Armel, Tao tê king, Paris 1963.
4.41 Haas, H., Weisheitsworte des Lao-tse, Leipzig 1920.
4.42 Hahn, Elisabeth, Laotse, Wollen ohne Wahl, Rudolfstadt 1924.
4.43 Hatvany, Bertalan, Tao te king, München 1957 (ungarisch).
4.44 Heysinger, J., The light of China, the Tao-teh-king of Lao-tze. A metrical rendering. With ancient and modern Chinese commentaries and all accessible authorities, Philadelphia 1903.
4.45 Holzmann, Kleines Laotse Brevier, 1945.
4.46 Houang Kia-Tscheng, Leyris, P., Lao-Tseu, Paris 1949.
4.47 Hu Tse Ling, Lao-Tzu, Tao Teh Ching. Szechuan 1936.
4.48 Hurvitz, Leon, A recent Japanese Study of Lao Tzu: Eichi Kimura, Róshi no shinkenkyú (vgl. 3.6) in: Monumenta Serica 20 (1961) S. 311–367 (Nagoya). (Eine vollständige englische Übersetzung des Tao-te-ching nach dem rekonstruierten Text von Eichi Kimura.)
4.49 Inoue, Shuten, Laotse, Tao Teh King, Tókyó 1928.
4.50 Jerven, Walter, Lao Tse, Tao Te King, München-Planegg 1952 u. 1967.
4.51 Kaltenmark, Max, Lao Tseu et le Taoisme, Paris 1965. Es enthält einen großen Teil des Tao-te-ching in fran-

zösischer Übersetzung; ein ausgezeichnetes Buch über Lao-tzu und den Taoismus.)
4.52 –, Lao-Tzu and Taoism, Stanford (Calif.) 1969 (dasselbe in englischer Übersetzung).
4.53 Kingsmill, Thos. W., The Tao teh king literally translated with notes, in: Shanghai Mercury, The China Review 24 (1899) S. 149–155 und 185–194.
4.54 Kitselman, A. L., Tao teh king, The Way of Peace of Lao Tzu, Palo Alto (Calif.) 1936.
4.55 Klabund (Henschke, Alfred), Laotses Sprüche, Heyder 1924. (In holländischer Ausgabe: Spreuken van Laotse, Wereldbibliotheek 1957.)
4.56 Kohler, J., Lao-tse, Tao-te-king. Des Morgenlandes größte Weisheit, Berlin-Leipzig 1908.
4.57 Konishi, Tao-te-ching. Russische Übersetzung in: Woprosy filos. i psichol., 1893.
4.58 Kremsmayer, Haymo, Laotse, Tao Te King. Das Buch des Alten vom Weltgrund und der Weltweise, Salzburg 1947.
4.59 Lau, D. C., Tao te ching, Penguin Books 1963.
4.60 Lin Yutang, The Wisdom of Laotse, New York 1948 (mit Kommentaren aus Chuang-tzu). Deutsche Übers. v. Coudenhove, Frankfurt a. M. 1955.
4.61 Lionnet, Jaques, Tao te king. Tráité sur le principe et l'art de la vie des vieux maîtres de la Chine, Paris 1962.
4.62 Liou Kia-Hway, Laotseu, Tao tö king, Paris 1967.
4.63 MacLagan, P. J., Tao Teh King, in: China Review 23/24 (1898).
4.64 Magnani, Luigi, Trattato del Principio e della Azione, in Pensiero Missionario 1930–1932 (Rom).
4.65 Mensching, Gustav, Laotse, Kevelaer 1955.
4.66 Mears, Isabella, Lao-tzu, Tao-Teh-King, a tentative translation from the Chinese, London 1949.
4.67 Møller, Ernst, Lao Tzu, Tao têh ching. Oldmester og hans Bog. „Kristendom för Kristus", Kopenhagen 1909.
4.68 Müller, Edwin, Lau-Tse, Tao te king, Bühl-Baden 1952.
4.69 Nivison, D. S., Tao the king, Lao Tzu, New York 1958.
4.70 Noak, Fr. W., Tao-te-king, 1888.

4.71 Old Water, L., Lao Tse, Madras 1894.
4.72 Ould, Herman, The Way of Acceptance, A new version of Lao-Tse's Tao the ching, London 1946.
4.73 Parker, E. H., Lao-Tze, The Tao-Teh-King, a translation of the Chinese Classic, in: The Dublin Review 1903/1904.
4.74 Pauthier, G., Le Tao-te-king, ou le livre révéré de la Raison suprême et de la vertu par Lao-tseu, Paris 1838 (Kap. 1–9, chinesisch-französisch-lateinisch mit Kommentaren chinesischer Autoren).
4.75 Pekka, Ervasti, Tao te king, 1925 (finnisch).
4.76 Pilone, Rosanna, Wu, Ching-hsiung, Lao-tse, Milano: Ist. cult. italo-cinese 1956.
4.77 Plaenckner, R. v., Lao-tse, Tao-te-king, Der Weg zur Tugend, Leipzig 1870.
4.78 Reuss, Paula, Le Tao Te King de Lao Tseu, Angers 1955.
4.79 Rousselle, Erwin, Führung und Kraft aus der Ewigkeit, Dau Dö Ging, Wiesbaden 1952.
4.80 Saint-Rémy, Lao-Tseu, Tao te king ou la jonction suprême, Anvers 1962.
4.81 Salet, Pierre, Le livre de la voie et de la vertu, Paris 1923.
4.82 Schmidt, K. O., Wegweisung zur Wirklichkeit, Pfullingen (Württ.) 1961.
4.83 Schröder, E., Laotse, München 1934.
4.84 Stojits, Iván, Tao Te King, Budapest 1907 (ungarisch).
4.85 Strauss, Victor von, Lao-Tse, Tao Tê King, Zürich 1924. (Eine der zuverlässigsten Übersetzungen in deutscher Sprache mit sehr ausführlichen Kommentaren, die man allerdings ab und zu kritisch lesen muß.)
4.86 Sum Nung Au-young, Lao Tzu's Tao Teh King, the Bible of Taoism, New York 1938.
4.87 Sumitomo, O., Laotse, Tao-te-king, in: „Vom Dauernden in der Zeit", Zürich 1945.
4.88 Ole, Kiilerich Svendsen, Bogen om alt eller intet, Laotse, Tao Teh King. Pa'dansk ved Ole K. Svendsen, 1953.

4.89 Thomas, Frederich, B., The Tao Teh of Laotse, Oakland (Calif.) 1948.

4.90 Toivo, Koskikallio, Salaisuuksien tie (Der Weg der Geheimnisse), Helsinki² 1951 (finnisch).

4.91 Ular, Alexander, Die Bahn und der rechte Weg des Lao-tse, Der chinesischen Urschrift nachgedacht, Leipzig 1903. (Sehr subjektiv und überheblich.)

4.92 Ulenbrook, Jan, Lau Des, Dau Dö Djing, Bremen 1962.

4.93 Urbanek, Tao-Te-King, Cesta bohn a ctnosti (Der Weg zu Gott und zur Jugend), Prag 1878.

4.94 Vreugdenhil, W. B., Tao te king, Amsterdam 1945.

4.95 Waley, Arthur, The Way and its Power. A Study of the Tao Tê King and its place in Chinese thought, London 1956.

4.96 Weiss, J. G., Laotse, Leipzig 1927.

4.97 Welz, E. J., Lao Tse, Tao Te King, Bussum 1947.

4.98 Weörös, Sándor, Tökei, Ferenc: Lao-ce: Az Út és Erény könyve. (Das Buch vom Weg und von seiner Tugend) Budapest 1958.

4.99 Wilhelm, Richard, Laotse, Taoteking. Das Buch des Alten vom Sinn und Leben, Jena 1941, Neudruck Düsseldorf 1969. (Wilhelm ist einer der besten Kenner der chinesischen Literatur in Deutschland.)

4.100 Wu, C. H. (Übers.), Sih, Paul K. T. (Hg.), Lao-tzu, Tao teh ching, New York 1961.

4.101 Wulff, K., Acht Kapitel des Tao-te-king, hg. v. Victor Dantzger, Kopenhagen 1942. (Eine ungewöhnliche Übersetzung der ersten 8 Kapitel des Tao-te-ching.)

4.102 Wyneken, G., Tao-te-king, Hannover 1922.

4.103 ?, Il Tao te king, Bari: Laterza² 1947.

4.104 ?, Lao-tseu, Paris: Sagesse 1958.

5. Publikationen über das Tao-te-ching

5.1 Benton, Richard, Tennyson and Lao-Tzu, in: Philosophy East and West 12 (1962) S. 233–240.

5.2 Bjerregaard, C. H. A., The inner life and the Tao-teh-king, London 1911.

5.3 Bodde, Derk, The Two New Translations of Lao Tzu (nämlich die französische und englische Übersetzung von Duyvendak) in: Journal of American Oriental Society 74 (1954) S. 211–217.
5.4 –, The New Identification of Lao Tzu proposed by Pr. Dubs, in: Journal of American Oriental Society 62 (1942) S. 8–13.
5.5 –, Further Remarks on the Identification of Lao Tzu, in: Journal of American Oriental Society 64 (1944) S. 24–27.
5.6 Boodberg, P., Philosophical Notes on chapter one of the Lao Tzu, in: Harvard Journal of Asiatic Society 20 (1957) S. 598–618.
5.7 Borel, H., The Rhythm of Life based on the Philosophy of Lao Tzu, London 1921.
5.8 Capellati, A. J., Lao Tse y el taoismo primitive, Universidad de Santa Fe, 61 (1964) S. 25–82.
5.9 Carpani, E. G., Yin-fu-king e Tao-Teh-King, Commento al significato filosofico dei due testi, Reggio Emilia 1935.
5.10 Carus, Paul, The authenticity of the Tao-teh-king, in: The Monist 7 (1896) S. 571–601 (Chicago).
5.11 Castellani, Alberto, La dottrina del Tao, Bologna 1927.
5.12 Chalmers, John, The speculation of the „Old Philosopher", London 1868.
5.13 Cha, Wing-tsit, Review of Wu's „Lao-tzu's" translation and of Ta-Kao's translation, in: Journal of American Oriental Society, 61 (1941) S. 296.
5.14 Chang, I-t'iao, Existence of intangible content in architectonic form based upon the practicality of Laotzu's philosophy, Princeton 1956.
5.15 Charles, Waldemar, Das Kleinod des Laotse: eine mystische Erzählung, Rothenburg 1958.
5.16 Chiu, Moses, Kritische Betrachtungen über Laotse und seine Lehre, Berlin 1911.
5.17 Clopin, Camille, Comparaison entre Laotse, Pythagore et Confucius, Paris 1898, S. 285.
5.18 Cold, Eberhard, Königtum und Adel nach Lao Tse's

Tao te king und den Aussprüchen des Heraklit. Kronshagen 1957.

5.19 Conrady, A., Zu Lao-tzu, cap. 6 (Talgeist), in: Asia Maior 7 (1932) S. 150–156.

5.20 Cordier, Henri, Lao-tseu, in: Annales du Musée Guimet, S. 31–69, Paris 1911.

5.21 Creel, Herrle Glessner, What is Taoism? (Und andere Studien über chinesische Kulturgeschichte), Chicago 1970.

5.52 Dahm, Annamarie, Welterkenntnis und Lebensdeutung bei Lao Dsi, in: Yoga 6 (1961) S. 17–25; 7 (1961) S. 1–14; 8 (1961) S. 8–13 (Büddingen-Gettenbach).

5.23 Delacourd, A., Laotse, père de l'anarchisme en Chine, in: Revue Blanche 1897 (Paris).

5.24 Doré, Henri, Lao-tseu et le Taoisme, in: Recherches sur les superstitions en Chine, IIIe partie, s. section, t. XVIII. Zika-wei 1938.

5.25 Dubs, Homer, The date and circumstances of the Philosoph Lao-dzu, in: Journal of American Oriental Society 61 (1941) S. 215–221.

5.26 –, The identification of Lao-dzu. A reply to Prof. Bodde, in: Journal of American Oriental Society 62 (1942) S. 300–304.

5.27 Duyvendak, J. J. L., La philosophie du non-agir, Rom, in: Ser. orient. 5. S. 25–47.

5.28 –, The philosophy of wu-wei, in: Asiatische Studien 1 (1947) S. 81–102 (Bern).

5.29 Eckhardt, André, Laotse und die Philosophie des Ostens, in Universitas 12 (1957) S. 355–362.

5.30 –, El concepto de Tao en Laotse, in: Notas Est. Pilos. 2 (1951) S. 131–142.

5.31 –, Der Gottesbegriff bei Laotse, in: Philosophisches Jahrbuch 58 (1948) S. 88–99 und 211–218.

5.32 –, Die ethischen Grundbegriffe bei Laotse, in: Philosophisches Jahrbuch 59 (1949) S. 200–207.

5.33 –, Laotse – unvergängliche Weisheit, München 1957 (Glauben und Wissen, Bd. 18).

5.34 Edkins, J., The Tau te ching, in: China Review (Hongkong) 1884.

5.35 Engler, Friedrich, Laotse, sein Leben und seine Persönlichkeit, in: Das edle Leben 12 (1963) Nr. 11. S. 14–17.
5.36 Erkes, Edward, Spuren einer kosmogonischen Mythe bei Laotse, in: Artibus Asiae 8 (1940), S. 16–38.
5.37 –, The cosmogonic Myth in Tao Te Ching, chapter 42, in: Artibus Asiae 8 (1940) S. 16.
5.38 –, Comments on Waley's Translation of the Tao Te Ching, in: Artibus Asiae 5 (1935) S. 228.
5.39 –, Lü Dsus Lied vom Talgeist, in: Sinica 8 (1933) S. 94.
5.40 –, Ein Märchenmotiv bei Laotse, in: Sinologica 3 (1953) S. 100–105.
5.41 –, Ho Shang Kung's Commentary on Lao Tzu. Translation, in: Artibus Asiae 8–9 (1945/1946). Eine zweite Ausgabe in Buchformat: Ascona, Artibus Asiae, 1958.
5.42 Feng, Wen Rei Ren, Laotse, Leben und Werk, 1946.
5.43 Folberth, Otto, Meister Eckehart und Lao-tse. Ein Vergleich zweier Mystiker, Mainz 1925.
5.44 Forke, Arthur, Waley's Tao-te-king, in: Zeitschrift der deutschen morgenländischen Gesellschaft 95 (1941), S. 36–45.
5.45 Fraccari, Gerardo, Eraclito e Lao-Tse. Naturalismo Greco e naturalismo cinese, in: Atti del XII Congresso Internazionale di Pilosofia, Bd. 10, Firenze 1960, S. 55–61.
5.46 Gabelentz, G., The life and teachings of Lao-tse, Shanghai 1889.
5.47 Gallotti, Alfredi, Antica filosofia Cinese, Bd. I. Confucio, Lao-tzu usw. Milano: Ist. culturale italo-cinese, 1956.
5.48 Gi-Ming-Shien, Nothingness in the Philosophy of Laotzu, in Philosophy East and West 1 (1951) Nr. 3.
5.49 Giles, Herbert, The remains of Lao-tzu, in: China Review 14 (1886).
5.50 –, Lao-tzu and the Tao-te-ching, in: Adversaria Sinica (?).
5.51 Graf, Olaf, Tao und Jen. Sein und Sollen im sungchinesischen Monismus, Wiesbaden 1970.
5.52 Grill, J., Zur mandschurischen Übersetzung des Tao te-

king, in: Zeitschrift der deutschen morgenländischen Gesellschaft 65 (1911) S. 759–770.
5.53 Guimet, Emil, Lao-tseu et le Brahmanisme, Basel 1904.
5.54 Haas, H., Laotse und Konfuzius. Einleitung in ihr Sprachgut, Leipzig 1920.
5.55 Harlez, Ch., Laotseu, le premier philosophe chinois, un prédécesseur de Schelling, Brüssel 1886.
5.56 Heiler, Fr., Weltabkehr und Weltrückkehr außerchristlicher Mystiker. I. Teil: Laotse und Bhagavadgita, in: Eine heilige Kirche 22 (1941) S. 181–214.
5.57 Hossfeld, Das Tao des Tao-teking: in: Tijdschrift voor Geschiedenis 53, S. 125–130.
5.58 Hsiao, Paul, Laotse und die Technik, in: Die katholischen Missionen 75 (1956) S. 72–74.
5.59 Huai-nan-tzu, Tao, the great luminant, New York 1969. (Essays von Huai-nan-tzu mit einführenden Artikeln, Anmerkungen, Analysen von Evan Morgan, Vorwort von J. C. Ferguson.)
5.60 Hughes, Ernest, R., The Tao Te King, in: Chinese Philosophy in Classical Times, S. 144–164, London 1932 (vgl. 7.8).
5.61 Hu, Shih, A criticism of some recent methods used in dating Lao-tzu, in: Harvard Journal of Asiatic Studies 2 (1937) S. 373–397.
5.62 Jaspers, Karl, Die großen Philosophen I., München 1957, S. 898–933: Laotse.
5.63 Joos, G., Konfuzius und Lao-Tse, in: Geistige und religiöse Fragen der Gegenwart, 1940, S. 14–24.
5.64 Jordan, L., Over een document uit den oertijd: het chineesche I-King, Lao Tse en Kung Tse, in: Allgemene Nederlandse Tijdschrift der Wijsbegeerte, 32 (1939) S. 225–238.
5.65 Kaltenmark, Max, Lao Tzu and Taoism. Aus dem Französischen übers. v. Roger Greaves, Stanford, Calif. 1969.
5.66 Karlgen, Bernard, The poetical parts in Lao-tsi, in: Göteborgs Högskolas Arsskrift 38 (1932) Nr. 3.
5.67 Kolmodin, Adolf, Lao-tse, en profet bland hednigarne,

med ett försök till kortfattad grundläggning för hans system, Stockholm 1888. (Parallelen zu dem ersten Kapitel des Tao-te-ching aus der Bibel.)
5.68 Kwee Swan Liat, De betekenis van Lao Tse's denken voor onze tijd, Grote filosofien, 1959.
5.69 Lanczkowski, Günther, Neutestamentliche Parallelen zu Lao-tse's Tao-te-king, in: Gott und die Götter (Festgabe für Erich Fascher), Berlin 1958.
5.70 Lau, D. C., The treatment of opposites in Lao Tzu, in: Bulletin of the School of Oriental and African Studies 21 (1958) S. 344–360 (London).
5.71 Löw, Anton, Der Dau-Begriff bei Lau-Dzö. Ein Prinzip des Werdens, Maschinenschrift, Wien, Nationalbibliothek, 1947.
5.72 Lütz, Paul, Weltgeheimnis und Weltgefühl bei Lao-Tse, in: Schule der Freiheit 9 (1941/42) S. 306–312 (Uchtdorf in Pommern).
5.73 McInnes, T., The teachings of the Old Boy, Toronto 1927. McNaughton, William, The Taoist vision, Ann Arbor, Michigan 1971.
5.74 Marin, Juan, China, Lao-tzse, Confucio, Buda. Madrid 1945.
5.75 –, Triptico chino: Confucio, Lao Tzse, Sakiamuni. Universidad de Antioquia, Medellin, Nr. 56.
5.76 –, Lao Tzse o el universo mágico. Buenos Aires 1952.
5.77 Maspéro, H., Le Saint et la Vie mystique chez Lao-tseu et Tschuang-tseu, in: Bulletin de l'Association Française des Amis de l'Orient 73 (1922) Nr. 3.
5.78 Maurer, Herrymoon, The Old Fellow, New York, 1943.
5.79 Meurs, van, Lau-tze's wijsbegeerte in een nieuw kleed, in: Studia Catholica 19 (1943) S. 227–242 (Nijmegen).
5.80 –, De vreesgedachte bij Lau Tze, in: Studia Catholica, S. 276–290 (ebd.).
5.81 –, De godskennis van Lau-Tze, in: Studia Catholica 20 (1944) S. 163–190.
5.82 –, Het tao-begrip van Lau-Tze, in: Studia Catholica 20 (1944) S. 189–190.

5.83 Moguier, A., Lao tseu, un philosophe chinois du VI. siècle avant notre ère, 1906.
5.84 Möller, Nic., De la métaphysisque de Lao-Tseu, in: Revue catholique 4 (1849/50) (Louvain).
5.85 Nai-Tung-Ting, Laotzu's criteque of language, in: Schriften der Theodor Storm Gesellschaft 19 (1962/63) S. 5–38.
5.86 Neef, H., Die im „Tao Tsang" enthaltenen Kommentare zu Tao te ching Kap. VI. Diss., Bonn 1938.
5.87 Opitz, Peter, Joachim, Lao-tzu. Die Ordnungsspekulationen im Tao-tê-ching (Schriftenreihe zur Politik und Geschichte), München 1967.
5.88 Paravey, de, Explication du texte de Lao-tseu sur la Trinité, in: Annales de Philosophie chrétienne, 4e série. t. VIII.
5.89 –, Le Tao-te-king consideré non comme un livre historique, mais comme un traité de philosophie, ebd. 1841, S. 246–258.
5.90 Pauthier, G., Mémoire sur l'origine et la propagation de la doctrine du Tao, fondée par Lao-Tseu, avec un commentaire tiré des livres sanscrits et du Tao-te-king de Lao-tseu, Paris 1831.
5.91 Pelliot, Paul, Autour d'une traduction sancrite du Tao-tö-king, in: T'oung Pao 13 (1912), S. 351–430.
5.92 Peroni, B., Laotse e il taoisme, in: Coll. I filosofi Nr. 20. Milano (Garzanti) 1949.
5.93 Portenaar, J., Lau Tze en Confuzius (holländisch).
5.94 Puini, C., Confucio, Buddha, Lao-tse, Firenze 1878.
5.95 –, Il taoismo, Carabla, Lanciano 1917.
5.96 Rémusat, M., Mémoires sur la vie et les ouvrages de Lao-tseu. Bd VII. des Mémoires de l'Académie des inscriptions et belleslettres, Paris 1823.
5.97 Robertson, Leo, C., The concept of Tao according to Laot-zu and Chuang-tzu, in: Atti del Congresso internazionale di Filosofia X (1960) S. 197–203.
5.98 Rosny, Léon, La philosophie de Lao-tseu devant la pensée contemporaine, in: Bulletin de la Société d'Ethnographie 6 (1892) (Paris).

5.99 Rothermund, Die Ethik Lao-Tszes mit besonderer Bezugnahme auf die buddhistische Moral, Gotha 1874.
5.100 Rousselle, Erwin, Lau-Dsis Gang durch die Seele, Geschichte und Welt, in: Eranos Jahrbuch 3 (1935) S. 179–205.
5.101 –, Lau-Dsi und sein Buch, in: Sinica 16 (1946) S. 120–129 (Frankfurt).
5.102 –, Zu Lao-tzu's cap. 6: über die „Tiergöttin", in: Sinica (1941) S. 120 ff.
5.103 –, Drache und Stute, Gestalten der mythischen Welt chinesischer Urzeit, in: Eranos Jahrbuch 2 (1934) S. 11–33.
5.104 Seidel, A. K., La divinisation de Lao Tseu dans le Taoisme des Han, Diss., Paris 1968.
5.105 –, The image of the Perfect Ruler in early taoist messianism, Lao-tzu and Li-Hung, in: History of Religion 9 (1969) S. 216–247.
5.106 Shrine of Wisdom (Hg.), The simple Way of Lao Tse, an analysis, London 1924.
5.107 Sloane, Eugene, E., Homage to the Ancient Child. An essay on the Tao te ching of Lao-Tzu, OWL. 1968.
5.108 Spurgeon, Medhurst, C., The Tao-teh-king. A short study in comparative Religion, Theosophical Society, Chicago 1905.
5.109 Stadelman, H., Die Biologie des Laotse, Kampen 1936.
5.110 Stern, A. L., Remarks on two chapters of Laotse's Tao Teh Ching, in: Synthesis 8 (1950/51) S. 65–69 (Amsterdam).
5.111 Stübe, R., Lao-Tse. Seine Persönlichkeit und seine Lehre, in: Religionsgeschichtliche Volksbücher III, 16, Tübingen 1912.
5.112 Toussaint, G. Ch., Le Tao tö king gravé sur pierre. Estampages publiés par G. Ch. Toussaint in: T'oung Pao 1905 S. 229–236.
5.113 Tscharner, E. H., Fragment einer Laotse-Übersetzung, Asiatische Studien, Bern 1954.
5.114 Weddingen, La théodicée de Lao-tze, Louvain 1885 (Verglichen mit dem Hinduismus).

5.115 Welch, Homes, The parting of the Way. Lao Tzu and the Taoist movement, London-Boston ²1966.
5.116 Wilhelm, Richard, Laotse und der Taoismus, Stuttgart-Bad Cannstatt ²1948.
5.117 –, Goethe und Lau-dse, in: Der Mensch und das Sein, Jena 1939. S. 98–113.
5.118 Wu-wu-tze (Dryden Linsley Phelps and Mr. Shae), The Philosophy of Lao Tzu, Szechuan 1926.
5.119 Yao, Tsung-i, The Su Tan manuscrit, Fragment of the Tao-tê-ching a. D. 270, in: Journal of Oriental Studies, Hong-kong 2 (1955) S. 1–71. (Chinesisch mit englischer Zusammenfassung.)

6. Chinesische Philosophie und Religion

a. Allgemeine Werke

6.1 Chan, Wing-tsit, A Source Book in Chinese Philosophy, Princeton Press 1963. (Ein sehr willkommenes Werk für diejenigen, die kein Chinesisch kennen. Leider enthält das wertvolle Buch nirgends Zitate oder Hinweise aus dem chinesischen Originaltext.)
6.2 Chow, Yih-Ching, La philosophie chinoise, Paris 1956.
6.3 Christie, Anthony, Chinesische Mythologie. Übers. v. Erika Schindel. Mit 28 farbigen und über 100 einfarbigen Abb., Wiesbaden 1968. 141 Seiten.
6.4 Ch'u, Chai W., The Story of Chinese Philosophy, New York 1961.
6.5 Forke, Alfred, Geschichte der alten chinesischen Philosophie I–III Hamburg 1927; 1934 (I–II) 1938 (III). Neuauflage: Hamburg Universität 1964. (Ausführlich, leicht zu lesen. Es enthält außerdem zahlreiche Zitate in chinesischer Schrift aus den Quellen. Ein sehr brauchbares Nachschlagewerk über chinesische Philosophie.)
6.6 Fung, Yu-lan, A History of Chinese Philosophy, 2 Bde., Princeton University Press ⁴1966. (Das berühmt gewordene Buch des bekannten Neokonfuzianers Fung

Yu-lan. Seine Terminologie und Ausdrucksweise erschweren ein bißchen das Lesen dieser Philosophiegeschichte.)
6.7 –, A Short History of Chinese Philosophy, translated by D. Bodde, London-New York 1966.
6.8 –, The spirit of Chinese Philosophy, translated by E. H. Hughes, London ²1962.
6.9 Granet, Marcel, La pensée chinoise, Paris 1936. Deutsche Übers.: Das chinesische Denken, München 1963. (Ein spannend geschriebenes Buch, sehr anregend.)
6.10 Grube, Wilhelm, Die Religionen der alten Chinesen, Tübingen 1911.
6.11 –, Geschichte der chinesischen Literatur, Leipzig ²1909.
6.12 Hackmann, Heinrich, Chinesische Philosophie, München 1927.
6.13 Hou, Wa-lu (und andere), A short History of Chinese Philosophy, Peking 1959 (marxistisch).
6.14 Hughes, E. R., Chinese Philosophy in classical times, London 1954.
6.15 Kaltenmark, Max, Die chinesische Literatur. (Was weiß ich? Nr. 19), Hamburg 1960.
6.16 Maspéro, Henri, Mélanges posthumes sur les religions et l'histoire de la Chine, 2 Bde. Musée Guimet t. LVII–LVIII: Le Taoisme, Paris 1950 (noch immer klassisch).
6.17 Nagasawa, Kikuya, Weifel, E. (Übers.), Geschichte der chinesischen Literatur, Darmstadt 1959. (Aus dem Japanischen; ein sehr praktisches Nachschlagewerk über das Thema.)
6.18 Needham, Joseph, Science and Civilisation in China, 6 Bde., Cambridge 1962–71, (Ein klassisches Werk über China. Der zweite Bd. enthält eine ausgezeichnete Bibliographie über chinesische Philosophie. Wir zitieren diesen Band.)
6.19 Smith, David Howard, Chinese Religions, New York 1968.
6.20 Suzuki, Daisetsu, A brief History on Early Chinese Philosophy, London 1914. (Das Buch des bekannten Zen-Philosophen über chinesische Gedankenwelt.)

6.21 Thomson, Laurence G., Chinese Religion, Belmont, Calif. 1969 (Einführung).
6.22 Wilhelm, Richard, Chinesische Literaturgeschichte, Wildspark 1930.
6.23 –, Geschichte der chinesischen Kultur, München 1928.
6.24 –, Laotse und der Taoismus, Stuttgart ²1948.
6.25 Zenker, Ernst Viktor, Histoire de la Philosophie Chinoise, Paris 1932.

b. Veröffentlichungen zu einzelnen Problemen im Zusammenhang mit dem Tao-te-ching

6.26 Bodde, Derk, Harmony and Conflict in Chinese Philosophy, in: Studies in Chinese Thought ed. by A. Fr. Writh, Chicago 1953, S. 19–80.
6.27 Castellani, Alberto, La dottrina del Tao, Bologna 1927.
6.28 Chan, Wing-tsit, The Story of Chinese Philosophy, in: Phlisophy East and West ed. by A. Moore, Princeton University Press 1944, S. 24–68.
6.29 –, The spirit of Oriental Philosophy, ebd. S. 137–167.
6.30 Chang, Chung-Yuan, Tao and the Sympathy of all things, in: Eranos Jahrbuch 24 (1955) S. 407–432.
6.31 –, Creativity as process in Taoism, Eranos 25 (1956) S. 391–415.
6.32 –, Selfrealisation and the inner process of Peace, Eranos 27 (1958) S. 405–423.
6.33 –, The meaning of Tao, in: Atti del XII Congresso Internazionale di Filosofia X. (1960) S. 33–40.
6.34 Chen, Zen Sophie H., Symposium on Chinese Culture, Shanghai 1931.
6.35 Curant, Maurice, Sur le prétendu monothéisme des anciens chinois, in: Revue de l'Histoire des religions 41 (1900) S. 1–21.
6.36 Day, Clarence, Burton, The Philosophers of China, classical and temporary, New York 1962.
6.37 Debon, Günther, Speiser, W., Chinesische Geisteswelt von Konfuzius bis Mao-tse-tung, Baden-Baden 1957.
6.38 Do, Dinh Pierre, Konfuzius in Selbstzeugnissen und

Bilddokumenten, Rowohlt 1960. (Aus dem Französischen. Ein sehr übersichtliches, brauchbares Büchlein über Konfuzius.)
6.39 Doré, Henri, Recherches sur les superstitions chinoises, Partie II. t. X, Shanghai 1914–1918. (Über die Wassergötter und -göttinnen; die ganze Sammlung umfaßt 12 Bände.)
6.40 Dubs, Homer, Taoism, in: China, edited by H. F. MacNair, University Press of California 1951, S. 266–289.
6.41 Dumoulin, Heinrich, Östliche Meditation und christliche Mystik, Freiburg/München 1966.
6.42 –, The development of Chinese Zen after the sixth Patriarch New York 1953. (The first Zen Institute of America.)
6.43 Eder, Matthias, Die Religion der Chinesen, in: Religionen des Fernen Ostens, Christus und die Religionen der Erde, hg. v. Kardinal König, Wien 1951, China: 7–66.
6.44 Erdberg-Consten, Eleanor von, Kunst und Religion in Indien, China und Japan, Köln 1965. (Ein anregendes Buch, aber seine Beweisführungen sind nicht immer überzeugend.)
6.45 Erkes, Eduard, Der Bedeutungswandel einiger philosophischer Begriffe im Taoismus, in: Deutsche Zeitschrift für Philosophie 1 (1953) S. 327–331.
6.46 –, Die Dialektik als Grundlage der chinesischen Weltanschauung, in: Sinologica 2 (1950) S. 31–43.
6.47 –, Gestaltenwandel der Götter in China, in: Forschungen und Fortschritte, Berlin 1947 S. 261 ff.
6.48 –, Die chinesischen Religionen, in: Die Religionen der Erde, hg. v. Carl Clemen, S. 67–86.
6.49 Franke, Otto, Der kosmische Gedanke in Philosophie und Staat der Chinesen, in: Vorträge der Bibliothek Wartburg 28 (1925/26).
6.50 Gräfe, Emil Hugo, Die acht Urbilder des I Ging, Ober stedten bei Oberursel (Ts.) 1968. 249 Seiten.
6.51 Graham, A. C., „Being" in classical Chinese, in: The Verb „be" and its Synonyms, Philological and gram-

matical Studies. Part. I. Classical Chinese, Athapascan, Mundari, Dordrecht 1947, S. 1–39.
6.52 Grenier, J., L'esprit du Tao, Paris 1957.
6.53 Groot, de J. J., Universismus, Berlin 1918.
6.54 Hentze, C., Tod, Auferstehung, Weltordnung, 2 Bde, Zürich 1955. (Das mythische Bild im ältesten China; der 2. Band dient als Illustration zu dem ersten.)
6.55 Hu, Shih, Chinese Thought, in: China edited by H. F. McNair, University of California 1951, S. 221–230. (Hu Shih wird in Japan sehr geschätzt als Kenner der chinesischen Philosophie.)
6.56 Hummel, Siegbert, Polarität in der chinesischen Philosophie, Leipzig 1949.
6.57 –, Zum ontologischen Problem des Dauismus, Leipzig 1948. (Beide in: Forschung zur Völkerdynamik Zentral- und Ostasiens hg. v. O. Harroswitz, H. 1.) (Hummel ist mehr Kunsthistoriker und Kunsttheoretiker als Philosoph. Seine hier genannten Schriften sind ziemlich unübersichtlich.)
6.58 Izutsu, Toshihiko, A comparative Study of the key philosophical concepts in Sufism and Taoism: Ibn Arabî, Lao-Tsu, Chuang-Tsu 2 Bde, (Keio Institute of Cultural and Linguistic Studies), Tókyó 1966/67.
6.59 Kaltenmark, Max, Le Taoisme, in: Aspects de la Chine hg. v. E. Balázs, Paris 1959, S. 151–160.
6.60 –, La naissance du monde en Chine, in: La naissance du monde, Paris 1959, S. 453–467.
6.61 Kang, Woo, An exposition of the Tao-Theory of Chuangtze, in: Atti del XII Congresso Internazionale di Filosofia X. (1960) S. 239–245.
6.62 Köster, Hermann, Symbolik des chinesischen Universismus, in: Symbolik der Religionen I, Stuttgart 1958 (Ein recht interessantes Buch. Seine allzu große Begeisterung für Granet macht sein Urteil oft subjektiv.)
6.63 –, Über eine Grundidee der chinesischen Kultur, Kaldenkirchen 1957. (Er sieht richtig, daß diese Grundidee keineswegs im Gegensatz, sondern im Zusammengehören, Aufeinanderbezogensein besteht.)

6.64 Krause, F. E. A., Ju-Tao-Fo, Die religiösen und philosophischen Systeme Ostasiens, I. T.: Der Taoismus, 1924, S. 131–206.
6.65 Legge, James, The Religions of China. Confucianism and Taoism described and compared with Christianity, London 1880. (Ein wissenschaftlich-frommes Buch über das Thema.)
6.66 Liou Kia-Hway, L'esprit synthétique de la Chine, Paris 1961 (ziemlich abstrakt).
6.67 Maître, Bernard, Sagesse chinoise et philosophie chrétienne, Paris 1935.
6.68 Nakamura, Hajime, The Ways of thinking of Eastern Peoples, Honolulu 1964. (Aus dem Japanischen; ein wichtiges Buch über die Mentalität der Inder, Chinesen, Japaner. Nakamura ist einer der besten Kenner des Buddhismus in Japan.)
6.69 Pauthier, G., Lettre inédite du P. Prémare sur le monothéisme des chinois, Paris 1861.
6.70 Plopper, Clifford Henry, Chinese religion seen through the proverb, New York 1969.
6.71 Politella, Joseph, Taoism and Confucianism, Iowa City 1967.
6.72 Porkert, Manfred, Untersuchungen einiger philosophisch-wissenschaftlicher Grundbegriffe und Beziehungen im Chinesischen, in: Zeitschrift der deutschen morgenländischen Gesellschaft 110 (1961) S. 422–452.
6.73 Prémare, Vestiges des principaux dogmes chrétiens tirés des anciens livres chinois, Paris 1878.
6.74 Rosny, Léon, Le Taoism, Paris 1892.
6.75 Schindler, Bruno, The development of Chinese Conceptions of Supreme Beings, in: Hirth Anniversary Volume, Asia Maior, London S. 298–366.
6.76 Shih, J., The Tao: its essence, its dynamism and its fittingness as a vehicle of christian Revelation, in: Studia Missionalia, Universitas Gregoriana 15 (1966) S. 117–133. (Ein wesentlicher Beitrag zum Begriff des Tao.)
6.77 Soothill, W. E., Les trois religions de la Chine, Paris 1946 (aus dem Englischen: London 1912).

6.78 Tien, Tschen-Kang A., L'idée de Dieu dans les huit classics premiers chinois, Fribourg 1942. (Ein sehr nützliches Werk, er geht aber vielleicht zu weit: er beweist zu viel.)
6.79 Vandier-Nicolas, Le Taoisme: Mythe et Religion, Paris 1965.
6.80 Waldenfels, H., Absolute Nothingness in the Philosophy of Nishida Kitaró and the Kyóto school, in: Monumenta Nipponica, Tókyó 21 (1966) S. 354–391.
6.81 Waley, Arthur, Three ways of thought in Ancient China, London 2, 1946.
6.82 Wieger, Léon, Histoire des croyances religieuses et opinions philosophiques en Chine depuis l'origine jusqu'à nos jours, Hien-Hien 1917.
6.83 Wilhelm, Helmut, Das schöpferische Prinzip im Buch der Wandlungen, in: Eranos 25 (1956) S. 455–475.
6.84 –, Der Sinn des Geschehens nach dem Buch der Wandlungen, in: Eranos 26 (1957) S. 351.
6.85 –, Der Zeitbegriff im Buch der Wandlungen, in: Eranos 20 (1951) S. 321–348.
6.86 –, Das Zusammenwirken von Himmel und Menschen, in: Eranos 31 (1962) S. 317–350.
6.87 Wilhelm, Richard, Der Mensch und das Sein, Vorträge, Jena 1939. (Im zweiten Teil behandelt er das Buch der Wandlungen.)
6.88 Woo, Kang, An exposition of the Tao-Theory of Chuang-tzu, in: Atti del XII Congresso Internationale di Filosofia X (1960) S. 239–245.
6.89 Wright, Arthur, Studies in Chinese Thought, Cambridge 1954.
6.90 Zacharias, H. E., The Indian source of the Chinese Philosophy, in: Zeitschrift für Missionswissenschaft und Religionswissenschaft 1950, S. 154–156.
6.91 Zenker, E. V., Der Taoism der Frühzeit, Wien: Akademie der Wissenschaften, Sitzungsberichte Bd 222, 1941.

7. Geschichte und Kultur Chinas

7.1 Bredon, Juliet, Mitrophanov, Igor, Das Mondjahr: Chinesische Sitten, Bräuche und Feste, Wien 1953.

7.2 China: eine Großmacht im Wandel der Jahrtausende, in: Große Sowjetenzyklopädie, Moskau ²1953, Berlin 1957, 21. Bd S. 167–312. (Von einem Übersetzerkollektiv. Inkonsequente Transkription der chinesischen Namen. Marxistisch.)

7.3 Creel, H. G., Studies in Early Chinese Culture, London 1948.

7.4 –, The birth of China, A Study of the formative element Periode of the Chinese Civilisation, New York 1954.

7.5 Conrady, A., Indischer Einfluß in China im 4. Jh. vor Ch. in: Zeitschrift der deutschen morgenländischen Gesellschaft 60 (1906) S. 335–351.

7.6 Erdberg Consten, Eleanor von, Das alte China, in: Große Kulturen der Vorzeit, Stuttgart 1958. (Das Buch ist reichlich mit Bildtafeln illustriert. Die Verfasserin scheint eine Vorliebe für Konfuzius zu haben; über Lao-tzu fällt sie dagegen ein allzu schnelles und negatives Urteil. Sonst ist das Buch sehr brauchbar.)

7.7 Eberhard, Wolfram, Chinas Geschichte, in: Bibliotheca Sinica, hg. v. E. H. Tscharner, Bern 1948.

7.8 Eichhorn, Werner, Kulturgeschichte Chinas, Stuttgart 1964.

7.9 Erkes, Edward, China, Gotha 1919.

7.10 –, Die Entwicklung der chinesischen Gesellschaft von der Urzeit bis zur Gegenwart, Berlin 1961.

7.11 Franke, Otto, Geschichte des chinesischen Reiches, I. Bd: Altertum, Berlin-Leipzig 1930.

7.12 –, Aus Kultur und Geschichte Chinas, Vorträge, Peking: Deutschland Institut, 1945.

7.13 Granet, Marcel, Fêtes et chansons anciennes de la Chine, Paris 1929.

7.14 –, Danses et légendes de la Chine anciennes 2 Bde, Paris 1926.

7.15 Grousset, René, Histoire de la Chine, Paris 1942/47.

7.16 Lin, Tsiu-Sen, China und Japan im Spiegel der Geschichte, 2 Bde, Erlenbach-Zürich 1946. (Mit starkem Vorurteil gegen Japan und seine Geschichte.)
7.17 Lin, Yu-tang, Mein Land und mein Volk, Stuttgart 1935.
7.18 Maspéro, Henri, La Chine antique, Paris 1965 (posthumus).
7.19 Riencourt, Amany, Die Seele Chinas, Frankfurt 1962.
7.20 Schuler, Bertram, Altes Erbe des Neuen China. Ein Beitrag zum Verständnis von Ost und West, Wien-Zürich 1937.
7.21 Speiser, Werner, China: Geist und Gesellschaft, Baden-Baden 1960.
7.22 Tsui, Chi, Geschichte Chinas und seiner Sendung, Zürich 1946.
7.23 Watson, William, Het oude China. Archeologie tot de Han-Dynastie. Phoenix Pockets, Nr. 101. 1964 (aus dem Englischen).
7.24 Wieger, Léon, La Chine à travers les âges, hommes et choses, Hien-Hien 1920.

8. Sonstige Literatur

8.1 Abegg, Lily, Ostasien denkt anders. Versuch einer Analyse des west-östlichen Gegensatzes. Zürich 1949. (Ein intelligentes, gut informiertes Buch über das Problem.)
8.2 Bettray, Joannes, Die Akkomodationsmethode des P. M. Ricci in China, in: Analecta Gregoriana 76 (1955).
8.3 Houang, François, Christus an der chinesischen Mauer, Luzern 1959 (aus dem Französischen).
8.4 Lin, Yutang, Glück des Verstehens: Weisheit und Lebenskunst der Chinesen, Stuttgart 1963.
8.5 –, The importance of living, New York 1937.
8.6 –, Kontinente des Glaubens, Stuttgart 1961. (Der englische Titel lautet: From Pagan to Christian. – Die Bücher von Lin Yutang waren ein Erfolg in Amerika

und Europa, doch nicht alle Chinesen würden ihn als einen Repräsentanten ihres Landes betrachten.)
8.7 Ricciane, Fonti Ricciane, hg. v. Pasquale M. D'Elia S. J. 3 Bde, Rom 1942–49.
8.8 Ricci, M., N. Trigaultius, Christiana expeditio apud Sinas ab Societate suscepta, auctoribus Ricci M. & N. Trigaultius S. J. Romae 1615 und Colonniae 1617.
8.9 Wu, Kien-yong, John, Jenseits von Ost und West (Beyond East and West), Mainz 1951.
8.10 –, Die Wissenschaft der Liebe, Recklinghausen 1944.
8.11 –, Knospe – Blüte – Frucht. Der dreifache Weg der Liebe zu Gott, Luzern 1958.

Sachregister

Namenregister

Fundstellen des Tao-te-ching

Alber-Broschuren zur Philosophie aus Forschung und Lehre:

Günther Bien: Die Grundlegung der praktischen Philosophie bei Aristoteles

Gerd-Günther Grau (Hrsg.): Probleme der Ethik – zur Diskussion gestellt auf der Wissenschaftlichen Tagung 1971 des Engeren Kreises der Allgemeinen Gesellschaft für Philosophie in Deutschland e. V.

Hubert Hendrichs: Modell und Erfahrung

Norbert Hoerster: Utilitaristische Ethik und Verallgemeinerung

Fernando Inciarte: Eindeutigkeit und Variation

C. A. van Peursen: Wirklichkeit als Ereignis. Eine deiktische Ontologie. Aus dem Niederländischen von Rob van Wezemael

Otto Pöggeler: Philosophie und Politik bei Heidegger

Heinrich Rombach: Strukturontologie. Eine Phänomenologie der Freiheit

Richard Schaeffler: Religion und kritisches Bewußtsein

Jörg Splett: Die Rede vom Heiligen. Über ein religionsphilosophisches Grundwort

Fridolin Wiplinger: Der personal verstandene Tod. Todeserfahrung als Selbsterfahrung